Koch doch!

365 REZEPTE FÜR JEDEN TAG

Weltbild

VORWORT

Liebe Leserin, lieber Leser,

wer sich und seine Familie ausgewogen ernähren möchte, stellt sich häufig die Frage: „Was soll ich heute kochen?" Bei der Antwort darauf möchten wir mit dem vorliegenden Buch behilflich sein. Es enthält 365 Rezeptvorschläge, einen für jeden Tag des Jahres. Von kleinen Vorspeisen über Suppen und Salate bis hin zu den Hauptgerichten und den süßen Sünden, die auch sein dürfen: Kuchen und Desserts. Für den kleinen Hunger zwischendurch gibt es gesunde Snacks und Smoothies. Kinder lieben Burger genauso wie Pasta und Pizza. Warum also nicht mal gemeinsam etwas zubereiten, wenn es so einfach geht?

Die unkomplizierten Rezepte sind leicht nachvollziehbar und auch für (kleine und große) Kochanfänger zu meistern. Es gibt welche, die binnen kürzester Zeit zubereitet, und solche, die für festlichere Anlässe gedacht sind. Sämtliche Zutaten sind im nächstgelegenen Supermarkt erhältlich. Oder aber, sollte mehr Muße zum Schlendern vorhanden sein, auf dem Wochenmarkt. Regionales liegt nicht nur im Trend, es ist auch nachhaltiger, frisches Obst und Gemüse vom nächsten Bauern zu beziehen und die heimische Landwirtschaft dadurch ganz nebenbei zu unterstützen.

So einfach geht gutes Essen — jeden Tag: Koch doch!

Wir wünschen Ihnen dabei viel Freude.

Ihr Weltbild-Kochbuch-Team

COLESLAW

Für 4 Portionen

1 kleiner Weißkohl
3 große Karotten
1 Zwiebel
3 EL Weißweinessig
2 TL Zucker
Salz, Pfeffer
200 g Schmand
6 EL Buttermilch
4 EL Mayonnaise

Von dem Weißkohl die äußeren Blätter und den Strunk entfernen. Die Karotten und die Zwiebel schälen. Kohl, Karotten
und Zwiebel in sehr feine Streifen schneiden. Am besten
gelingt das mit einer Küchenmaschine, einer Reibe oder auf
einem Gemüsehobel.

In einer großen Schüssel den Essig mit dem Zucker, 1 kräftigen Prise Salz und Pfeffer verrühren. Die Kohl-, Karotten- und
Zwiebelstreifen hinzugeben und alles gut durchmischen.

In einer kleinen Schüssel Schmand, Buttermilch und Mayonnaise verrühren und dann über Kohl, Karotten und Zwiebel
geben. Alles gut durchmischen und nochmals mit Salz, Pfeffer,
Zucker oder weiterem Essig abschmecken.

ROTE-BETE-APFEL-SALAT

Für 4 Portionen

500 g gekochte, geschälte Rote Bete
300 g Äpfel (z. B. Elstar)
1 rote Zwiebel
100 ml Rapsöl
50 ml Rote-Bete-Saft
25 ml Balsamicoessig
Salz, Pfeffer
1–2 TL flüssiger Honig

Die Rote Bete in feine Streifen schneiden. Die Äpfel schälen, vierteln, Kerngehäuse entfernen und in feine Streifen schneiden. Zwiebel schälen, halbieren und ebenfalls in feine Streifen schneiden.

Die restlichen Zutaten miteinander verrühren und mit Rote-Bete-, Apfel- und Zwiebelstreifen vermischen. Den Salat durchziehen lassen und vor dem Servieren nochmals abschmecken.

TRADITIONELLER WALDORF-SALAT MIT ÄPFELN, SELLERIE UND WALNÜSSEN

Für 2 Portionen

200 g Knollensellerie
Salz
1 Apfel (z. B. Elstar)
2 EL Zitronensaft
50 ml Sahne
50 g Mayonnaise
50 g Crème fraîche
1 EL Olivenöl
100 g Walnusskerne
40 g Zucker
1 Dose Mandarin-Orangen

Den Sellerie schälen, in dünne Scheiben hobeln und in feine Streifen schneiden. Anschließend in reichlich Salzwasser kurz bissfest kochen und abtropfen lassen. Den Apfel schälen, entkernen, in feine Streifen schneiden und mit dem Zitronensaft beträufeln. Die Sahne steif schlagen und mit Mayonnaise sowie Crème fraîche vermengen. Sellerie und Apfel untermischen, mit Salz und Olivenöl würzen.

Die Walnusskerne klein hacken und in einer Pfanne mit dem Zucker karamellisieren und auskühlen lassen. Die Mandarinen abtropfen lassen und zusammen mit den Walnüssen unter den Salat mischen.

FENCHEL-ORANGEN-SALAT

Für 4 Portionen

2 Orangen
2 Fenchelknollen
30 g frisch gehobelter Parmesan
2–3 EL Limettensaft
4 EL Olivenöl
Salz, Pfeffer

Die Orangen samt der weißen Haut schälen und die Filets herauslösen. Den abtropfenden Saft dabei auffangen. Die Fenchelknollen waschen, halbieren, den Strunk entfernen und mit einem Gurkenhobel sehr fein hobeln.

Orangenfilets, Fenchel und Parmesan vorsichtig miteinander vermischen. Aus dem Limettensaft, dem aufgefangenen Orangensaft, dem Olivenöl, Salz und Pfeffer eine Salatsauce rühren, über den Fenchel-Orangen-Salat gießen und servieren.

CAESAR SALAD
MIT MAISHÄHNCHENBRUST

Für 4 Portionen

1–2 Köpfe Romanasalatherzen,
je nach Größe
2 Knoblauchzehen
2 Eier
4 Scheiben Ciabatta
6–8 Sardellenfilets
8 Tropfen Worcestersauce
2 TL scharfer Senf
2 EL saure Sahne
100 ml Olivenöl
Salz, Pfeffer
100 g Butter
2 Maishähnchenbrüste
2 EL Pflanzenöl
60 g frisch gehobelter Parmesan

Den Salat putzen, waschen und trocken schleudern. Die Knoblauchzehen schälen. Eine Zehe in Scheiben schneiden. Die Eier hart kochen, abschrecken und pellen. Eiweiß vom Eigelb trennen und das Eiweiß hacken. Die Brotscheiben entrinden und in 1 cm große Würfel schneiden. Die Sardellenfilets gegebenenfalls abspülen.

Die ganze Knoblauchzehe halbieren und den Boden der Salatschüssel damit ausreiben. Die Sardellen mit einer Gabel in der Schüssel zerdrücken. Die Worcestersauce, die hart gekochten Eigelbe, den Senf sowie die saure Sahne unterrühren. Das Öl langsam einfließen lassen und alles gut verrühren. Mit Salz und Pfeffer abschmecken.

Die Butter in einer Pfanne zerlassen, die Knoblauchscheiben kurz anbraten und unter Wenden die Weißbrotwürfel goldbraun braten.

Den Blattsalat in der Schüssel mit der Sauce mischen und bis zum Anrichten ziehen lassen.

Die Maishähnchenbrüste waschen, trocken tupfen und mit Salz und Pfeffer abschmecken. Das Pflanzenöl in einer Pfanne erhitzen und die Maishähnchenbrüste auf der Hautseite kross braten, dann die Temperatur reduzieren und bei mittlerer Hitze von beiden Seiten fertig braten. Anschließend in Streifen schneiden.

Den Salat in Schalen anrichten und mit Hähnchen, Croûtons, etwas Parmesan und gehacktem Eiweiß servieren.

RHEINISCHER NUDELSALAT

Für 4 Portionen

400 g Penne
Salz
100 g Erbsen
6 Gewürzgurken
½ Ring Fleischwurst
5 Stängel glatte Petersilie
250 g Salatmayonnaise
1 EL Senf
3 EL Gewürzgurkensud
Pfeffer
1 Prise edelsüßes Paprikapulver

Nudeln in reichlich Salzwasser bissfest kochen. Kurz vor Ende der Garzeit die Erbsen mitkochen. Dann abschütten und mit kaltem Wasser abschrecken. Die Gewürzgurken abtropfen lassen und klein würfeln. Die Fleischwurst ebenfalls in Würfel schneiden. Die Petersilie waschen, trocken schütteln, Blätter abzupfen und fein hacken. Die Salatmayonnaise mit Senf, Gurkensud, Salz, Pfeffer und Paprikapulver verrühren. Die Salatzutaten mit der Sauce mischen, gut durchziehen lassen und vor dem Essen nochmals abschmecken.

FELDSALAT MIT FEIGE, WALNUSS UND HAUS-GEMACHTEM BALSAMICO-DRESSING

Für 4 Portionen

Balsamicodressing
100 ml Fleisch- oder Gemüsebrühe
25 ml Balsamicoessig
20 g flüssiger Honig
10 g mittelscharfer Senf
Salz, Pfeffer
50 ml Rapsöl

Salat
350 g Feldsalat
50 g Walnusskerne
4 große oder 8 kleine Feigen

Für das Dressing alle Zutaten, bis auf das Öl, in ein hohes Gefäß geben und mit einem Stabmixer pürieren. Dann das Öl langsam einlaufen lassen und dabei weitermixen, bis eine cremige Emulsion entsteht.

Feldsalat verlesen, gründlich waschen und trocken schleudern. Walnüsse klein schneiden. Feigen waschen, putzen und in Spalten schneiden.

Den Salat dekorativ in Schalen anrichten und mit dem Balsamicodressing beträufeln.

ROTE-BETE-SALAT MIT FETA

Für 4 Portionen

500 g gekochte, geschälte Rote Bete
1 rote Zwiebel
150 g Feta
100 ml Rapsöl
50 ml Rote-Bete-Saft
25 ml heller Balsamicoessig
1–2 TL flüssiger Honig
Salz, Pfeffer
50 g Walnüsse
1 EL gehackter Estragon
1 EL Schnittlauchröllchen

Die Rote Bete schälen und in feine Streifen schneiden. Zwiebel schälen, halbieren und ebenfalls in feine Streifen schneiden. Feta zerbröseln. Rapsöl, Rote-Bete-Saft, Balsamicoessig, Honig, Salz und Pfeffer miteinander verrühren und mit Rote-Bete- und Zwiebelstreifen vermischen. Den Salat durchziehen lassen. Feta darüber streuen, mit Walnüssen, Estragon und Schnittlauch garnieren und vor dem Servieren nochmals abschmecken.

TOMATEN-LAUCH-SALAT

Für 2 Portionen

200 g Cherrytomaten
200 g Frühlingslauch
50 g rote Zwiebel
20 g Kerbel
Salz, Pfeffer
1 Prise Zucker
20 ml heller Balsamicoessig
40 ml Olivenöl

Die Tomaten waschen, trocknen und halbieren. Den Lauch putzen, waschen, trocknen und in feine Ringe schneiden. Die Zwiebel schälen und in feine Streifen schneiden. Den Kerbel waschen, trocken schütteln und grob hacken. Alles mit Salz, Pfeffer und Zucker abschmecken und anschließend mit Balsamicoessig und Öl marinieren sowie mit dem Kerbel garnieren.

TOMATEN-BROTSALAT

Für 6 Portionen

100 g scharfe Salami
8 EL Olivenöl
1–2 Zweige Rosmarin
1 Ciabatta (ca. 250 g)
1 kleines Bund Rucola
300 g Cocktailtomaten
150 g Mini Mozzarella Kugeln
80 g entsteinte schwarze Oliven
1 Knoblauchzehe
4 EL heller Balsamicoessig
Salz, Pfeffer
1 TL flüssiger Honig

Salami in 3–5 mm dicke Scheiben schneiden und in einer Pfanne in 2 EL heißem Olivenöl kurz von beiden Seiten braten. Zum Abtropfen auf Küchenpapier legen.

Rosmarin waschen und trocken schütteln. Ciabatta in grobe Würfel schneiden und in der Pfanne im verbliebenen Bratfett mit Rosmarin portionsweise knusprig rösten.

Rucola putzen, waschen, trocken schleudern und eventuell klein zupfen. Cocktailtomaten waschen, trocknen und halbieren. Mozzarella Kugeln abtropfen lassen und halbieren. Oliven ebenfalls halbieren.

Alle vorbereiteten Zutaten in eine Schüssel geben. Knoblauch schälen und fein hacken. Knoblauch, Balsamicoessig und restliches Olivenöl zu einem Dressing verrühren. Mit Salz, Pfeffer und Honig abschmecken. Über den Salat geben und ca. 15 Minuten durchziehen lassen. Eventuell nochmals abschmecken.

ASIATISCHER GLASNUDELSALAT

Für 4 Portionen

200 g Glasnudeln
30 g rote Paprikaschote
40 g Zuckerschoten
30 g Mungobohnensprossen
35 g Ingwerwurzel
1 Knoblauchzehe
1 rote Chilischote
1 TL Pflanzenöl
1 TL Sesamöl
1 EL Sojasauce
100 ml Sweet Chili Sauce
Salz
Saft und Abrieb von ½ unbehandelten Limette
20 g weiße Sesamsamen
2 TL Austernsauce

Die Glasnudeln nach Packungsangabe zubereiten, abgießen und mit kaltem Wasser abschrecken.

Paprika waschen, putzen und in dünne Streifen schneiden. Die Zuckerschoten waschen, putzen und schräg halbieren. Sprossen waschen und abtropfen lassen. Ingwer und Knoblauch schälen, beides fein hacken. Chili waschen, längs halbieren, putzen und in feine Würfel schneiden.

Paprika und Zuckerschoten in reichlich Wasser bissfest kochen, herausnehmen und in kaltem Wasser abschrecken.

In einer Pfanne im heißen Pflanzenöl Ingwer, Knoblauch und Chili dünsten. Mungosprossen und Sesamöl hinzufügen, kurz durchschwenken, alles mit Sojasauce sowie Sweet Chili Sauce ablöschen und salzen. Den Pfanneninhalt mit dem Gemüse, den Glasnudeln, dem Limettensaft und -abrieb vermischen. Zum Schluss die Sesamsamen untermengen und mit der Austernsauce abschmecken.

COUSCOUS-SALAT

Für 4 Portionen

½ rote Paprikaschote
1 Schalotte
1 Knoblauchzehe
6 EL Olivenöl
200 g Couscous
200 ml Geflügelbrühe
50 g Salatgurke
2 Tomaten
3 Stängel Koriander
1 kleiner Stängel Minze
Currypulver
Salz
Saft von 1 Limette

Paprika waschen, Kerne und weiße Innenhäute entfernen und in sehr kleine Würfel schneiden. Schalotte und Knoblauch schälen, beides fein würfeln. Die vorbereiteten Würfel in 2 EL Olivenöl anschwitzen. Couscous zugeben und das Ganze mit Brühe ablöschen. Vom Herd nehmen, abdecken und ca. 10 Minuten gar ziehen lassen. Anschließend den Couscous erkalten lassen. Gurke schälen, die Kerne entfernen und das Fruchtfleisch fein würfeln. Tomaten waschen, trocknen, Strunk entfernen, entkernen und das Fruchtfleisch in kleine Würfel schneiden. Koriander und Minze waschen, trocken schütteln, Blätter abzupfen und fein hacken. Gurken- und Tomatenwürfel mit Kräutern und restlichem Olivenöl unter den Couscous rühren. Alles mit Curry, Salz und Limettensaft abschmecken.

EIERSALAT

Für 4 Portionen

1 kleine Schalotte
1 kleines Bund Schnittlauch
100 g Salatmayonnaise (80 % Fett)
100 ml Sahne
50 g Crème fraîche
1 gehäufter EL Senf
6 hart gekochte Eier
Salz, Pfeffer
Zucker

Die Schalotte schälen und in feine Würfel schneiden. Schnittlauch waschen, trocken schütteln und klein schneiden.

In einer Schüssel Mayonnaise, Sahne, Crème fraîche, Senf, Schalottenwürfel und Schnittlauch verrühren. Die hart gekochten Eier schälen, in Scheiben oder Stücke schneiden und vorsichtig untermischen. Zum Schluss den Eiersalat mit Salz, Pfeffer und Zucker abschmecken.

GURKENSALAT MIT DILLSAUCE

Für 4 Portionen

800 g Salatgurken
Salz
10 g Dill
200 g Naturjoghurt
100 g Schmand
Pfeffer
Zucker

Gurken putzen, waschen und in sehr dünne Scheiben schneiden oder hobeln. Die Scheiben in ein Abtropfsieb geben und mit ca. 1 EL Salz vermengen. Dann kurz ziehen lassen.

Dill waschen, trocken schütteln, Spitzen abzupfen und fein hacken. Mit Joghurt und Schmand verrühren. Die abgetropften Gurkenscheiben zur Dillsauce geben und mit Salz, Pfeffer und Zucker abschmecken.

GEFLÜGELSALAT MIT ANANAS

Für 6 Portionen

1 gekochtes Suppenhuhn (ca. 1,2 kg)
½ rote Paprikaschote
2 Schalotten
3 Stängel Koriander
1 Dose Ananasringe (580 g)
oder 400 g Ananasfruchtfleisch
75 g Rohrzucker
200 g Mayonnaise
100 g Crème fraîche
100 ml Sahne
1 TL Zitronensaft
Salz, weißer Pfeffer

Das Hähnchenfleisch von den Knochen lösen und klein schneiden. Paprika waschen, Kerne und weiße Innenhäute entfernen und in sehr kleine Würfel schneiden. Schalotten schälen und klein würfeln. Koriander waschen, trocken schütteln, Blättchen abzupfen und fein hacken. Ananas in kleine Würfel schneiden.

Den Rohrzucker in einer beschichteten Pfanne schmelzen. Die Ananaswürfel einrühren, darin karamellisieren und herausnehmen, dann etwas abkühlen lassen.

Mayonnaise, Crème fraîche und Sahne mit dem Zitronensaft verrühren. Die vorbereiteten Zutaten untermischen und mit Salz sowie Pfeffer abschmecken. Vor dem Servieren kurz durchziehen lassen.

BUNTER KARTOFFELSALAT

Für 4 Portionen

1,5 kg vorwiegend festkochende Kartoffeln
(z. B. Sieglinde)
Salz
½ Salatgurke
½ Bund Radieschen
2 Frühlingszwiebeln
400 ml Gemüsebrühe
3 EL Weißweinessig
3 EL Rapsöl
1 EL Dijon-Senf
½ Packung TK-Schnittlauch
Pfeffer
Honig

Kartoffeln waschen und ungeschält in ausreichend Salzwasser gar kochen. Abschütten, noch warm pellen und in ca. ½ cm dicke Scheiben schneiden. Die Gurke schälen, längs halbieren, Kerne entfernen und in Scheiben schneiden. Radieschen putzen, waschen, halbieren und ebenfalls in Scheiben schneiden. Frühlingszwiebeln putzen, waschen und in feine Ringe schneiden.

Die Gemüsebrühe anrühren und mit Essig, Öl, Senf sowie Schnittlauch verrühren. Kräftig mit Salz und Pfeffer würzen und mit etwas Honig verfeinern.

Alle vorbereiteten Salatzutaten miteinander vermischen und den Salat kurz durchziehen lassen.

Den Kartoffelsalat nochmals abschmecken und servieren.

RHEINISCHER KARTOFFELSALAT

Für 4 Portionen

1 kg vorwiegend festkochende Kartoffeln
Salz
100 g Zwiebeln
100 g Speckwürfel
3 Stängel Majoran
250 ml Gemüse- oder Fleischbrühe
2 EL Weißweinessig
50 g mittelscharfer Senf
4 EL Sonnenblumenöl

Kartoffeln waschen und ungeschält in ausreichend Salzwasser gar kochen. Abschütten, noch warm pellen und in Scheiben schneiden. Zwiebeln schälen und in kleine Würfel schneiden.

Die Speckwürfel in einer Pfanne anbraten. Zwiebelwürfel zugeben und beides knusprig braten. Die Speck-Zwiebel-Mischung zu den Kartoffeln geben.

Majoran waschen, trocken schütteln, Blätter abzupfen und hacken. Brühe und Essig in die heiße Pfanne geben und erwärmen. Senf und Öl einrühren.

Die heiße Vinaigrette über die Kartoffeln gießen, Majoran zugeben und alles gut vermengen. Mit Salz abschmecken. Vor dem Servieren kurz ziehen lassen.

SALADE NIÇOISE

Für 4 Portionen

Dressing

3 EL Olivenöl
2 EL Rapsöl
2 EL heller Balsamicoessig
3 EL Fleisch- oder Gemüsebrühe
1 EL Senf
1 EL Zucker
1 TL Salz

Salat

400 g kleine Kartoffeln
150 g Kenia-Bohnen
Salz
250 g gemischter Salat (z. B. Lollo Rosso,
Frisée, Radicchio, Rucola)
12 Kirschtomaten
4 Eier
2 Scheiben Toastbrot
50 g Butter
2 Dosen Thunfisch in Olivenöl
8 Kapernäpfel
10 schwarze Oliven ohne Stein
10 grüne Oliven ohne Stein
8 Sardellenfilets

Für das Dressing alle Zutaten, bis auf das Öl, in ein hohes Gefäß geben und mit einem Stabmixer pürieren. Dann das Öl langsam einlaufen lassen und dabei weitermixen, bis eine cremige Emulsion entsteht.

Für den Salat Kartoffeln waschen, mit der Schale kochen, noch warm pellen und in Scheiben schneiden. Kenia-Bohnen in reichlich Salzwasser bissfest kochen und in Eiswasser abschrecken.

Die Salate putzen, waschen, trocken schleudern und die Blätter in mundgerechte Stücke zupfen. Die Kirschtomaten waschen, trocknen und halbieren. Die Eier hart kochen, pellen und vierteln. Die Toastbrotscheiben entrinden und in gleichmäßig große Würfel schneiden.

Die Butter in einer Pfanne erhitzen und die Toastbrotwürfel darin goldbraun rösten.

Die gemischten Salate mit den Kartoffelscheiben und Kenia-Bohnen in Schalen anrichten und mit Dressing beträufeln. Mit zerpflücktem Thunfisch, Kapernäpfeln, Kirschtomaten, Oliven, Sardellen und gekochten Eiern garnieren. Zum Schluss Croûtons darüber streuen.

ITALIENISCHER NUDELSALAT

Für 4 Portionen

400 g Fusilli
30 g Rucola
1 rote Zwiebel
60 g in Öl eingelegte getrocknete Tomaten
35 g geröstete Pinienkerne
Rucolapesto (siehe S. 103)
Salz, Pfeffer
30 g frisch gehobelter Parmesan

Nudeln nach Packungsangabe bissfest kochen, abschütten und abschrecken. Rucola putzen, waschen und trocken schleudern. Zwiebel schälen, halbieren und in feine Streifen schneiden. Getrocknete Tomaten ebenfalls in feine Streifen schneiden. Beides zusammen mit Rucola, Zwiebel und Pinienkernen vermischen. Die Nudeln zugeben, einige Esslöffel Pesto unterrühren, bis die Nudeln damit gut befeuchtet sind. Alles gut miteinander vermengen und kräftig mit Salz und Pfeffer abschmecken. Zum Schluss mit Parmesan verfeinern.

SPARGEL-ERDBEERSALAT

Für 4 Portionen

Dressing
50 ml Geflügelfond
½ Vanilleschote
Zucker
Salz, Pfeffer
3 EL Sherry-Essig
6 EL Olivenöl

Salat
500 g weißer Spargel
500 g grüner Spargel
300 g Erdbeeren
3 Stängel Basilikum
25 g geröstete Pinienkerne

Geflügelfond erwärmen. Die Vanilleschote mit einem scharfen Messer der Länge nach halbieren und das Mark herauskratzen, mit 2 TL Zucker vermischen und zum Geflügelfond geben. Mit Salz und Pfeffer abschmecken, Essig dazugeben und gut verrühren. Das Öl langsam einlaufen lassen.

Den weißen Spargel schälen, bei beiden Spargelsorten die Enden abschneiden und in ausreichend kochendem Wasser mit Salz und Zucker ca. 15 Minuten kochen. Der Spargel sollte bissfest sein. Den Spargel in Eiswasser abschrecken, damit er nicht weiter gart. Die Erdbeeren putzen, waschen und halbieren oder vierteln. Basilikum waschen, trocken schütteln und die Blätter abzupfen.

Spargel in 3 cm lange Stücke schneiden, mit Erdbeeren, Basilikumblättern und dem Dressing verrühren. 10 Minuten ziehen lassen, in Schalen anrichten und mit den gerösteten Pinienkernen bestreuen.

SPARGELSALAT MIT EISMEERGARNELEN

Für 2 Portionen

250 g weißer Spargel
250 g grüner Spargel
Salz
100 g Salatgurke
5 Stängel glatte Petersilie
Abrieb und Saft von 1 unbehandelten Limette
50 ml Olivenöl
150 g Crème fraîche
Pfeffer
200 g Eismeergarnelen
4 Blätter Lollo Bionda

Den weißen Spargel schälen, bei beiden Spargelsorten das Ende abschneiden und die Stangen schräg in feine Stücke schneiden. Den Spargel in reichlich Salzwasser bissfest kochen, in Eiswasser abschrecken und abtropfen lassen.

Die Salatgurke waschen und fein würfeln. Petersilie waschen, trocken schütteln, Blätter abzupfen und in feine Streifen schneiden.

Limettenabrieb und -saft zusammen mit Öl, Crème fraîche, Salz, Pfeffer, Gurkenwürfeln und der Petersilie zu einer Vinaigrette verrühren. Den Spargel und die Eismeergarnelen zugeben und ca. 1 Stunde marinieren. Danach nochmals abschmecken.

Zum Anrichten den Salat waschen, trocken schütteln, in Schalen geben und den Spargelsalat darauf verteilen.

FRUCHTIGER GARNELENSALAT

Für 4 Portionen

Salat
700 g TK-Garnelen (ohne Kopf, geschält und entdarmt)
Pflanzenöl zum Braten
1 kleine Papaya
1 kleine Mango
1 rote Paprikaschote
1 rote Chilischote
½ Bund Koriander

Dressing
2 Schalotten
200 ml Orangensaft
200 ml Fisch- oder Gemüsefond
40 ml heller Balsamicoessig
Salz
Zucker

Die Garnelen auftauen lassen. In einer Pfanne in heißem Pflanzenöl von beiden Seiten braten.

Papaya und Mango schälen, die Kerne der Papaya entfernen und beide Früchte in gleichmäßige Würfel schneiden. Paprika waschen, Kerne und weiße Innenhäute entfernen und in ebenso große Würfel schneiden. Chili waschen, längs halbieren, putzen und fein würfeln. Koriander waschen, trocken schütteln, Blätter abzupfen und fein hacken. Alle vorbereiteten Zutaten miteinander vermischen.

Für das Dressing die Schalotten schälen und fein würfeln. Den Orangensaft aufkochen, die Schalottenwürfel zugeben und den Saft bei mittlerer Temperatur auf die Hälfte einkochen. Fond und Balsamicoessig zugießen und mit Salz und Zucker abschmecken. Die Sauce etwas abkühlen lassen. Dann über den Garnelensalat gießen und alles gut miteinander vermengen.

SHRIMPSSALAT

Für 4 Portionen

40 g Zuckerschoten
30 g Staudensellerie
60 g grüner Spargel oder Thaispargel
280 g aufgetaute gegarte TK-Cocktail-Shrimps
50 g Salatgurke
2 Stängel glatte Petersilie
Abrieb und Saft von 1 unbehandelten Limette
100 ml Olivenöl
Salz, weißer Pfeffer
4 Blätter Lollo Bionda

Zuckerschoten und Staudensellerie putzen, waschen und in feine Streifen schneiden. Spargel waschen, die Enden abschneiden und die Stangen schräg in feine Stücke schneiden. Den Spargel in reichlich Wasser bissfest kochen, abschrecken und abtropfen lassen.

Die Salatgurke schälen, entkernen und fein würfeln. Petersilie waschen, trocken schütteln, Blätter abzupfen und in feine Streifen schneiden.

Den Limettenabrieb und -saft zusammen mit dem Öl, 2 Prisen Salz, Pfeffer und der Petersilie zu einer Vinaigrette verrühren. Das Gemüse und die Shrimps zugeben und ca. 1 Stunde marinieren.

Zum Anrichten die Salatblätter waschen, trocken schütteln und in feine Streifen schneiden. Salatstreifen in Gläser geben und den Shrimpssalat darauf verteilen.

HUMMERSALAT MIT FENCHEL

Für 4 Portionen

Orangenvinaigrette
75 ml Pflanzenöl
100 ml Orangensaft
Saft von ½ Limette
½ TL Zucker
½ TL Salz

Salat
½ Fenchelknolle
Salz
2 cm Ingwer
½ Bund Schnittlauch
320 g gekochtes Hummerfleisch
1 Tomate
1 Orange
4 Blätter Lollo Bionda
Pfeffer

Für die Vinaigrette alle Zutaten, bis auf das Öl, in ein hohes Gefäß geben und mit einem Stabmixer pürieren. Dann das Öl langsam einlaufen lassen und dabei weitermixen, bis eine cremige Emulsion entsteht.

Für den Salat den Fenchel putzen, waschen und in feine Streifen schneiden oder hobeln. Die Fenchelstreifen mit etwas Salz bestreuen, kneten und bis zur weiteren Verarbeitung ziehen lassen. Ingwer schälen und fein hacken. Schnittlauch waschen, trocken schütteln und in feine Röllchen schneiden. Das Hummerfleisch in feine Stücke schneiden. Tomate waschen, Strunk entfernen, vierteln, Kerne entfernen und das Fruchtfleisch in feine Streifen schneiden. Die Orange samt der weißen Haut schälen und die Filets aus den Trennhäuten schneiden.

Alle vorbereiteten Zutaten mit der Orangenvinaigrette vermischen. Kurz durchziehen lassen und gegebenenfalls mit Salz und Pfeffer abschmecken.

Die Salatblätter waschen, trocken schütteln und dekorativ in Gläser legen. Den Hummersalat darauf verteilen und servieren.

Für 4 Portionen

Petersilien-Minzpesto

15 g glatte Petersilie
5 g Pfefferminze
10 g frisch geriebener Parmesan
½ TL Salz
10 g geröstete geschälte Mandeln
1 Prise Pfeffer
Saft von ½ Limette
100 ml Olivenöl

Salat

150 g Penne oder Mini-Farfalle
1 gelbe Paprikaschote
½ Salatgurke
1 rote Zwiebel
50 g in Öl eingelegte getrocknete
Tomaten
100 g Kirschtomaten
250 g Grönland Shrimps
Salz, Pfeffer
20 g frisch gehobelter Parmesan

MEDITERRANER SHRIMPSSALAT MIT NUDELN UND HAUSGEMACHTEM PETERSILIEN-MINZPESTO

Für das Pesto die Petersilie und die Minze waschen, trocken schütteln und die Blätter klein zupfen. Zusammen mit den restlichen Zutaten, bis auf das Olivenöl, pürieren. Zum Schluss das Olivenöl in dünnem Strahl einlaufen lassen und kurz weitermixen, sonst wird das Öl bitter.

Für den Salat die Nudeln nach Packungsangabe bissfest kochen, abschütten und abschrecken. Paprika putzen, waschen, halbieren, Kerne und weiße Innenhäute entfernen und in Würfel schneiden. Salatgurke waschen, längs halbieren, Kerne mit einem Löffel entfernen und in Würfel schneiden. Zwiebel schälen, halbieren und in feine Streifen schneiden. Getrocknete Tomaten ebenfalls in feine Streifen schneiden. Kirschtomaten waschen, trocknen und halbieren. In einer großen Schüssel Shrimps, Paprika, Salatgurke, Zwiebelstreifen, getrocknete Tomaten, Kirschtomaten und Nudeln mit dem Pesto vorsichtig mischen, bis der Salat gut befeuchtet ist. Mit Salz und Pfeffer abschmecken und mit Parmesan verfeinern.

WEISSER HERINGSSALAT

Für 4 Portionen

8 Hering- oder Matjesfilets
2 kleine Äpfel
2 Zwiebeln
2 Gewürzgurken
100 g Mayonnaise
200 ml Sahne
200 g saure Sahne
1 TL Sahnemeerrettich
3 Tropfen Worcestersauce
1 TL Zitronensaft
1–2 EL Apfelsaft
1–2 EL Gurkensud
1 Lorbeerblatt
Salz, Pfeffer
1 Prise Zucker

Hering- oder Matjesfilets gegebenenfalls waschen, trocken tupfen und in mundgerechte Würfel schneiden. Äpfel waschen oder nach Belieben schälen, Kerngehäuse entfernen und würfeln. Zwiebeln schälen und mit den Gewürzgurken würfeln.

Für die Sauce Mayonnaise mit Sahne, saurer Sahne, Sahnemeerrettich, Worcestersauce, Zitronen- und Apfelsaft sowie Gurkensud verrühren. Das Lorbeerblatt und die vorbereiteten Zutaten untermischen, mit Salz und Pfeffer sowie Zucker würzen.

Den Salat ca. 1 Stunde durchziehen lassen, das Lorbeerblatt entfernen und gegebenenfalls nochmals abschmecken.

ROTER MATJESSALAT

Für 4 Portionen

8 Hering- oder Matjesfilets
400 g gekochte Rote Bete
2 kleine süßliche Äpfel
2 rote Zwiebeln
250 g Mayonnaise
100 g Crème fraîche
1 EL Sahnemeerrettich
5 Tropfen Worcestersauce
1 TL Zitronensaft
Salz, Pfeffer
50 ml Rote-Bete-Saft

Die Hering- oder Matjesfilets gegebenenfalls waschen, trocken tupfen und klein schneiden. Die Rote Bete in Würfel schneiden. Die Äpfel schälen, vierteln, Kerngehäuse entfernen und klein würfeln. Die Zwiebeln schälen, halbieren und in feine Würfel schneiden.

Mayonnaise, Crème fraîche und Sahnemeerrettich verrühren. Die klein geschnittenen Zutaten untermischen.

Mit Worcestersauce, Zitronensaft, Salz und Pfeffer abschmecken. Mit Rote-Bete-Saft verfeinern.

Den Salat ca. 1 Stunde durchziehen lassen und gegebenenfalls nochmals abschmecken.

SCHWEIZER WURSTSALAT

Für 4 Portionen

400 g Lyoneraufschnitt
100 g Emmentaler
6 EL Weißweinessig
1 TL scharfer Senf
Zucker
Salz, Pfeffer
6 EL Pflanzenöl
4 Gewürzgurken
½ Bund Radieschen
1 weiße Zwiebel
1 Bund Schnittlauch

Den Aufschnitt in Streifen schneiden. Emmentaler entrinden und den Käse ebenfalls in dünne Streifen schneiden. Für die Marinade Essig mit Senf glattrühren, mit 2 Prisen Zucker, Salz und Pfeffer abschmecken und kurz durchziehen lassen. Dann 6 EL Wasser zugeben und das Pflanzenöl unter stetigem Rühren einlaufen lassen. Wurst und Käse mischen, die Marinade darüber gießen, gut verrühren und mindestens 30 Minuten ziehen lassen. In der Zwischenzeit die Gewürzgurken in dünne Streifen schneiden. Radieschen waschen, putzen und in dünne Stifte schneiden. Zwiebel schälen und in möglichst dünne Ringe hobeln. Schnittlauch waschen, trocken schütteln und in feine Röllchen schneiden. Die Kresse mit einer Küchenschere abschneiden. Gewürzgurken, Zwiebelringe und Schnittlauch unter den Wurstsalat heben, auf Tellern anrichten und mit den Radieschen bestreut servieren.

MEDITERRANER NUDEL-SALAT MIT RUCOLA UND KIRSCHTOMATEN

Für 4 Portionen

400 g Fusilli
30 g Rucola
35 g rote Zwiebel
60 g getrocknete Tomaten
250 g Kirschtomaten
10 g geröstete Pinienkerne
6 g Salz
1 Prise schwarzer Pfeffer
250 g Basilikumpesto (siehe S. 103)
20 g frisch gehobelter Parmesan

Die Nudeln nach Packungsangabe bissfest kochen, abschütten und abschrecken. Rucola putzen, waschen und trocken schleudern. Zwiebel schälen, halbieren und in feine Streifen schneiden. Getrocknete Tomaten ebenfalls in feine Streifen schneiden. Kirschtomaten waschen, trocknen und halbieren. Alles zusammen mit Rucola, Zwiebel, Pinienkernen und Gewürzen mischen. Die Nudeln sowie das Pesto zugeben, mit Parmesan verfeinern und alles gut miteinander vermischen.

MATJESSALAT MIT PAPRIKA UND APFEL

Für 4 Portionen

8 Hering- oder Matjesfilets
2 Stangen Staudensellerie
2 rote Paprikaschoten
4 Frühlingszwiebeln
1 roter Apfel
2 große Gewürzgurken
100 g Schmand
100 g Naturjoghurt
2 EL Mayonnaise
2 EL Gurkensud
Salz, Pfeffer

Die Hering- oder Matjesfilets gegebenenfalls waschen, trocken tupfen und in mundgerechte Stücke schneiden. Sellerie putzen, waschen, schälen und in dünne Scheiben schneiden. Paprika waschen, Kerne und weiße Innenhäute entfernen und in kleine Würfel schneiden. Frühlingszwiebeln putzen, waschen und in feine Ringe schneiden. Apfel waschen, vierteln, Kerngehäuse entfernen und in kleine Stücke schneiden. Gurken abtropfen lassen und ebenfalls würfeln.

Schmand, Joghurt und Mayonnaise sowie Gurkensud verrühren und kräftig mit Salz und Pfeffer abschmecken. Die vorbereiteten Zutaten damit vermischen und im Kühlschrank ca. 1 Stunde durchziehen lassen. Nochmals mit Salz und Pfeffer abschmecken.

GRIECHISCHER SALAT

Für 2 Portionen

100 g Salatgurke
200 g Tomaten
50 g rote Paprikaschote
50 g grüne Paprikaschote
50 g gelbe Paprikaschote
1 rote Zwiebel
50 g entsteinte schwarze Oliven
100 g Feta
2 EL Balsamicoessig
3 EL Olivenöl
Salz, Pfeffer

Gurke waschen, putzen, längs halbieren, entkernen und in Scheiben schneiden. Tomaten waschen, Strunk und Kerne entfernen und in dünne Spalten schneiden. Paprikaschoten waschen, Kerne und weiße Innenhäute entfernen und in dünne Streifen schneiden. Zwiebel schälen, halbieren und in dünne Streifen schneiden. Oliven in Scheiben und Feta in Würfel schneiden.

Alle vorbereiteten Zutaten miteinander vermischen. Balsamicoessig und Olivenöl zufügen und mit Salz und Pfeffer abschmecken.

EINGELEGTER FETA

Für 2 Portionen
(Standzeit 3 Tage)

400 g Feta
6 Zweige Thymian
4–8 Knoblauchzehen
500 ml Olivenöl

Den Feta in 2–3 cm dicke Scheiben schneiden. Thymian waschen, trocken schütteln und die Blätter abzupfen. Knoblauch schälen, halbieren und mit den Fetascheiben in ein großes Einmachglas schichten, dabei jede Lage mit Thymian würzen. Das Glas mit Olivenöl auffüllen und in den Kühlschrank stellen. Mindestens 3 Tage durchziehen lassen.

SALAT CAPRESE

Für 2 Portionen

3 Ochsenherztomaten
2 Kugeln Büffelmozzarella
4 Stängel Basilikum
Salz, Pfeffer
4 EL Olivenöl

Die Tomaten waschen, Strunk entfernen und in Scheiben schneiden. Mozzarella in gleich dicke Scheiben schneiden. Basilikum waschen, trocken schütteln und die Blätter abzupfen.

Die Tomatenscheiben auf einer Platte anrichten und mit jeweils einer Mozzarellascheibe belegen.

Mit Salz und Pfeffer würzen und mit Olivenöl beträufeln.

Die Basilikumblätter zum Schluss auf dem Mozzarella-verteilen.

KARTOFFELSUPPE MIT WIENER WÜRSTCHEN

Für 4 Portionen

1 Stange Lauch
1 kg mehligkochende Kartoffeln
1,5 l Hühnerbrühe
100 ml Weißwein
150 g Crème fraîche
Salz, Pfeffer
Muskatnuss
4 Wiener Würstchen
1 Bund Schnittlauch

Lauch putzen, längs halbieren, waschen und in breite Streifen schneiden. Kartoffeln waschen, schälen und grob würfeln.

Das Gemüse in einen Topf geben, die Brühe und den Wein zugießen und alles ca. 25–30 Minuten weich kochen.
Mit einem Stabmixer zur gewünschten Konsistenz pürieren.

Crème fraîche zugeben und noch mal aufkochen. Mit Salz, Pfeffer und frisch geriebener Muskatnuss abschmecken.

Die Würstchen separat in siedendem Wasser heiß werden lassen.

Schnittlauch waschen, trocken schütteln und in Röllchen schneiden. Auf die Suppe streuen und mit Wiener Würstchen servieren.

PILZSUPPE

Für 6 Portionen

800 g gemischte Pilze
200 g Zwiebeln
100 g Bauchspeck
2 EL Pflanzenöl
1,5 l Gemüsebrühe
Salz, Pfeffer
100 g Schmand
100 g Crème fraîche

Die Pilze säubern und klein schneiden. Zwiebeln schälen und würfeln. Speck in kleine Würfel schneiden. Das Öl in einem großen Topf erhitzen und den Speck darin knusprig anbraten. Zwiebeln zugeben und glasig anschwitzen. Pilze zufügen und kräftig mit anschwitzen. Etwas für die Einlage herausnehmen und warm halten.

Die austretende Flüssigkeit der Pilze im Topf verdunsten lassen. Gemüsebrühe zugießen, leicht mit Salz und Pfeffer würzen und abgedeckt bei mittlerer Temperatur ca. 30 Minuten kochen. Zum Schluss Schmand und Crème fraîche einrühren, alles kurz aufkochen und mithilfe eines Pürierstabs fein pürieren. Mit Salz und Pfeffer abschmecken.

Die Suppe zusammen mit der Einlage anrichten und servieren.

GEMISCHTE ANTIPASTI

Für 4 Portionen

Kräuteröl
2 Zweige Rosmarin
4 Zweige Thymian
1 Knoblauchzehe
500 ml Olivenöl

Antipasti
1 Aubergine
1 Zucchini
200 g Champignons
4 EL Olivenöl
Salz, Pfeffer
150 ml Balsamicoessig
150 ml Kräuteröl
150 g entsteinte gemischte Oliven

Außerdem
400 g Schinken
200 g gewürfelter Feta
1 Fladenbrot

Für das Kräuteröl die Kräuter waschen, trocken schütteln, Blätter und Nadeln abzupfen. Knoblauch schälen, hacken, mit den Kräutern unter das Öl mischen und etwas ziehen lassen.

Vor dem Marinieren des Gemüses das Kräuteröl nochmals durchrühren, sodass alle Kräuter gleichmäßig im Öl verteilt sind.

Für das Gemüse die Aubergine und die Zucchini putzen, waschen und in Scheiben schneiden. Champignons säubern, große halbieren. Das Gemüse in einer Grillpfanne portionsweise im heißen Öl von beiden Seiten grillen. Anschließend salzen, pfeffern und mit Balsamicoessig ablöschen. Die Scheiben darin schwenken und den Essig verdunsten lassen. Die Gemüsescheiben und die Champignons getrennt voneinander mit jeweils 50 ml Kräuteröl mischen, in ein Gefäß geben, verschließen und marinieren. Einige Stunden ziehen lassen. Das Gemüse mit dem Schinken, dem Feta und den Oliven auf einer Platte anrichten und zusammen mit dem Fladenbrot servieren.

RHEINISCHE TAPAS

Für 4 Portionen

Tapas
4 Scheiben Sauerteigbrot
Butter zum Bestreichen
½ Ring Leberwurst
½ Ring Blutwurst

Zum Dekorieren
Radieschen
Silberzwiebeln
Cornichons
Kirschtomaten
Petersilie
Senf

Die Brotscheiben mit Butter bestreichen und in mundgerechte Portionen schneiden. Die Würste in Scheiben schneiden und die Haut entfernen. Die Brotscheiben mit der Wurst belegen. Nach Belieben mit Radieschen, Silberzwiebeln, Cornichons, Kirschtomaten und Petersilie dekorieren. Dazu Senf reichen.

LAUCH-HACK-SUPPE

Für 4 Portionen

2 Stangen Lauch
2 Karotten
1 Zwiebel
500 g Rinderhackfleisch
1 EL Pflanzenöl
1 l Gemüse- oder Fleischbrühe
200 g Schmelzkäse
Salz, Pfeffer

Lauch putzen, waschen und in Ringe schneiden. Karotten schälen, halbieren und in Scheiben schneiden. Zwiebel schälen und in Würfel schneiden.

Das Hackfleisch in einem Topf in heißem Öl braten. Lauch, Karotten und Zwiebelwürfel zugeben und mitbraten.

Mit der Brühe aufgießen und aufkochen. Abgedeckt bei mittlerer Temperatur ca. 20 Minuten kochen. Dann den Schmelzkäse zugeben und weitere 5 Minuten kochen, bis der Käse geschmolzen ist. Mit Salz und Pfeffer abschmecken.

KOHLRABI-CARPACCIO

Für 2 Portionen

2 Kohlrabi (ca. 400 g)
1 Knoblauchzehe
1 walnussgroßes Stück Ingwer
½ Bund Koriander oder Petersilie
8 EL Reisessig
6 EL Sojasauce
3 EL dicke süße Sojasauce (aus Thailand)
2 EL dunkles Sesamöl
1 EL schwarze Sesamsamen

Kohlrabi putzen, schälen und in sehr dünne Scheiben schneiden (z. B. mit einer Brotschneidemaschine). Knoblauch und Ingwer schälen und fein reiben oder durchpressen. Koriander oder Petersilie waschen, trocken schütteln und hacken.

Reisessig, beide Sojasaucen, Sesamöl sowie Knoblauch und Ingwer in einem Topf bei mittlerer Temperatur zu einem Sirup einkochen, dabei ständig mit einem Schneebesen rühren. Die Kohlrabischeiben auf Tellern auslegen, mit dem abgekühlten Sirup beträufeln und etwa 10 Minuten ziehen lassen. Mit Sesamsamen und Koriander oder Petersilie bestreuen.

TOMATENSUPPE

Für 4 Portionen

6 Strauchtomaten
1 Zwiebel
1 Knoblauchzehe
2 EL Olivenöl
1 Dose geschälte Tomaten (800 g)
1 TL getrockneter Oregano
Salz, Pfeffer
1 Prise Zucker
2 EL Crème fraîche

Tomaten waschen, Strunk entfernen und in grobe Würfel schneiden. Zwiebel und Knoblauch schälen und fein hacken. Olivenöl in einem Topf erhitzen, Zwiebel und Knoblauch darin anschwitzen. Tomatenwürfel sowie Dosentomaten zugeben, aufkochen und bei bei niedriger Temperatur zugedeckt ca. 15–20 Minuten köcheln lassen. Die Tomaten mit einem Pürierstab pürieren, Oregano zugeben, mit Salz, Pfeffer sowie Zucker abschmecken und mit Crème fraîche verfeinern.

ERBSENSCHAUMSÜPPCHEN MIT FRÜHLINGSKRÄUTERN

Für 4 Portionen

1 kleine Zwiebel
1 Knoblauchzehe
½ Bund glatte Petersilie
1 EL Olivenöl
250 g TK-Erbsen
500 ml Hühnerbrühe
150 ml Sahne
Salz, Pfeffer
Muskatnuss
½ Bund Schnittlauch
1 Kästchen Kresse

Zwiebel und Knoblauch schälen und fein würfeln. Die Petersilie waschen, trocken tupfen, Blätter abzupfen und fein hacken.

Das Öl in einem Topf erhitzen und die Zwiebelwürfel darin andünsten. Knoblauch und Erbsen zufügen und 2–3 Minuten mitdünsten. Die Hühnerbrühe zugießen, kurz aufkochen und bei niedriger Temperatur köcheln lassen, bis die Erbsen weich sind.

4–5 EL Erbsen herausnehmen, kalt abschrecken, abtropfen lassen und beiseitestellen. Die Petersilie und die Sahne zur Suppe geben, mit einem Stabmixer fein pürieren. Mit Salz, Pfeffer und frisch geriebener Muskatnuss abschmecken.

Schnittlauch waschen, trocken schütteln und in feine Röllchen schneiden. Die restlichen Erbsen zur Suppe geben und mit Schnittlauchröllchen und Kresse bestreuen.

SELLERIE-WALNUSS-SUPPE

Für 4 Portionen

Suppe

200 g mehligkochende Kartoffeln
600 g Knollensellerie
1 Apfel
2 EL Rapsöl
100 ml Weißwein
800 ml Fleischbrühe
200 ml Sahne
100 g geröstete Walnusskerne
Salz, Pfeffer
Muskatnuss

Einlage

½ Bund Schnittlauch
50 g geröstete Walnusskerne
4 TL Crème fraîche
4 TL Crema di Balsamico

Kartoffeln und Sellerie waschen, schälen und in Würfel
schneiden. Apfel schälen, vierteln, Kerne entfernen und in
Würfel schneiden.

Das Rapsöl in einem Topf erhitzen, die Kartoffel- und
Selleriewürfel zugeben und andünsten. Apfelwürfel zugeben, mit Weißwein ablöschen und einkochen lassen.
Fleischbrühe zugießen und alles ca. 20–25 Minuten weich-
kochen. Sahne und Walnüsse zur Suppe geben, mit einem
Stabmixer pürieren. Damit die Suppe schön cremig wird,
die Suppe nach Belieben durch ein feines Sieb streichen,
dann nochmals aufkochen. Mit Salz, Pfeffer und frisch geriebener Muskatnuss abschmecken.

Schnittlauch waschen, trocken schütteln und in Röllchen
schneiden. Walnusskerne hacken. Die Suppe anrichten, mit
Crème fraîche, Crema di Balsamico, Walnusskernen und
Schnittlauchröllchen dekorieren.

KÜRBISSUPPE

Für 4 Portionen

1 kleiner Hokkaidokürbis (ca. 800 g)
1 Zwiebel
1 Knoblauchzehe
3 cm Ingwer
1 EL Pflanzenöl
Salz, Pfeffer
Zucker
125 ml Orangensaft
1 l Gemüse- oder Geflügelbrühe
125 ml Sahne
2 EL Kürbiskerne
2 EL Kürbiskernöl

Den Hokkaidokürbis waschen, nach Belieben schälen, halbieren, entkernen und grob würfeln. Zwiebel, Knoblauch sowie Ingwer schälen und fein würfeln. In einem Topf im heißen Öl glasig anschwitzen, den Kürbis zugeben und mit anschwitzen.

Leicht würzen und die Flüssigkeiten, bis auf die Sahne, zufügen. Aufkochen und abgedeckt bei niedriger Temperatur ca. 20–25 Minuten kochen, bis der Kürbis weich ist.

Die Sahne zugießen, einmal kurz aufkochen lassen und fein pürieren. Nochmals abschmecken und mit Kürbiskernen sowie Kürbiskernöl garnieren.

KAROTTEN-INGWER-SUPPE

Für 4 Portionen

1 Zwiebel
1 Knoblauchzehe
1 walnussgroßes Stück Ingwer
1 Stange Staudensellerie
500 g Karotten
1 EL Pflanzenöl
50 g Butter
750 ml Gemüsebrühe
Salz
1 EL Honig
2 EL Crème fraîche
Abrieb und Saft von ½ unbehandelten Zitrone
Pfeffer
Zucker
gehackte Petersilie zum Garnieren

Zwiebel und Knoblauch schälen und fein hacken. Ingwer schälen und in feine Scheiben schneiden. Staudensellerie und Karotten putzen, waschen, schälen und in Scheiben schneiden. Das Öl und die Butter erhitzen. Darin die Zwiebel mit dem Knoblauch anbraten. Ingwer, Staudensellerie sowie Karotten zugeben und dünsten. Mit der Gemüsebrühe ablöschen, etwas Salz hinzufügen und bei geschlossenem Deckel ca. 20 Minuten köcheln lassen.

Anschließend das gekochte Gemüse mit Honig, Crème fraîche und dem Zitronenabrieb pürieren. Mit Salz, Pfeffer, Zitronensaft und Zucker abschmecken und mit Petersilie garnieren.

GAZPACHO

Für 4 Portionen

1 Scheibe Weißbrot
5 große Tomaten
1 Zwiebel
2 Knoblauchzehen
1 Salatgurke
1 grüne Paprikaschote
3 EL Olivenöl
1–2 EL Sherryessig
Salz, Pfeffer
Zucker

Die Rinde vom Weißbrot entfernen, in Würfel schneiden und in etwas kaltem Wasser einweichen, danach ausdrücken.

Tomaten mit heißem Wasser überbrühen, kurz ziehen lassen, mit kaltem Wasser abschrecken und häuten. Strünke entfernen und in grobe Stücke schneiden. Zwiebel und Knoblauch schälen. Gurke schälen, längs halbieren und die Kerne mit einem Löffel herauskratzen. Paprikaschote waschen, vierteln und Kerne sowie weiße Innenhäute entfernen. Einige Zutaten als Einlage sehr fein würfeln, den Rest grob würfeln.

Das grob gewürfelte Gemüse zusammen mit dem eingeweichten Weißbrot, Öl und Essig in einem Standmixer oder mit einem Stabmixer pürieren. Sollte die Gazpacho zu dickflüssig sein, etwas kaltes Wasser zugeben und nochmals mixen. Mit Salz, Pfeffer und 1 Prise Zucker abschmecken und bis zum Servieren kalt stellen.

Die kalte Suppe mit den Gemüsewürfeln als Einlage servieren.

KALTE GURKENSUPPE

Für 4 Portionen
(Standzeit ca. 1 Stunde)

1 Zwiebel
1 Knoblauchzehe
1 EL Sonnenblumenöl
2 Salatgurken
1 Apfel (z. B. Granny Smith)
3 Stängel Minze
250 ml Buttermilch
2 EL Limettensaft
Salz, Pfeffer
Zucker
4 EL Olivenöl

Zwiebel und Knoblauch schälen und in Würfel schneiden. Öl in einer Pfanne erhitzen, Zwiebeln und Knoblauch darin glasig dünsten. Salatgurken schälen und 1½ davon in grobe Stücke schneiden. Apfel waschen, das Kerngehäuse entfernen und in grobe Stücke schneiden. Minze waschen, trocken schütteln und die Blätter abzupfen.

Gurken- und Apfelstücke, Minzblätter, bis auf 4 schöne für die Dekoration, Zwiebeln und Knoblauch in eine hohe Schüssel geben. Buttermilch und Limettensaft zugeben und mit einem Stabmixer pürieren. Die Suppe kräftig mit Salz, Pfeffer und Zucker würzen und für ca. 1 Stunde in den Kühlschrank stellen.

Die übrige Gurke mit einem Teelöffel entkernen und in kleine Würfel schneiden. Die kalte Suppe erneut abschmecken, erst die Gurkenwürfel in Einmachgläser geben, dann die Suppe zugießen und mit je 1 EL Olivenöl beträufeln. Die Suppe mit Minzblättern dekorieren und servieren.

SPARGELCREMESUPPE MIT GARNELENSPIESS

Für 6 Portionen

Spargelcremesuppe
1 kg weißer Spargel
1 l Gemüsebrühe
200 ml Sahne
100 ml trockener Weißwein
Speisestärke, nach Belieben
Salz, Pfeffer
Muskatnuss
½ Bund glatte Petersilie

Garnelenspieß
18 Garnelen (ohne Kopf, geschält und entdarmt)
6 Holzspieße
2 EL Sonnenblumenöl

Den Spargel schälen, die holzigen Enden entfernen, die Köpfe großzügig abschneiden und beiseitelegen. Den restlichen Spargel in ca. 2 cm lange Stücke schneiden, mit der Gemüsebrühe in einen Topf geben und ca. 15–20 Minuten garen. Anschließend Sahne und Weißwein zugießen und alles pürieren. Die Spargelköpfe zugeben, Suppe kurz aufkochen und bei niedriger Temperatur ca. 10 Minuten garen. Nach Belieben mit angerührter Speisestärke zur gewünschten Konsistenz binden. Mit Salz, Pfeffer und frisch geriebener Muskatnuss kräftig abschmecken. Die Petersilie waschen, trocken schütteln, Blätter abzupfen, fein hacken und vor dem Servieren über die Suppe geben.

Für die Garnelenspieße die Garnelen waschen und gut trocken tupfen, pro Holzspieß 3 Garnelen verwenden und leicht salzen. Das Öl in einer Pfanne erhitzen und die Garnelenspieße darin von beiden Seiten ca. 4 Minuten braten, herausnehmen, auf Küchenpapier abtropfen lassen und zur Spargelsuppe servieren.

ZWIEBELSUPPE

Für 4 Portionen

Zwiebelsuppe
300 g Zwiebeln
2 EL Butter
1 TL Pflanzenöl
50 ml Weißwein
750 ml Rinderbrühe
Salz, Pfeffer
Muskatnuss

Käsetoast oder -baguette
4 Scheiben Toastbrot oder Baguette
80 g geriebener Käse (z. B. Gouda)

Zwiebeln schälen, halbieren und in Streifen schneiden. Butter und Öl in einem Topf erhitzen und die Zwiebeln darin goldbraun anschwitzen. Mit Weißwein ablöschen, Brühe zugießen und aufkochen. Bei geringer Temperatur ca. 10 Minuten köcheln lassen. Mit Salz, Pfeffer und frisch geriebener Muskatnuss abschmecken.

Backofen auf 160 °C Oberhitze vorheizen.

Toastbrot- oder Baguettescheiben rösten, rund ausstechen und auf ein mit Backpapier ausgelegtes Backblech legen. Mit geriebenem Käse bestreuen und im vorgeheizten Backofen auf der obersten Schiene ca. 6–8 Minuten überbacken. Anschließend noch mit Peffer garnieren.

Suppe in Tellern oder kleinen Terrinen anrichten und die Käsebrotscheiben darin platzieren.

BOUILLABAISSE

Für 6 Portionen

ca. 3 kg küchenfertige Fische
(z. B. Seeteufel, Schellfisch, Steinbutt)
100 g Lauch
100 g Karotten
150 g Fenchel
100 g Staudensellerie
400 g Tomaten
300 g Zwiebeln
2 Knoblauchzehen
3 EL Pflanzenöl
1 Döschen Safranfäden
1 Sternanis
150 ml Weißwein
20 ml Wermut (z. B. Noilly Prat)
4 Dosen geschälte Tomaten (à 425 g)
1,5 l Fischfond
2 Brötchen vom Vortag
½ Bund Basilikum
½ Bund Estragon
Salz, Pfeffer

Zuerst die Filets von den Fischen herauslösen. Die Filets waschen, klein schneiden und bis zur weiteren Verwendung kalt stellen. Die Karkassen als Grundlage für die Suppe verwenden.

Das Gemüse entsprechend putzen, waschen, schälen und grob in Würfel schneiden. Zwiebeln und Knoblauch schälen und ebenfalls grob würfeln. Gemüse-, Zwiebel- und Knoblauchwürfel in einem Topf im heißen Öl anbraten. Karkassen, Safranfäden und Sternanis zugeben, unterrühren und mitbraten. Dann mit Weißwein und Wermut ablöschen und die Flüssigkeit nahezu verdunsten lassen. Anschließend die Dosentomaten zugeben und mit dem Fischfond aufgießen. Die Brötchen in Würfel schneiden und unterrühren. Alles ca. 1½ Stunden leicht köcheln lassen. Etwa 20 Minuten vor Ende der Garzeit die Kräuter zugeben. Nach Ende der Garzeit alles durch ein Sieb drücken, damit die Stärke von den Brötchen der Suppe die nötige Bindung verleiht. Die Suppe noch mal in einen Topf geben und die klein geschnittenen Fischfilets darin bei geringer Temperatur ca. 15 Minuten gar ziehen lassen. Zum Schluss mit Salz und Pfeffer abschmecken und in tiefen Tellern servieren.

STECKRÜBENEINTOPF MIT TAFELSPITZ

Für 6 Portionen

Tafelspitzbrühe

1 kg Rindertafelspitz
500 g Knollensellerie
500 g Zwiebeln
500 g Lauch
Salz, Pfeffer
2 Lorbeerblätter
2 Wacholderbeeren
3 Pimentkörner

Einlage

1 kg vorwiegend festkochende
Kartoffeln
1 kg Steckrüben
1 kg Karotten
1 kg Knollensellerie
500 g Zwiebeln
45 g Butter
2 TL gehackter Majoran

Zuerst den Tafelspitz von Fett und Sehnen befreien, anschließend waschen und trocken tupfen. Sellerie sowie Zwiebeln schälen und in Würfel schneiden. Lauch putzen, waschen, trocknen und in Ringe schneiden. Zusammen mit dem Fleisch und den Gewürzen in einen Topf geben und ausreichend mit Wasser bedecken. Dann aufkochen und ca. 1–1½ Stunden weich kochen. Wenn der Tafelspitz gar und zart ist, herausnehmen und auskühlen lassen. Den entstandenen Fond durch ein Sieb passieren und bis zur weiteren Verwendung beiseitestellen. Das ausgekühlte Fleisch in Würfel schneiden.

Für die weitere Einlage die Kartoffeln und das Gemüse entsprechend putzen, schälen und in gleichmäßige Würfel schneiden.

Die Butter in einem Topf zerlassen und das Gemüse darin anschwitzen. Mit dem Fond aufgießen und zum Kochen bringen. Abgedeckt bei niedriger Temperatur ca. 20 Minuten leicht köcheln lassen. Mit Salz, Pfeffer und Majoran abschmecken. Nun das Tafelspitzfleisch zugeben, heiß werden lassen und servieren.

LINSENEINTOPF

Für 4 Portionen

1 Zwiebel
2 Karotten
100 g Knollensellerie
50 g Speck
250 g Kartoffeln
1 EL Butter
200 g braune Linsen
1 TL Tomatenmark
Balsamicoessig
1,5 l Fleischbrühe
2 Frühlingszwiebeln
½ Bund Petersilie
Salz, Pfeffer
4–8 Wiener Würstchen

Zwiebel schälen und klein würfeln. Karotten und Sellerie putzen, waschen, schälen und in Würfel schneiden. Speck ebenfalls in kleine Würfel schneiden. Die Kartoffeln schälen, waschen und würfeln.

Butter in einem großen Topf zerlassen und Linsen, Speck-, Zwiebel- sowie Gemüsewürfel darin anschwitzen. Tomatenmark zugeben und kurz mit anschwitzen. Mit einem Schuss Balsamicoessig ablöschen und mit Brühe aufgießen. Erst dann die Kartoffelwürfel hinzufügen, aufkochen und bei geringer Temperatur ca. 30–40 Minuten köcheln lassen, bis die Linsen gar sind.

Frühlingszwiebeln putzen, waschen und in dünne Ringe schneiden. Petersilie waschen, trocken schütteln, Blätter abzupfen und fein hacken. Beides zum Eintopf geben und mit Salz, Pfeffer sowie etwas Balsamicoessig abschmecken.

Die Würstchen separat im siedenden Wasser oder im Eintopf erwärmen und zum Eintopf reichen.

KARTOFFELEINTOPF

Für 4 Portionen

900 g mehligkochende Kartoffeln
300 g Karotten
200 g Lauch
200 g Zwiebeln
50 g Butter
1,5 l Gemüse- oder Hühnerbrühe
Salz, Pfeffer
1 TL gehackter Majoran
4–8 Wiener Würstchen

Kartoffeln schälen und in Würfel schneiden. Karotten putzen, schälen und in Würfel schneiden. Lauch putzen, waschen und in Ringe schneiden. Zwiebeln schälen und fein würfeln.

Die Butter in einem Topf zerlassen und das Gemüse darin anschwitzen. Mit Brühe aufgießen und aufkochen. Abgedeckt bei geringer Temperatur ca. 1 Stunde kochen lassen. Mit Salz, Pfeffer und Majoran abschmecken.

Die Würstchen separat im siedenden Wasser oder im Eintopf erwärmen und zum Eintopf reichen.

EINTOPF MIT RINDFLEISCHEINLAGE

Für 6 Portionen

700 g Suppenfleisch (z. B. Tafelspitz)
2,5 l Fleischbrühe
400 g Hokkaidokürbis
500 g mehligkochende Kartoffeln
200 g Pastinaken
250 g Knollensellerie
250 g Karotten
300 g Zwiebeln
1 Knoblauchzehe
2 Lorbeerblätter
2 Stängel Majoran
3 Stängel Petersilie
Salz, Pfeffer

Das Suppenfleisch waschen, trocken tupfen und in ca. 1½ cm große Würfel schneiden.

Die Fleischwürfel in einem Topf mit der Brühe aufkochen, dann ca. 60 Minuten kochen, bis die Würfel gar und zart sind. Das Gemüse entsprechend putzen, waschen, schälen und in mundgerechte Würfel schneiden. Zwiebeln und Knoblauch schälen und fein würfeln.

Ca. 20 Minuten vor Ende der Garzeit des Fleisches das Gemüse, die Zwiebeln und den Knoblauch sowie die Gewürze zugeben und bissfest kochen. Die Kräuter waschen, trocken schütteln, Blätter abzupfen, fein hacken und unterrühren. Den Eintopf mit Salz und Pfeffer abschmecken.

GRÜNKOHLEINTOPF MIT METTWURST UND KASSELER

Für 4 Portionen

1 kg frischer Grünkohl oder 850 g TK-Grünkohl
2 mittelgroße Zwiebeln
2 EL Butterschmalz
1,5 l Gemüsebrühe
750 g festkochende Kartoffeln
4 Mettwürste (ca. 300 g)
4 Scheiben Kasseler
Salz, Pfeffer
Zucker

Den frischen Grünkohl putzen, gründlich waschen und grob hacken. Der tiefgekühlte Grünkohl kann direkt im gefrorenen Zustand verarbeitet werden. Die Zwiebeln schälen und würfeln.

Butterschmalz in einem Topf zerlassen und die Zwiebelwürfel darin glasig dünsten. Den Grünkohl zugeben und kräftig anschwitzen, mit der Gemüsebrühe aufgießen und einmal aufkochen lassen. Abgedeckt bei mittlerer Temperatur ca. 1 Stunde köcheln lassen .

In der Zwischenzeit die Kartoffeln schälen und in Würfel schneiden. Die Mettwürste mit den Kartoffeln ca. 30 Minuten vor Ende der Garzeit zum Grünkohl geben und mitgaren. Nach ca. 20 Minuten die Kasselerscheiben zugeben und heiß werden lassen.

Vor dem Servieren den Grünkohl mit Salz, Pfeffer und 1 kräftigen Prise Zucker abschmecken. Die Würste und Kasselerscheiben eventuell halbieren und mit dem Grünkohl auf Tellern anrichten.

ÜBERBACKENES GEMÜSE MIT FETA

Für 4 Portionen

1 kleine rote Paprikaschote
1 kleine grüne Paprikaschote
2 kleine Auberginen
3 reife Tomaten
100 g Feta
1 Bund Petersilie
1 Knoblauchzehe
6 EL Olivenöl
1 Scheibe Weißbrot, vom Vortag
Salz, Pfeffer
1 EL getrockneter Rosmarin
1 Zweig Rosmarin

Den Backofen auf 200 °C Ober- und Unterhitze vorheizen.

Die Paprikaschoten waschen, in breite Streifen schneiden, dabei Kerne und weiße Innenhäute entfernen. Die Auberginen waschen und in 1 cm dicke Scheiben schneiden. Die Tomaten waschen, halbieren und die Stielansätze herausschneiden. Die halben Tomaten in ca. 1 cm dicke Scheiben schneiden. Den Feta würfeln. Die Petersilie waschen, trocken tupfen und fein hacken. Den Knoblauch schälen.

Eine feuerfeste Form mit Olivenöl ausstreichen und das Gemüse hineinlegen. Das Weißbrot fein reiben. Brotkrümel und Petersilie vermischen und den Knoblauch dazupressen, mit Salz und Pfeffer würzen. Die Brotmasse auf dem Gemüse verteilen und die Fetawürfel darüber geben, mit Rosmarin bestreuen und den Rosmarinzweig obenauf legen, das Ganze mit 4–5 EL Olivenöl beträufeln und im Backofen 30 Minuten garen.

OLIVEN-GNOCCHI

Für 2 Portionen

500 g mehligkochende Kartoffeln
80 g Grieß
40 g Speisestärke
2 Eigelb
40 g schwarze Oliven
40 g grüne Oliven
Salz, Pfeffer
Muskatnuss
Weizenmehl zum Bearbeiten
2 EL Olivenöl

Die Kartoffeln waschen, als Pellkartoffeln garen, abgießen, gut abkühlen lassen, pellen, durch eine Kartoffelpresse drücken oder mit dem Kartoffelstampfer zerstampfen. Grieß, Speisestärke und Eigelbe dazugeben. Die Oliven entsteinen, hacken und ebenfalls dazugeben. Die Masse mit Salz, Pfeffer und frisch geriebener Muskatnuss abschmecken und auf einer leicht bemehlten Arbeitsfläche schnell zu einem gleichmäßigen Teig verarbeiten.

Den Teig auf ein bemehltes Brett geben und in Würste von 1 cm Durchmesser formen. Von diesen Würsten etwa walnussgroße Stücke abschneiden und die Gnocchi formen. Die Gnocchi nach und nach in reichlich kochendes, gesalzenes Wasser geben, kurz aufkochen lassen und 4–5 Minuten ziehen lassen. Mit einer Schaumkelle aus dem Wasser nehmen, abtropfen lassen und auf eine geölte Platte geben. Mit etwas Olivenöl beträufeln und servieren.

GEBRATENE ZUCCHINI MIT ROSINEN

Für 4 Portionen

500 g Zucchini
1 große Gemüsezwiebel
50 g Rosinen
50 g Pinienkerne
4 EL Olivenöl
Salz, Pfeffer

Die Zucchini putzen, waschen, halbieren und in ca. 1 cm dicke Scheiben schneiden. Zwiebel schälen und in dünne Ringe schneiden. Die Rosinen in warmem Wasser einweichen und die Pinienkerne ohne Zugabe von Fett in einer Pfanne anrösten.

Olivenöl in einer Pfanne erhitzen und die Zwiebelringe darin goldbraun rösten. Anschließend herausnehmen und die Zucchinischeiben in der Pfanne braun anbraten.

Pinienkerne, Rosinen und Zwiebelringe zugeben und alles mit Salz und Pfeffer abschmecken.

KARTOFFEL-SAUERKRAUT-AUFLAUF

Für 4 Portionen

5 mittelgroße Kartoffeln
200 ml Milch
100 ml Wasser
Salz
3 Zwiebeln
1 Knoblauchzehe
3 EL Butter
½ Apfel
300 g gekochtes Sauerkraut
Pfeffer
Muskatnuss
200 ml Sahne
3 EL saure Sahne
2 Eier
2 EL Pommery-Senf (oder scharfer Senf)
etwas Schnittlauch (feine Röllchen)

Den Backofen auf 200 °C Ober- und Unterhitze vorheizen.

Die Kartoffeln waschen, schälen und in Scheiben schneiden. Mit 100 ml Milch, Wasser und etwas Salz bissfest kochen und abschütten.

Die Zwiebeln und den Knoblauch schälen und in feine Scheiben schneiden, beides in der Butter glasig dünsten. Den Apfel würfeln. Das Sauerkraut abgetropft in eine gefettete feuerfeste Auflaufform geben. Die gekochten Kartoffelscheiben mit den Zwiebeln und Äpfeln vermischen, mit Salz, Pfeffer und frisch geriebener Muskatnuss abschmecken und über das Sauerkraut geben.

Die Sahne, restliche Milch, saure Sahne, Eier und Pommery-Senf verrühren, salzen und pfeffern und über den Auflauf gießen. Den Sauerkrautauflauf im vorgeheizten Backofen ca. 40 Minuten backen. Vor dem Servieren den Sauerkrautauflauf mit feinen Schnittlauchröllchen garnieren.

VEGETARISCH

AUBERGINEN-GNOCCHI

VEGETARISCH

Für 2 Portionen

500 g Auberginen
5 EL Balsamicoessig
4 EL Olivenöl
Salz, weißer Pfeffer
1 mehligkochende Kartoffel (ca. 90 g)
1 Eigelb
35 g Kartoffel- oder Speisestärke
75 g Mehl
5 große Basilikumblätter
Weizenmehl zum Bearbeiten

Den Backofen auf 220 °C Ober- und Unterhitze vorheizen.

Die Auberginen vom Stängelansatz befreien, waschen und das Fruchtfleisch in grobe Stücke schneiden. In eine feuerfeste Form legen, mit Essig und Öl beträufeln und mit Salz und Pfeffer kräftig würzen.

Die Form mit Alufolie überziehen und die Auberginen im vorgeheizten Backofen ca. 1 Stunde schmoren, bis sie ganz weich sind. Die Kartoffel in der Schale kochen. Auberginen etwas abkühlen lassen, in ein Küchentuch geben und sehr kräftig ausdrücken. Die Masse sehr fein hacken und in eine Schüssel geben. Die gepellte Kartoffel durch die Kartoffelpresse drücken oder mit dem Stampfer zu Brei stampfen und zugeben. Eigelb, Stärke und Mehl unterkneten. Die klein gehackten Basilikumblätter untermischen. Den Teig mit Salz abschmecken, auf eine bemehlte Arbeitsplatte geben, flach drücken und zu ca. 1 cm dicken Würsten formen. Von diesen Würsten walnussgroße Stücke schneiden und zu Gnocchi formen. Nach und nach in reichlich kochendes Salzwasser geben und ca. 4–5 Minuten ziehen lassen. Mit einer Schaumkelle herausnehmen und gut abtropfen lassen.

GEFÜLLTE TOMATEN

Für 12 Stück

12 mittelgroße Tomaten
Salz, Pfeffer
1 Stange Staudensellerie
2–3 Frühlingszwiebeln
1 Knoblauchzehe
6 EL Olivenöl
200 g Reisnudeln
ca. 500 ml Gemüsesud
200 g Champignons
1 mittelgroße Zucchini
1 Bund Petersilie
100 g Feta
2 EL Semmelbrösel
2 EL gehackte Kräuter (Thymian, Koriander, Basilikum)

Den Backofen auf 200 °C Ober- und Unterhitze vorheizen.

Die Tomaten waschen, den Deckel abschneiden und das Innere mit einem Löffel herausholen. Die Tomaten umdrehen, abtropfen lassen, in eine Auflaufform stellen. Salzen und pfeffern. Den Staudensellerie putzen, waschen und in feine Würfel schneiden. Die Frühlingszwiebeln putzen, waschen und klein schneiden. Den Knoblauch schälen und fein hacken.

Frühlingszwiebeln und Knoblauch in einem Topf mit 2 EL Olivenöl glasig andünsten. Reisnudeln und Staudensellerie zugeben und mit Gemüsesud nach und nach auffüllen, um die Reisnudeln bissfest zu kochen. Die Champignons und Zucchini putzen, waschen, in kleine Stücke schneiden und in 4 EL Olivenöl anschwitzen, nochmals salzen und pfeffern. Die Petersilie waschen, trocknen, die Blättchen abzupfen und mit den angeschwitzten Champignons und Zucchini unter die Reisnudeln mischen. Den Feta würfeln und zufügen, mit Salz und Pfeffer abschmecken. Die Füllung in die Tomaten geben und im Backofen 15–20 Minuten backen. Die Tomaten ca. 5 Minuten vor Ende der Backzeit mit Semmelbröseln und gehackten Kräutern bestreuen und im Backofen bis zum Ende der Backzeit leicht gratinieren.

VEGETARISCH

GEFÜLLTE CHAMPIGNONS

Für 12 Stück

12 große Champignons
½ Bund Petersilie
1 Zwiebel
1 Knoblauchzehe
4 EL Crème fraîche
Butter zum Einfetten
Salz, Pfeffer
2 Ziegenkäserollen (à 150 g) oder 100 g geriebener Emmentaler

Den Backofen auf 180 °C Ober- und Unterhitze vorheizen.

Die Champignons säubern, die Stiele entfernen und würfeln, die Köpfe beiseitestellen. Die Petersilie waschen, trocken schütteln, die Blätter abzupfen und fein hacken. Zwiebel und Knoblauch schälen und fein würfeln. Champignonwürfel mit der gehackten Petersilie, Zwiebel, Knoblauch und Crème fraîche vermengen.

Eine Auflaufform mit Butter einfetten. Die Champignonköpfe innen leicht mit Salz und Pfeffer würzen und mit der Champignonmasse füllen. Die Ziegenkäserollen in Scheiben schneiden und auf der Füllung verteilen. Alternativ geriebenen Emmentaler darauf verteilen.

Die Champignons in die Auflaufform setzen und im Backofen ca. 20 Minuten garen.

PANIERTE ZUCCHINI MIT TOMATEN UND OLIVEN

Für 2–3 Portionen

3 Zucchini (ca. 750 g)
Salz, Pfeffer
4 Schalotten
1 Knoblauchzehe
1 Bund Thymian
3 Zweige Rosmarin
500 g Tomaten
200 g Semmelbrösel
2 Eier
4 EL Olivenöl
4 EL gehackte schwarze Oliven

Die Zucchini putzen, waschen und in 1 cm dicke Scheiben schneiden, mit Salz und Pfeffer würzen. Schalotten und Knoblauch schälen und fein hacken. Thymian und Rosmarin waschen, trocken tupfen, Blättchen und Nadeln abzupfen und beides getrennt hacken. Die Tomaten mit kochendem Wasser überbrühen, häuten, den Stielansatz entfernen und das Fruchtfleisch würfeln. Die Semmelbrösel mit dem Thymian vermischen. Die Eier verquirlen. 2 EL Olivenöl in einer Pfanne erhitzen. Die Zucchinischeiben mit Küchenpapier abtupfen, in Ei und Semmelbröseln panieren und in der Pfanne gold-gelb ausbacken. Die Schalotten im restlichen Olivenöl in einer Pfanne glasig andünsten und den Knoblauch dazugeben. Die Tomaten hinzufügen und ca. 5 Minuten einkochen lassen. Die Oliven untermischen und mit Rosmarin, Salz und Pfeffer abschmecken. Die ausgebackenen Zucchinischeiben mit der Tomaten-Oliven-Mischung auf Tellern anrichten.

KARTOFFELFLADEN MIT RUCOLA-MEERRETTICH-FRISCHKÄSE

Für 4 Portionen

500 g Weizenmehl
150 g Kartoffelpüreepulver
1 TL Salz
200 g mittelgroße Kartoffeln
Olivenöl
1 Zweig Rosmarin
1 Würfel Hefe (42 g)
500 ml lauwarmes Wasser
Weizenmehl zum Bearbeiten
grobes Meersalz
100 g Rucola
125 g Quark (20 % Fett)
100 g Frischkäse, vorzugsweise
Ziegenfrischkäse
50 ml Sahne
1 TL geriebener Meerrettich
(frisch oder aus dem Glas)
Salz, Pfeffer

Das Mehl mit dem Püreepulver und dem Salz mischen. Die Kartoffeln schälen, würfeln und mit Küchenpapier trocken tupfen. In einer Pfanne mit ca. 1 EL Öl und dem Rosmarinzweig bei niedriger Temperatur ca. 15 Minuten kross braten. Auf Küchenpapier abfetten lassen.

Die zerbröckelte Hefe in Wasser auflösen und das Gemisch langsam zu den anderen Teigzutaten gießen. Mit den Knethaken eines Handrührgeräts 5 Minuten zu einem glatten Teig schlagen. Die abgekühlten Kartoffelwürfel unterarbeiten oder darauf verteilen. Den Teig mit mehligen Händen noch einmal durchkneten, zu einer Kugel formen und in eine bemehlte Schüssel geben. Abdecken und an einem warmen Ort ca. 20 Minuten gehen lassen, bis der Teig sein Volumen fast verdoppelt hat.

Die Teigkugel nochmals durchkneten und auf einem geölten und bemehlten Blech zu einem fingerdicken Fladen ausrollen. Mit dem Finger auf der gesamten Fläche kleine Mulden eindrücken. Weitere 20 Minuten gehen lassen und im vorgeheizten Backofen bei 200 °C Ober- und Unterhitze 30–35 Minuten goldbraun backen. Aus dem Ofen nehmen, mit etwas Olivenöl beträufeln und je nach Geschmack mit grobem Meersalz bestreuen. Den Rucola waschen und fein hacken. Quark, Frischkäse, Sahne, Meerrettich, Salz und Pfeffer mischen und den Rucola unterrühren. Zusammen mit den Fladen servieren.

KARTOFFEL-SPINAT-AUFLAUF

Für 4 Portionen

2 mittelgroße Karotten
2 kleine Kohlrabi (ca. 300 g)
1 große Navette
400 g festkochende Kartoffeln
60 g Butter
1 TL Zucker
1 Zweig frischer Thymian
Salz, weißer Pfeffer
Muskatnuss
800 g frischer Blattspinat oder 400 g
TK-Blattspinat
2 Knoblauchzehen
3 Schalotten
etwas Butter für die Form
200 ml Sahne
3 Eigelb
½ TL gemahlener Ingwer
Cayennepfeffer
125 g Büffelmozzarella

Den Backofen auf 180 °C Ober- und Unterhitze vorheizen.

Gemüse und Kartoffeln waschen, schälen und mithilfe einer Küchenreibe in grobe Stifte raspeln. 1 EL Butter mit dem Zucker leicht karamellisieren, Gemüse, Kartoffeln und den gewaschenen Thymianzweig zugeben und bei niedriger Temperatur 5 Minuten garen, dabei immer wieder umrühren. Mit Salz, Pfeffer und frisch geriebener Muskatnuss würzen, dann beiseitestellen.

Spinat von groben Stielen befreien, mehrmals gründlich waschen und in einem Sieb gut abtropfen lassen. Tiefgekühlten Spinat auftauen. Knoblauchzehen und Schalotten schälen, in feine Würfel schneiden und in der restlichen leicht gebräunten Butter anschwitzen. Blattspinat zugeben und ebenfalls 5 Minuten bei geschlossenem Deckel dünsten. Die letzten 2 Minuten offen garen, bis die austretende Flüssigkeit vollständig reduziert ist. Mit Salz, Pfeffer und frisch geriebener Muskatnuss würzen.

Spinat in die gebutterte Auflaufform geben und das Gemüse darauf verteilen. Sahne und Eigelbe miteinander vermengen, mit Ingwer, Salz und je nach Geschmack mit etwas Cayennepfeffer pikant würzen und über das Gemüse gießen. Mozzarella in dünne Scheiben schneiden und gleichmäßig darauf verteilen. Im vorgeheizten Backofen ca. 40 Minuten goldbraun backen.

KARTOFFEL-ZWIEBEL-OMELETT

Für 2 Portionen

Olivenöl zum Braten
2 größere gewürfelte Zwiebeln (ca. 100 g)
1 Lorbeerblatt
Salz, Pfeffer
4 gewürfelte Kartoffeln (ca. 350 g)
2 Knoblauchzehen
1 TL gehackter Majoran
2 EL Butter
6 Eier
50 ml Sahne
Cayennepfeffer
100 g geriebener Gouda

Den Backofen auf 220 °C Oberhitze vorheizen.

Das Öl in einer Pfanne erhitzen, die Zwiebelwürfel mit dem Lorbeerblatt darin hellbraun anbraten, salzen und pfeffern. Aus der Pfanne nehmen und auf Küchenpapier entfetten lassen. Die Kartoffeln mit den in der Schale angedrückten Knoblauchzehen und dem Majoran in reichlich Öl mit 1 EL Butter goldgelb anbraten. Herausnehmen und auf Küchenpapier entfetten.

Eier, Sahne, Salz und Cayennepfeffer in einer Schüssel verquirlen und Zwiebeln sowie Kartoffeln zugeben.

1 EL Butter und 2 EL Öl in einer beschichteten Pfanne erhitzen und darin die Masse zum Stocken bringen. Mit dem Käse bestreuen und die Pfanne kurz in den Backofen stellen, sodass der Käse schmilzt. Bei Pfannen mit empfindlichem Stiel kann man die Backofentür offen lassen.

GEMÜSEPOLENTA MIT FRISCHEN KRÄUTERN

Für 4 Portionen

2 Karotten
1 Staudensellerie
250 g frischer Blattspinat oder 150 g TK-Blattspinat
2 Zwiebeln
2 Knoblauchzehen
1 Bund Petersilie
1 Bund Basilikum
1 Zweig frischer Rosmarin
3–4 EL Olivenöl
1 l Wasser
250 g feiner Maisgrieß
Salz, Pfeffer
40 g frisch geriebener Parmesan
Kastenform, mit etwas Öl ausgepinselt

Die Karotten putzen, waschen und in 1 cm große Würfel schneiden. Den Staudensellerie putzen, waschen, die holzigen Fasern entfernen und in 1 cm große Scheiben schneiden. Den frischen Spinat verlesen, gründlich waschen und grob zerteilen, tiefgekühlten Spinat auftauen lassen. Zwiebeln und Knoblauch schälen und fein würfeln. Petersilie und Basilikum waschen, trocknen, die Blätter vom Stiel entfernen und hacken. Rosmarin waschen, trocknen und die Nadeln grob hacken.

Das Olivenöl in einem großen Topf erhitzen. Darin zuerst die Zwiebeln, dann den Knoblauch andünsten. Die Karotten und den Sellerie zugeben, 10 Minuten unter Rühren andünsten. Petersilie, Basilikum und Rosmarin zugeben, anschließend den Spinat. Noch einmal 2 Minuten dünsten.

Das Wasser angießen und die Polenta langsam unterrühren. Mit Salz, Pfeffer und Parmesan abschmecken und zugedeckt auf kleiner Flamme 5–10 Minuten garen, dabei ab und zu umrühren. Es soll ein steifer Brei entstehen. Die Polentamasse in die geölte Form füllen, glatt streichen und nach ca. 20 Minuten auf eine Platte stürzen. Zum Servieren in 2 cm dicke Rauten schneiden und in Olivenöl kurz anbraten, damit sie warm werden.

VEGETARISCH

KOHLROULADE MIT REISFÜLLUNG

Für 2 Portionen

Kohlroulade

125 g Langkorn-Reis
Salz
4–6 schöne große Weiß- oder Spitzkohlblätter
3–4 Frühlingszwiebeln
1 Knoblauchzehe
5 EL Pinienkerne
3–4 EL Olivenöl
2 EL Tomatenmark
3–4 EL gehackte Petersilie
½ TL Kreuzkümmelsamen
1 Msp. Zimtpulver
250 ml Gemüsebrühe (Instant)

Tomatensauce

siehe S. 116

Den Reis in Salzwasser bissfest kochen, abgießen und abtropfen lassen. Die Kohlblätter in sprudelnd kochendem Salzwasser ca. 2 Minuten überbrühen, bis sie weich sind. In ein Sieb gießen und abtropfen lassen.

Die Frühlingszwiebeln putzen, waschen, den weißen und hellgrünen Teil in feine Ringe schneiden. Die Knoblauchzehe schälen.

Die Pinienkerne in einer kleinen Pfanne ohne Zugabe von Fett hellbraun anrösten. Die Pinienkerne aus der Pfanne nehmen, das Olivenöl erhitzen und die Frühlingszwiebeln darin andünsten. Den Knoblauch dazupressen. Tomatenmark, gehackte Petersilie, Pinienkerne, Reis und die Gewürze zugeben und alles vermischen. Die Pfanne vom Herd nehmen und etwas abkühlen lassen.

Von den Kohlblättern die Mittelrippen flach schneiden und jeweils etwas von der Füllung auf ein Kohlblatt geben. Die Seiten einschlagen und das Kohlblatt aufrollen. Die Rouladen mit der Naht nach unten in einen großen Topf legen. Die Brühe angießen, erhitzen und zugedeckt bei niedriger Temperatur 20–25 Minuten garen. Die Tomatensauce wie auf S. 116 beschrieben zubereiten und mit den Kohlrouladen servieren.

LAUCHGRATIN

Für 2 Portionen

750 g Lauch
25 g Butter
125 ml Sahne
2 Eigelb
Salz, Pfeffer
Muskatnuss

Den Lauch putzen, die dunkelgrünen Blätter abschneiden, die helleren Abschnitte oben einschneiden, gründlich waschen und dabei den Sand zwischen den Blättern entfernen. Die Stangen in dünne Ringe schneiden.

Den Backofen auf 190 °C Ober- und Unterhitze vorheizen.

Die Butter in einem flachen Topf schmelzen lassen und den Lauch kurz darin andünsten. Dann in eine feuerfeste Form füllen.

Die Sahne mit Eigelben, Salz, Pfeffer sowie frisch geriebener Muskatnuss verquirlen und über den Lauch gießen. Im heißen Ofen 20–30 Minuten überbacken.

TOMATEN-AUBERGINEN-CURRY

Für 4 Portionen

1 große Zwiebel
2 EL Butter
2 EL frisch geriebener Ingwer
2 EL gehackter Knoblauch
3 EL Kreuzkümmel
½ TL Koriander
½ TL Kardamom
½ TL Kurkuma
¼ TL Nelken
Pflanzenöl zum Braten
½ TL Cayennepfeffer
2 Tomaten
200 ml Wasser
1 EL brauner Zucker
1 große Aubergine (ca. 450 g)
Salz, Pfeffer
Pflanzenöl zum Braten
300 g frischer Blattspinat oder 200 g
TK-Blattspinat
1 Bund frischer Koriander

Die Zwiebel schälen, in Würfel schneiden und in Butter goldgelb anschwitzen. Den Ingwer mit dem gehackten Knoblauch zu den Zwiebeln geben und anbraten.

Kreuzkümmel, Koriander, Kardamom, Kurkuma und Nelken leicht in Öl anrösten, aus der Pfanne nehmen, klein hacken und mit dem Cayennepfeffer zu den Zwiebeln in die Pfanne geben.

Die Tomaten waschen, den Strunk entfernen und in Würfel schneiden. Mit dem Wasser und dem braunen Zucker zu den Gewürzen geben. Einmal kurz aufkochen und 1 Stunde kalt stellen.

Die Aubergine waschen, den Stielansatz abschneiden und der Länge nach in 1 cm dicke Scheiben schneiden. Die einzelnen Scheiben nochmals halbieren und beide Seiten mit Salz und Pfeffer würzen.

In einer Pfanne mit Pflanzenöl von beiden Seiten goldbraun anbraten und beiseitestellen. Den Spinat gründlich waschen oder auftauen lassen und in Streifen schneiden. Die erkaltete Tomaten-Gewürzmasse nochmals aufkochen, die Spinatstreifen und die Auberginen unterrühren und einige Minuten sanft kochen lassen. Den Koriander waschen, trocknen und klein schneiden. Das Tomaten-Auberginen-Curry auf Tellern anrichten und mit Koriander bestreuen.

BREZELKNÖDEL

Für 4 Portionen

4 trockene Brezeln vom Vortag
250 ml Milch
Salz, Pfeffer
Muskatnuss
2 Schalotten
1 EL Butter
1 Bund glatte Petersilie
3 Eier

Die dicken Stücke der Brezeln zuerst der Länge nach halbieren. Die Brezeln in ½ cm dicke Scheiben schneiden. Die Milch erhitzen, mit Salz, Pfeffer und frisch geriebener Muskatnuss würzen, gleichmäßig über die Brezeln gießen und 10 Minuten quellen lassen. In der Zwischenzeit die Schalotten schälen und in feine Würfel schneiden.

Die Schalotten in einer Pfanne mit 1 EL Butter ca. 5 Minuten bei niedriger Temperatur glasig dünsten. Die Petersilie waschen, trocken tupfen, von den Stielen zupfen und nicht zu fein hacken. Die Eier trennen. Eigelbe, Schalotten und Petersilie unter die Brezeln heben. Das Eiweiß mit dem Handrührgerät leicht anschlagen und vorsichtig unter die Knödelmasse heben. Die Masse falls nötig nochmals mit Pfeffer und frisch geriebener Muskatnuss abschmecken. Da die Brezeln schon gesalzen sind, nicht zu kräftig salzen.

Je 2 lange Stücke (ca. 40 cm lang) Alu- und Klarsichtfolie zurechtschneiden. Die Klarsichtfolien jeweils auf die Alufolien legen. Die Hälfte der Knödelmasse auf das untere Drittel einer Lage verteilen und zusammenrollen. Die Enden dabei fest eindrehen. Durch den Druck verbindet sich der Inhalt. Die Rolle ist ca. 16 cm lang und hat einen Durchmesser von 6 cm. Die zweite Rolle auf die gleiche Weise fertig stellen. Die beiden Rollen in kochendem Wasser ca. 20 Minuten garen. Das Wasser sollte dabei leicht köcheln. Den Topf vom Herd nehmen und weitere 20 Minuten ziehen lassen. Die Knödelrollen aus den Folien nehmen, in ca. 1 cm dicke Scheiben schneiden und servieren. Besonders lecker schmecken die Knödel auch gebraten. Dafür 2 EL Butter in einer Pfanne erhitzen und die Knödel darin von beiden Seiten insgesamt 4 Minuten goldbraun braten.

GEBACKENER CAMEMBERT MIT PREISELBEEREN

Für 4 Portionen

2 Eier
4 Camemberts (à ca. 150 g)
250 g Paniermehl
Pflanzenöl zum Frittieren
120 g Preiselbeeren

Die Eier verquirlen. Die Camemberts zunächst im verquirlten Ei , dann im Paniermehl wenden. Diesen Vorgang noch einmal wiederholen. Die Panade andrücken und anschließend portionsweise in ausreichend heißem Pflanzenöl goldgelb frittieren. Auf Küchenpapier abtropfen lassen. Anschließend mit Preiselbeeren servieren.

LINSENGEMÜSE

Für 4 Portionen

400 g kleine Linsen
1 Bund Suppengemüse
1 Bund Frühlingszwiebeln
2 Schalotten
1 EL Zucker
25 g Butter
1–2 EL Himbeeressig
Salz, Pfeffer

Die Linsen waschen und über Nacht in viel Wasser einweichen. Am nächsten Tag im Einweichwasser bissfest kochen.
Je nach Größe und Alter der Linsen dauert das 30–45 Minuten. Abgießen und abtropfen lassen.

Das Suppengemüse und die Frühlingszwiebeln putzen
und waschen, die Schalotten schälen und alles in sehr
feine Scheiben beziehungsweise Würfel schneiden.

Den Zucker in einem Topf bei niedriger Temperatur schmelzen, aber nicht braun werden lassen, die Butter dazugeben
und die Gemüsewürfel unter Rühren darin gar dünsten. Mit
dem Essig ablöschen, die Linsen unterheben und kurz durchziehen lassen. Mit Salz und Pfeffer würzen und anrichten.

OFENKARTOFFEL MIT KRÄUTER-SAHNEQUARK

Für 4 Portionen

Ofenkartoffeln
4 Backkartoffeln (à ca. 200 g)

Kräuterquark
200 g Frischkäse
250 g Magerquark
100 ml Sahne
2 TL Salz
1 TL Zucker
1 EL Zitronensaft
2 TL gehackte Petersilie
2 TL Schnittlauchröllchen

Backofen auf 150 °C Ober- und Unterhitze vorheizen.

Kartoffeln gründlich waschen und in Aluminiumfolie wickeln.
Im Ofen ca. 45–60 Minuten backen, bis die Kartoffeln gar sind.

Frischkäse mit Quark verrühren. Sahne steif schlagen und
unterheben. Die Masse mit Salz, Zucker und Zitronensaft
abschmecken. Zum Schluss Petersilie und Schnittlauch
unterheben.

Die Ofenkartoffeln längs aufschneiden, etwas auseinan-
derdrücken und mit dem Kräuterquark füllen.

BOHNEN-GEMÜSE MIT SAUERRAHM

Für 2 Portionen

300 g Zwiebeln
1 Knoblauchzehe
400 g Tomaten
400 g breite Bohnen
3 EL Olivenöl
1 EL Butter
1 TL Currypulver
1 EL Ahornsirup
100 ml Wasser
200 ml Sahne
Salz
2 EL Sauerrahm
2 EL frisch gehackter Dill

Die Zwiebeln und den Knoblauch schälen, Zwiebeln in Streifen, Knoblauch in kleine Würfel schneiden. Die Tomaten waschen, vom grünen Strunk befreien, kreuzförmig einschneiden und in kochendem Wasser kurz überbrühen, häuten und in kleine Stücke schneiden, den Saft dabei auffangen. Die Bohnen putzen und in grobe Stücke schneiden.

3 EL Olivenöl und 1 EL Butter erhitzen, Zwiebeln und Knoblauch glasig anbraten, Bohnen zugeben, kurz durchschwenken und mit Currypulver bestäuben. Ahornsirup zugeben und mit Wasser ablöschen. Die Flüssigkeit einkochen lassen, Tomaten zugeben und abgedeckt ca. 20 Minuten weich kochen, dabei immer wieder rühren. Die Sahne angießen, nochmals aufkochen, leicht salzen und kurz vor dem Servieren mit Sauerrahm und Dill verfeinern.

BUCHWEIZENPUFFER AUF ROTE BETE MIT KOKOSSAUCE

Für 2 Portionen

80 g Buchweizengrütze
300 ml Gemüsefond
1 Bund Frühlingszwiebeln
2 Knoblauchzehen
6 EL Pflanzenöl
150 g Speisequark (20 % Fett)
2 Eier mittlerer Größe
1 EL gehackte Korianderblätter
Salz, Pfeffer
1 Msp. gemahlener Koriander
Muskatnuss
330 g eingelegte Rote-Bete-Kugeln
(aus dem Glas, Abtropfgewicht 220 g)
Rote-Bete-Saft aus dem Glas
1 walnussgroßes Stück frischer Ingwer
1 Dose Kokosmilch (400 ml)
1 Spritzer Limettensaft
2 EL Butter

Die Buchweizengrütze in einem Topf ohne Zugabe von Fett kurz rösten und mit 100 ml Gemüsefond ablöschen. Flüssigkeit bei niedriger Temperatur vollständig einkochen lassen. Den Vorgang zweimal wiederholen. Sobald die gesamte Flüssigkeit aufgesogen ist, die trockene Buchweizenmasse in eine Schüssel umfüllen und 15 Minuten quellen lassen.

Die Frühlingszwiebeln von Wurzeln und grobem Grün befreien, waschen und in dünne Ringe schneiden. 1 geschälte Knoblauchzehe klein schneiden, 1 EL Pflanzenöl erhitzen und die Frühlingszwiebeln und den Knoblauch 2 Minuten unter ständigem Wenden braten und unter die Buchweizenmasse geben. Quark und Eier zugeben, mit Korianderblättern, Salz, Pfeffer, gemahlenem Koriander und frisch geriebener Muskatnuss würzen.

Die Rote Bete in mundgerechte Stücke schneiden und mit dem Saft aus dem Glas erhitzen.

Für die Sauce Ingwer und 1 Knoblauchzehe schälen und in kleine Würfel schneiden bzw. fein hacken. Knoblauch- und Ingwerwürfel in 2 EL Pflanzenöl anschwitzen, die Kokosmilch zugeben und ca. 5 Minuten sämig einkochen. Mit Limettensaft und Salz abschmecken. Buchweizenmasse mit einem Esslöffel abstechen und in einer Pfanne mit 3 EL heißem Öl und 2 EL Butter von beiden Seiten bei mittlerer Temperatur 3 Minuten goldbraun braten. Die Puffer auf einem Küchenpapier abtropfen lassen und mit dem Rote-Bete-Gemüse und der Kokossauce servieren.

KARTOFFELGRATIN

Für 4 Portionen

500 g festkochende Kartoffeln
Salz
½ TL Kümmel
2–3 Schalotten
ca. 50 g Butter
200 ml Sahne
Pfeffer
Muskatnuss

Die gewaschenen, ungeschälten Kartoffeln in gesalzenem Wasser mit dem Kümmel, je nach Größe 15–20 Minuten, fast gar kochen. Die Kartoffeln abgießen, etwas abkühlen lassen, pellen und in dünne Scheiben schneiden. Schalotten schälen und fein würfeln.

Etwas von der Butter in einer kleinen Pfanne erhitzen, Schalottenwürfel darin glasig dünsten.

Nun den Backofen auf 200 °C Ober- und Unterhitze vorheizen.

Eine feuerfeste Glas- oder Auflaufform leicht mit etwas Butter ausstreichen und die Hälfte der Kartoffelscheiben ringförmig von außen nach innen auf dem Boden einschichten.

Die Schalotten darauf verteilen und die restlichen Kartoffelscheiben ebenso gleichmäßig darüber auslegen. Die Sahne mit Salz, Pfeffer und etwas frisch geriebener Muskatnuss würzen und über die Kartoffeln gießen. Die Form auf mittlerer Schiene in den heißen Ofen schieben und ca. ½ Stunde überbacken, bis die Spitzen schön gebräunt sind.

BROKKOLI-FLAN

Für 6 Portionen

2 Brokkoli (ca. 1 kg)
Salz
2 Eier
80 ml Sahne
weißer Pfeffer
Muskatnuss
Butter für die Förmchen
frisch geriebener Parmesan

Den Backofen auf 200 °C Ober- und Unterhitze vorheizen.

Den Brokkoli waschen und die Röschen vom Strunk lösen. Den Strunk schälen, klein schneiden und in gesalzenem Wasser weich kochen. Die Röschen ebenfalls in gesalzenem Wasser ziemlich weich kochen. Strunk und Röschen herausnehmen und abtropfen lassen. Alle Strünke und einen Teil der Röschen auf 760 g abwiegen und zusammen mit den Eiern und der Sahne in einer Küchenmaschine pürieren. Mit Salz, Pfeffer und frisch geriebener Muskatnuss abschmecken. Die Masse in 6 kleine, ausgebutterte Auflaufförmchen füllen. 1 Blatt Papier (Zeitung) zu mehreren Lagen falten und an den Seiten einreißen. Den Boden eines Bräters oder einer feuerfesten Form damit bedecken und mit kochendem Wasser auffüllen. Die Förmchen in das Wasser stellen – es soll nicht höher sein als ein Viertel der Höhe der Förmchen.

Das Wasser auf dem Herd zum Kochen bringen. Danach den Bräter bzw. die feuerfeste Form in den Backofen stellen und die Flans im Wasserbad ca. 30 Minuten lang garen lassen. Die restlichen Brokkoli-Röschen in etwas Butter kurz anbraten. Die fertigen Brokkoli-Flans in einen tiefen, heißen Teller stürzen, die Brokkoli-Röschen außen herum legen und mit Parmesan bestreuen.

GEMÜSE-PFIFFERLING-PFANNE

Für 2 Portionen

300 g Pfifferlinge
3–4 Tomaten, am besten Strauch-
oder Gärtnertomaten
5 kleine Zwiebeln oder Schalotten
1 rote Paprikaschote
1 grüne Paprikaschote
2–3 dicke Gärtnergurken (keine Salatgurken)
4–5 EL Olivenöl
Salz, Pfeffer
etwas gekörnte Gemüsebrühe
1 Bund Petersilie

Die Pfifferlinge putzen und von eventuellen Erdresten befreien, nicht waschen. Die Tomaten mit kochendem Wasser
kurz überbrühen, häuten und in Viertel teilen, dabei die
Strünke entfernen. Die Zwiebeln schälen und in grobe
Stücke schneiden. Paprikaschoten waschen, halbieren
und die Kerne und Trennwände entfernen, die Schoten in
Streifen schneiden. Die Gurken schälen, an beiden Enden
ein kleines Stück abschneiden, halbieren und entkernen.
Die Gurkenhälften in 3 cm breite Streifen schneiden.

Das Öl in einer großen Pfanne (mit passendem Deckel) erhitzen, zuerst die Zwiebeln und die Paprikastreifen ca. 5 Minuten andünsten. Die Gurkenstücke zugeben und weitere
5 Minuten unter Rühren dünsten lassen, danach die Pilze
untermischen. Leicht salzen und pfeffern. Sobald das Gemüse Saft gezogen hat, etwas gekörnte Brühe unterrühren.
Die Tomatenstücke dazugeben und den Deckel auflegen.
Weitere 5 Minuten bei kleiner Temperatur köcheln lassen.
Petersilie waschen, trocken schütteln und fein hacken. Ge-
müse-Pfifferling-Pfanne mit viel gehackter Petersilie bestreut servieren.

ÜBERBACKENE AUBERGINEN-RÖLLCHEN

Für 4 Portionen

2–3 große Auberginen
1 Knoblauchzehe
50 g Rosinen
50 g Pinienkerne
1 unbehandelte Zitrone
50 g Feta
300 g Mozzarella
2 EL Olivenöl
25 g frisch geriebener Parmesan
2 EL gehackte Petersilie
3 EL gehackte Minze
400 g passierte Tomaten
Salz, Pfeffer, nach Belieben

Backofen auf 190 °C Ober- und Unterhitze vorheizen.

Auberginen waschen und der Länge nach in ca. 5 mm dicke Scheiben schneiden. Knoblauch schälen und fein würfeln. Rosinen und Pinienkerne hacken. Die Zitrone gründlich abwaschen und Zesten abziehen. Feta mit einer Gabel zerkrümeln. Für die Füllung 100 g Mozzarella fein würfeln. Restlichen Mozzarella für den Belag in dünne Scheiben schneiden.

Eine Grillpfanne mit etwas Öl ausstreichen, erhitzen und die Auberginenscheiben darin von beiden Seiten weich garen. Zwischendurch so wenden, dass ein Gittermuster entsteht. Für die Füllung Feta, gewürfelten Mozzarella und Parmesan in eine Schüssel geben. Knoblauch, Rosinen, Pinienkerne, Zitronenzesten, Petersilie und 2 EL Minze zugeben und alles vermischen. 1 TL Füllung auf je eine Auberginenscheibe geben und fest zusammenrollen.

Eine Auflaufform mit Öl einfetten und die Röllchen hineinlegen. Tomaten darüber gießen und Mozzarella-Scheiben darauf verteilen. Mit etwas Olivenöl besprenkeln, eventuell salzen und pfeffern und ca. 30 Minuten backen. Aus dem Ofen nehmen und etwas abkühlen lassen. Auf Tellern anrichten und mit der restlichen Minze bestreuen.

BOHNEN MIT GORGONZOLA UND AUBERGINEN

Für 2 Portionen

250 g kleine getrocknete weiße Bohnen
1 kleine Aubergine
1 kleiner Bund Salbei
1–2 Zweige Rosmarin
Salz
150 g Gorgonzola
8 EL Olivenöl
Pfeffer
Weizenmehl zum Wenden

Die Bohnen über Nacht in reichlich Wasser einweichen. Die Aubergine waschen. Die Kräuter waschen, trocken tupfen, Blättchen und Nadeln abzupfen und fein hacken. Die Bohnen in einem Topf mit Salzwasser ca. 50 Minuten bissfest garen, abgießen und noch heiß mit dem Gorgonzola vermischen, sodass der Käse vollständig schmilzt. Die Kräuter und 4 EL Olivenöl unterrühren und mit Salz und Pfeffer abschmecken. Die Aubergine längs in dünne Scheiben schneiden, salzen, pfeffern und in Mehl wenden.

Das restliche Öl in einer Pfanne erhitzen und die Auberginenscheiben von beiden Seiten goldgelb braten und auf einem Küchenpapier abtropfen lassen. Die Gorgonzola-Bohnen auf den gebratenen Auberginenscheiben anrichten.

GEMÜSETATAR MIT SENFMAYONNAISE UND KARTOFFELRÖSTI

Für 2 Portionen

50 g Karotte
50 g Gurke ohne Kerne
50 g gelbe Paprikaschote
Stangensellerie und Fenchel
Salz
1 Frühlingszwiebel
½ geschälte Knoblauchzehe
Pfeffer
3 EL Mayonnaise
1 TL körniger Senf
1 TL mittelscharfer Senf
1 TL gehackte Kapern
etwas gehackter Estragon
etwas gehackte Petersilie
etwas Zitronensaft
500 g festkochende Kartoffeln
1 Eigelb
4 EL Butterschmalz

Für das Tatar das Gemüse putzen, waschen, gegebenenfalls schälen und in feine Würfel schneiden.

Den Fenchel und die Karotten kurz in Salzwasser blanchieren und kalt abschrecken. Mit dem rohen Gemüse, der gewaschenen, klein gewürfelten Frühlingszwiebel und dem fein gehackten Knoblauch vermischen und mit Salz und Pfeffer sehr mild abschmecken.

Für die Sauce Mayonnaise, Senf, Kapern und Kräuter vermengen und mit Salz, Pfeffer und Zitronensaft abschmecken.

Die Kartoffeln schälen, fein reiben und in einem Küchentuch gut ausdrücken. Das Eigelb untermischen, mit Salz und Pfeffer würzen und in einer heißen Pfanne mit etwas Butterschmalz kleine, dünne Rösti ausbacken. Das Gemüse mit der Senfmayonnaise abbinden, nochmals abschmecken und auf den Rösti anrichten.

TOMATEN-KÄSE-QUICHE MIT THYMIAN

Für 6 Portionen

Butter für die Form
3 Platten TK-Blätterteig
(oder 1 frischer, 230 g)
2 Zweige Thymian
2 Knoblauchzehen
300 g Gruyère in Scheiben
6 Tomaten
15 schwarze Oliven mit Stein
1 EL Dijon-Senf
Pfeffer
3 EL Olivenöl

Den Backofen auf 200 °C Ober- und Unterhitze vorheizen.

Eine Quicheform mit Butter ausstreichen, den Blätterteig auftauen und leicht ausrollen oder den frischen Blätterteig ausbreiten, in die Form legen und 15 Minuten in den Kühlschrank
stellen.

Den Thymian waschen, trocken tupfen und die Blättchen abzupfen. Den Knoblauch schälen und den Käse in Streifen
schneiden. Die Tomaten waschen und in Scheiben schneiden,
den Stielansatz entfernen. Die Oliven vom Stein schneiden
und grob hacken.

Den Blätterteig dünn mit Senf bestreichen und den Käse darauf verteilen. Die Tomatenscheiben ringförmig auf den Käse
legen und die Oliven darauf verteilen. Mit Thymianblättchen
bestreuen und mit Pfeffer würzen. Olivenöl mit gepresstem
Knoblauch mischen, die Quiche damit beträufeln und im Backofen auf mittlerer Schiene ca. 25 Minuten backen.

ORIENTALISCHES FENCHEL-PAPRIKA-GEMÜSE

Für 4 Portionen

1 mittelgroße weiße Zwiebel
300 g Fenchel
1 rote Paprikaschote
1 gelbe Paprikaschote
1 grüne Paprikaschote
300 g feste, reife Tomaten
3 Knoblauchzehen
1 mittelgroße Aubergine
1 TL Korianderkörner
½ TL Kreuzkümmel
1 TL Fenchelsamen
9 EL Olivenöl
1 TL Kurkumapulver
Salz, Pfeffer
Currypulver
2 Lorbeerblätter
½ Bund Koriander

Die Zwiebel schälen. Den Fenchel und die Paprikaschoten putzen, waschen und trocken tupfen. Vom Fenchel den Strunk und von den Paprikaschoten Kerne und weiße Innenhäute entfernen. Alles in kleine Würfel schneiden.

Die Tomaten mit kochendem Wasser überbrühen, kalt abschrecken, häuten und klein schneiden. Wer es ganz fein liebt, kann die Kerne entfernen. In jedem Fall den ablaufenden Saft auffangen. Den Knoblauch schälen und sehr fein hacken. Die Aubergine von Blüten- und Stängelansatz befreien, waschen, abtrocknen und ebenfalls in kleine Würfel schneiden. Die Korianderkörner mit Kreuzkümmel und Fenchelsamen in 1 EL Olivenöl unter Rühren erhitzen, bis die Mischung duftet. Herausnehmen, abkühlen lassen und in einem Mörser zerstoßen. Mit dem Knoblauch und dem Kurkumapulver zu einer Würzpaste vermengen.

4 EL Olivenöl in einem Topf erwärmen und die Würzpaste einrühren. Die Zwiebeln darin glasig werden lassen. Erst dann die Fenchel- und Paprikawürfel zufügen und alles kurz anschwitzen. 4 EL Öl in einer beschichteten Pfanne erhitzen und die Auberginenwürfel darin braten, bis sie leicht gebräunt sind. Mit Salz, Pfeffer und einem Hauch Curry abschmecken. Auf einer dicken Lage Küchenpapier abfetten lassen. Auberginen, Tomaten und Lorbeerblätter mit den Fenchel- und Paprikawürfeln sowie dem durchgesiebten Tomatensaft in einen Topf geben. Mit Salz und Pfeffer würzen und zugedeckt ca. 15 Minuten schmoren. Bei Bedarf etwas Wasser zugeben. Das Gemüse sollte noch etwas Biss haben. Den Koriander waschen, trocken tupfen, grob hacken und zum Gemüse geben. Die Lorbeerblätter aus dem Gemüse nehmen. Mit Salz und Pfeffer abschmecken und servieren.

CHILI SIN CARNE

Für 2 Portionen

2–3 Karotten
3–4 Stangen Staudensellerie
2 grüne Paprikaschoten
1 gelbe Paprikaschote
1 rote Paprikaschote
1 Zucchini
3 mittelgroße Zwiebeln
Olivenöl
1 Glas Tomatensauce
1 Dose geschälte Tomaten
2 kleine Dosen Kidney-Bohnen
2 EL Kreuzkümmel
2 EL rosenscharfes Paprikapulver
1 EL Oregano
1 EL getrocknetes Basilikum oder
10 frische Basilikumblätter
Salz, Pfeffer
Tabasco, nach Belieben
saure Sahne zum Garnieren

Alle Gemüsesorten waschen, putzen und, soweit nötig, schälen und in kleine Würfel schneiden.

In einem großen Topf reichlich Olivenöl erhitzen. Zunächst die Karotten bei mäßiger Temperatur ca. 8 Minuten braten. Dann die Staudensellerie- und die Paprikawürfel zugeben, weitere 5 Minuten anbraten. Jetzt die Zucchini und die Zwiebeln untermischen und noch 3–4 Minuten braten. Die Tomatensauce, die geschälten Tomaten und die Kidney-Bohnen ebenfalls in den Topf geben. Alles zum Kochen bringen und mit den Gewürzen, Kräutern, Salz und Pfeffer abschmecken.

Zugedeckt etwa 1 Stunde köcheln lassen, dabei ab und zu umrühren, bei Bedarf ein wenig Wasser angießen. Zum Schluss das Chili mit Tabasco nach Belieben schärfen und mit einem Häubchen saurer Sahne heiß servieren.

GRAUPENRISOTTO MIT ERBSEN

Für 2 Portionen

150 g Rollgerste (Graupen)
350 g TK-Erbsen
Salz
2 EL Sahne
weißer Pfeffer
Muskatnuss
1–2 Schalotten
2 EL Butter
100 ml trockener Weißwein
500 ml Gemüsesud
2 EL frisch geriebener Parmesan
½ Bund Kerbel oder Petersilie

Die Graupen in ein Sieb geben und unter fließendem Wasser abspülen und abtropfen lassen. 150 g Erbsen 3 Minuten in Salzwasser kochen, abschrecken und mit 2 EL Sahne pürieren. Mit Salz, Pfeffer und frisch geriebener Muskatnuss abschmecken und durch ein Sieb streichen.

Die Schalotten schälen, sehr klein würfeln und in 1 EL Butter glasig braten. Die Graupen zugeben, kurz andünsten, mit Salz, Pfeffer und frisch geriebener Muskatnuss abschmecken. Mit Wein ablöschen. Wenn der Wein eingekocht ist, die Hälfte des Gemüsesuds dazugeben und langsam unter gelegentlichem Rühren einkochen lassen. Wenn alles eingekocht ist, die zweite Hälfte des Gemüsesuds dazugeben und ebenfalls unter gelegentlichem Rühren einkochen lassen.

200 g Erbsen unaufgetaut in reichlich kochendes Salzwasser geben. Sobald sie alle oben schwimmen, abgießen und abtropfen lassen. Risotto vom Herd nehmen, 1 EL Butter, Parmesan, gewaschenen, gehackten Kerbel oder Petersilie, Erbsenpüree und Erbsen untermischen. Eventuell noch einmal mit Pfeffer und Salz abschmecken.

VEGETARISCH

83

SÜSSKARTOFFELPOMMES

Für 4 Portionen

1 kg Süßkartoffeln
Pflanzenöl zum Frittieren
Salz, Pfeffer
edelsüßes Paprikapulver

Süßkartoffeln schälen, in gleichmäßige Balken schneiden, waschen und gut trocken tupfen. Öl in einer Fritteuse oder – falls nicht vorhanden – in einem hohen Topf erhitzen. Um zu testen, ob das Öl zum Frittieren heiß genug ist, einen Holzlöffel hineinhalten. Bilden sich kleine Bläschen am Stiel, ist die notwendige Temperatur erreicht.

Die Pommes ca. 2–3 Minuten in dem heißen Öl vorfrittieren und herausnehmen. Das Öl wieder heiß genug werden lassen und die Pommes darin portionsweise goldgelb frittieren. Auf Küchenpapier abtropfen lassen und mit Salz, Pfeffer sowie Paprikapulver würzen.

POMMES FRITES

Für 4 Portionen

1 kg festkochende Kartoffeln
Pflanzenöl zum Frittieren
Salz, Pfeffer
edelsüßes Paprikapulver

Kartoffeln schälen, in gleichmäßige Balken schneiden, waschen und gut trocken tupfen. Öl in einer Fritteuse oder – falls nicht vorhanden – in einem hohen Topf erhitzen. Um zu testen, ob das Öl zum Frittieren heiß genug ist, einen Holzlöffel hineinhalten. Bilden sich kleine Bläschen am Stiel, ist die notwendige Temperatur erreicht.

Die Pommes ca. 2–3 Minuten in dem heißen Öl vorfrittieren und herausnehmen. Das Öl wieder heiß genug werden lassen und die Pommes darin portionsweise goldgelb frittieren. Auf Küchenpapier abtropfen lassen und mit Salz, Pfeffer sowie Paprikapulver würzen.

GEGRILLTER MAISKOLBEN MIT KRÄUTERBUTTER

Für 4 Stück

Kräuterbutter
250 g weiche Butter
1 Bund Schnittlauch
1 Knoblauchzehe
Salz

Maiskolben
4 gekochte Maiskolben
4 TL Sonnenblumenöl
Pfeffer

Für die Kräuterbutter die Butter mit einem Handrührgerät verrühren. Schnittlauch waschen, trocken schütteln, in feine Röllchen schneiden und zur Butter geben. Knoblauchzehe schälen und durch eine Presse zur Butter drücken. Alles verrühren und mit 1 TL Salz würzen.

Die Masse auf ein großes Stück Frischhaltefolie geben, zu einer Rolle formen und die beiden Enden fest zudrehen. Dann zusätzlich in einen Bogen Alufolie einrollen und im Kühlschrank fest werden lassen. Vor der Verwendung rechtzeitig aus dem Kühlschrank nehmen.

Die Maiskolben mit dem Öl einpinseln und auf dem vorgeheizten Grill rundherum grillen. Anschließend salzen und pfeffern.

Die gegrillten Maiskolben zusammen mit der Kräuterbutter servieren.

KOHLRABI-KÄSE-SCHNITZEL MIT AVOCADOSALAT

Für 4 Portionen

2 Kohlrabi (à ca. 400 g)
Salz
Weizenmehl und Semmelbrösel zum Panieren
2 Eier
400 g festkochende Kartoffeln
2 große reife Avocados (ca. 400 g)
3 Kästchen Kresse
Olivenöl
Saft von 1 Zitrone
Pfeffer
1 Prise Zucker
100 g Raclettekäse in Scheiben
Pflanzenöl zum Braten

Kohlrabi schälen, in ½ cm dicke Scheiben schneiden und in Salzwasser nicht zu weich dünsten. Kalt abschrecken und mit Küchenpapier trocken tupfen.

Mehl, Semmelbrösel und verquirlte Eier auf jeweils 1 Teller vorbereiten. Die Kartoffeln in reichlich Salzwasser mit der Schale kochen. Abkühlen lassen und pellen, dann in mundgerechte Würfel schneiden.

Avocadofleisch in gleich große Stücke schneiden. Kresse abschneiden und – bis auf eine kleine Menge – mit Kartoffeln, Avocado, Olivenöl, Zitronensaft, Salz, Pfeffer und Zucker vorsichtig vermischen.

Zwischen 2 Kohlrabischeiben jeweils 1 Scheibe Raclettekäse geben, mit Salz und Pfeffer würzen. Jedes Kohlrabi-Käse-Paket zuerst in Mehl, dann in Ei, anschließend in den Semmelbröseln panieren.

Etwas Pflanzenöl in einer Pfanne erhitzen und die Kohlrabi-Käse-Pakete bei mittlerer Temperatur goldbraun braten und auf Küchenpapier abtropfen lassen. Den Salat mit der restlichen Kresse garnieren und zu den gefüllten Kohlrabischnitzeln servieren.

SÜSSKARTOFFELPUFFER MIT MANGO-CREME

Für 4 Portionen

1 Knoblauchzehe
3 Frühlingszwiebeln
2–3 Süßkartoffeln (ca. 600 g)
Salz
50 g Rundkornreis
(Milchreis, Risottoreis)
1 mittelgroße Zwiebel
2 Eigelb
3 EL Weizenmehl
Pimentpulver (Nelkenpfeffer)
Cayennepfeffer
Pfeffer
1 Mango
150 g Crème fraîche
2 EL körniger Senf (Rotisseur-Senf
oder Dijon-Senf à l'ancienne)
Ingwer
Kurkuma
Kreuzkümmel
Pflanzenöl zum Braten

Die Knoblauchzehe schälen, die Frühlingszwiebeln putzen und waschen, den weißen und hellgrünen Teil in feine Ringe schneiden. Die Süßkartoffeln schälen. 400 g in grobe Würfel schneiden, in Salzwasser 25 Minuten kochen, abgießen und 5 Minuten im Topf auf kleiner Flamme trocknen. Abkühlen lassen und grob stampfen.

200 g rohe Süßkartoffeln fein reiben, salzen, etwas ruhen lassen. Während die roh geriebenen Süßkartoffeln ruhen, den Reis 15–20 Minuten weich kochen, abgießen und auskühlen lassen. Die »ausgeruhten« Süßkartoffeln durch ein Sieb pressen, sodass eine nicht zu feuchte, aber auch nicht ganz trockene Masse entsteht.

Zwiebel schälen und fein würfeln. Die gekochten und die rohen Kartoffeln mit dem Reis, der fein gewürfelten Zwiebel, den Eigelben und dem Mehl vermischen. Mit Piment, Cayennepfeffer, Pfeffer und Salz würzen.

Die Mango schälen, das Fruchtfleisch klein schneiden und mit dem Stabmixer pürieren. Durchgepressten Knoblauch, Frühlingszwiebeln, Crème fraîche und Senf untermischen. Mit Piment, Ingwer, Kurkuma, Kreuzkümmel, Cayennepfeffer, Salz und Pfeffer abschmecken.

Das Öl in einer Pfanne erhitzen und je 1 EL von der Süßkartoffelmasse hineingeben, etwas flach streichen und bei mittlerer Temperatur ca. 5 Minuten braten, dabei einmal wenden. Auf Küchenpapier abtropfen lassen und mit der Mango-Creme servieren.

VEGETARISCH

PFANNE VON FRISCHEM MARKTGEMÜSE

Für 4 Portionen

400 g Rosenkohl
Salz
1 rote Paprikaschote
1 gelbe Paprikaschote
1 Zucchini
100 g Kirschtomaten
2 Zweige Rosmarin
4 Zweige Thymian
2 EL Olivenöl
Pfeffer

Rosenkohl putzen, waschen und gegebenenfalls äußere Blätter entfernen. In einem Topf reichlich Salzwasser zum Kochen bringen und den Rosenkohl darin bissfest kochen. Herausnehmen, in kaltem Wasser abschrecken, dann gut abtropfen lassen und halbieren.

Die Paprikaschoten waschen, halbieren, Kerne und weiße Innenhäute entfernen und in mundgerechte Würfel schneiden. Zucchini putzen, waschen, längs halbieren oder vierteln und in Scheiben schneiden. Die Kirschtomaten waschen und halbieren. Die Kräuterzweige waschen, trocken schütteln, Nadeln bzw. Blätter abzupfen und hacken.

Die Gemüsestücke, bis auf Rosenkohl und Kirschtomaten, mit den Kräutern, Olivenöl, Salz und Pfeffer mischen. In einer großen beschichteten Pfanne unter mehrmaligem Rühren oder Schwenken bissfest dünsten. Dann Rosenkohl und Kirschtomaten zugeben, gut untermischen und heiß werden lassen.

Zum Servieren nochmals würzen.

REIBEKUCHEN MIT APFEL-KOMPOTT

Für 2 Portionen

Reibekuchen
1 EL Weizenmehl
1 Ei
500 g vorwiegend festkochende Kartoffeln
Salz, Pfeffer
1 Prise Zucker
Butterschmalz oder Öl zum Braten

Apfelkompott
400 g Äpfel (z. B. Boskoop)
25 g Zucker
Saft von ½ Zitrone
30 ml Apfelsaft
1 Zimtstange

Für die Reibekuchen Mehl und Ei verrühren. Kartoffeln schälen, waschen und auf einer Küchenreibe grob raspeln. Die Kartoffelraspel ausdrücken – am besten gelingt das in einem sauberen Küchenhandtuch – und zu der Mehl-Ei-Masse geben. Die Reibekuchenmasse mit Salz, Pfeffer und Zucker abschmecken.

Etwas Fett in einer beschichteten Pfanne erhitzen und kleine Reibekuchen von beiden Seiten goldbraun ausbacken. Falls nötig, erneut etwas Fett in die Pfanne geben. Die Reibekuchen auf Küchenpapier abtropfen lassen und im Backofen warm halten, bis sie serviert werden.

Für das Apfelkompott die Äpfel schälen, vierteln, Kerngehäuse entfernen und in Würfel schneiden. Den Zucker in einer beschichteten Pfanne karamellisieren. Mit dem Zitronen- und Apfelsaft ablöschen, die Äpfel mit der Zimtstange zugeben und unter mehrmaligem Schwenken bissfest dünsten. Vor dem Servieren die Zimtstange entfernen.

Die Reibekuchen mit dem Apfelkompott servieren.

VEGETARISCH

KÄSE-FONDUE

Für 4 Portionen

1 Knoblauchzehe
600 g Greyerzer Käse
300 g Emmentaler oder Vacherin
250 g Kirschtomaten
600 g gemischte Backwaren
(z. B. Laugenstangen, Kartoffelbrot, Graubrot)
500 g kleine Kartoffeln
400 ml trockener junger Weißwein
1 EL Speisestärke
1 cl Kirschwasser
Cayennepfeffer
Muskatnuss

Die Knoblauchzehe schälen, etwas andrücken und damit ein Caquelon (oder einen Fondue-Topf) ausreiben. Auf einer Küchenreibe die beiden Käsesorten reiben.

Kirschtomaten waschen und trocken tupfen. Die Backwaren in mundgerechte Würfel schneiden. Kartoffeln mit der Schale kochen und pellen.

Den geriebenen Käse mit dem Weißwein in das Caquelon geben. Auf dem Herd bei hoher Temperatur unter Rühren den Käse schmelzen. Die Speisestärke mit dem Kirschwasser verrühren, zu dem geschmolzenen Käse geben und aufkochen lassen. Mit Cayennepfeffer und frisch geriebener Muskatnuss würzen.

Das Fondue während des Essens auf einem Rechaud (Spirituskocher) mit regulierbarer Flamme warm halten. Brotwürfel, Kirschtomaten und Kartoffeln auf eine Fonduegabel spießen, in den Käse tauchen und genießen.

SPINATSOUFFLÉ

Für 8 Förmchen

400 ml Milch
50 g Speisestärke
200 g TK-Blattspinat
2 EL Butter
Salz
Cayennepfeffer
Muskatnuss
4 Eier
weiche Butter für die Förmchen
30 g frisch geriebener Parmesan

Von der kalten Milch 3 EL abnehmen und mit der Speisestärke glatt rühren. Die restliche Milch in einem Topf zum Kochen bringen. Die Speisestärke unter ständigem Rühren in die kochende Milch geben. Gut durchkochen lassen und in ein flaches Gefäß zum Auskühlen geben. Mit Klarsichtfolie abdecken.

Den Spinat leicht antauen lassen, mit der Hand auspressen und klein schneiden. Mit der leicht gebräunten Butter mischen und in einer Küchenmaschine fein mixen. Mit Salz, Cayennepfeffer und etwas frisch geriebener Muskatnuss abschmecken.

Die Eier trennen. Den Speisestärkepudding durch ein Sieb streichen, mit dem Spinat und den Eigelben verrühren und nochmals abschmecken. Das Eiweiß mit 1 Prise Salz zu nicht zu steifem Schnee schlagen (am besten mit der Hand) und vorsichtig (erst ein Drittel, dann den Rest) unter die Spinatmasse heben. Die Masse drei Viertel hoch in die gut mit Butter ausgefetteten Förmchen geben.

Den Backofen auf 220 °C Ober- und Unterhitze vorheizen.

1 Blatt Zeitungspapier passend für den Boden eines Bräters oder einer großen feuerfesten Form zusammenfalten und an den Seiten einreißen. In den Bräter geben. Kochendes Wasser einfüllen und die Förmchen einstellen. Das Wasser sollte nicht höher als ein Viertel der Höhe der Förmchen sein. Das Wasser auf der Herdplatte zum Kochen bringen. Dann den Bräter mit den Förmchen auf die unterste Schiene des Backofens stellen und die Soufflés ca. 20 Minuten backen. Wenn das Soufflé aufgegangen ist, den Parmesan darüber streuen. Wird es zu dunkel, die Oberfläche mit Alufolie abdecken.

SPINAT, SPIEGELEI UND NEUE KARTOFFELN

Für 4 Portionen

Kartoffeln
1 kg neue Kartoffeln
Salz
1 EL Butter

Spinat
600 g frischer Blattspinat
2 Zwiebeln
2 Knoblauchzehen
1 EL Rapsöl
100 ml Sahne
150 g Crème fraîche
Pfeffer
Muskatnuss

Spiegeleier
2 EL Rapsöl
4–8 Eier

Die Kartoffeln gründlich waschen und ungeschält in ausreichend Salzwasser garen. Abgießen, etwas abkühlen lassen, pellen oder mit Schale genießen. Die Butter in einer Pfanne schmelzen lassen, kurz vor dem Servieren die Kartoffeln darin schwenken. Zum Schluss mit Salz würzen.

Den Spinat putzen, mehrmals gründlich waschen, trocken schleudern und grob hacken. Die Zwiebeln und den Knoblauch schälen, die Zwiebeln in kleine Würfel schneiden und den Knoblauch fein hacken. Das Rapsöl in einem Topf heiß werden lassen, dann Zwiebelwürfel und gehackten Knoblauch darin andünsten. Den Spinat zugeben, kurz mitdünsten und mit Sahne und Crème fraîche verfeinern. Mit Salz, Pfeffer und frisch geriebener Muskatnuss abschmecken.

Für die Spiegeleier das Rapsöl in einer Pfanne heiß werden lassen und die Spiegeleier darin bis zur gewünschten Konsistenz braten. Mit etwas Salz würzen.

Spiegeleier mit Kartoffeln und Rahmspinat anrichten.

VEGETARISCHER WOK

Für 4 Portionen

150 g Mie Nudeln
2 Schalotten
1 Knoblauchzehe
2 cm Ingwer
1 rote Chilischote
800 g gemischtes Gemüse (z. B. Lauch, Zuckerschoten,
Karotten, Brokkoli, Zucchini)
2 EL Sesamöl
50–100 ml Asia-Sauce, nach Geschmack
25 g Chinamorcheln
25 g Sojabohnensprossen
25 g Bambussprossen
½ TL rosenscharfes Paprikapulver
½ TL Cayennepfeffer
1 TL Currypulver
½ Bund gehackter Koriander

Die Mie Nudeln nach Packungsangabe kochen, abschrecken
und abtropfen lassen.

Schalotten, Knoblauch sowie Ingwer schälen und fein hacken.
Chili waschen, putzen, längs halbieren, entkernen und ebenfalls fein hacken. Das Gemüse entsprechend putzen, waschen,
schälen und in feine Streifen schneiden.

Sesamöl in einem Wok erhitzen und Schalotten, Knoblauch
und Ingwer darin anschwitzen. Die Gemüsestreifen der Garzeit entsprechend zugeben und mit anschwitzen. Die Sauce
zufügen und Morcheln sowie Sprossen unterrühren. Aufkochen
lassen und die Nudeln sowie die restlichen Gewürze zugeben.
Alles heiß werden lassen und kurz vor dem Servieren den Koriander unterheben.

WOK-NUDELN MIT GRÜNEM SPARGEL

Für 4 Portionen

200 g breite Glasnudeln
Salz
2 Schalotten
1 Knoblauchzehe
2 cm Ingwer
1 rote Chilischote
600 g gemischtes Gemüse (Frühlingszwiebeln,
Zuckerschoten, Karotten, gelbe Paprikaschoten)
500 g grüner Spargel
2 EL Sesamöl
50–100 ml Asia-Sauce, nach Geschmack
25 g Sojabohnensprossen
½ TL rosenscharfes Paprikapulver
½ TL Cayennepfeffer
1 TL Currypulver
½ Bund gehackter Koriander

Die Glasnudeln mit kochendem Salzwasser übergießen,
ca. 10 Minuten ziehen lassen, abgießen und abtropfen lassen.
Schalotten, Knoblauch sowie Ingwer schälen und fein hacken.
Chili waschen, putzen, längs halbieren, entkernen und ebenfalls fein hacken. Das Gemüse entsprechend putzen, waschen,
schälen und in feine Streifen schneiden. Spargel waschen,
untere Hälfte schälen, Enden abschneiden und schräg in 3 cm
dicke Scheiben schneiden.

Den Spargel in einem Wok in 1 EL heißem Sesamöl scharf
anbraten und herausnehmen. Das restliche Öl zugeben.
Schalotten, Knoblauch und Ingwer darin anschwitzen. Die
Gemüsestreifen der Garzeit entsprechend zugeben und mit
anschwitzen. Die Sauce zufügen, das Gemüse, den Spargel
und die Sprossen unterrühren. Aufkochen lassen, die Glasnudeln und die restlichen Gewürze zugeben, alles heiß werden lassen. Kurz vor dem Servieren den Koriander unterheben.

ASIATISCHE GEMÜSEPFANNE

Für 2 Portionen

150 g Zucchini
150 g grüne Paprikaschoten
150 g Karotten
100 g Champignons
150 g Zwiebeln
3 EL Sesamöl oder mildes Pflanzenöl zum Braten
Sojasauce
Sesamsamen
Salz, Pfeffer
ein Schuss Reiswein oder Weißwein
Honig, nach Belieben
Zitronensaft, nach Belieben

Zucchini und Paprikaschote putzen und waschen. Von den Paprikaschoten Kerne und weiße Innenhäute entfernen. Karotten schälen. Die Champignons möglichst nur trocken, z. B. mit einem Kuchenpinsel, säubern. Sind sie sehr sandig, ganz kurz in Wasser schwenken. Die Zwiebeln schälen. Karotten und Zucchini in feine Stifte, die Zwiebeln in dünne Scheiben und die Paprikaschoten in feine Streifen schneiden. Die Champignons feinblättrig aufschneiden.

Das Sesam- oder Pflanzenöl möglichst in einem Wok, sonst in einer großen, hohen Pfanne erhitzen und das Gemüse unter ständigem Rühren braten, bis es gar ist, aber noch Biss hat. Mit einem guten Schuss Sojasauce, Sesamsamen, Salz und Pfeffer würzen und mit wenig Reiswein oder etwas mehr Weißwein ablöschen, nach Belieben mit Honig und Zitronensaft süß-säuerlich abschmecken.

VEGETARISCH

KÄSESPÄTZLE

Für 4 Portionen

Spätzle
4 Eier
250 g Spätzle- oder Weizenmehl
60 ml Wasser oder Mineralwasser
Salz, Pfeffer
Muskatnuss
200 g geriebener Emmentaler

Zwiebeln
500 g Zwiebeln
1 EL Butter
1 TL edelsüßes Paprikapulver

Für die Spätzle Eier verquirlen, Mehl und Wasser nach und nach mit einem Holzkochlöffel unterrühren und mit Salz, Pfeffer sowie frisch geriebener Muskatnuss würzen. So lange aufschlagen, bis der Teig Blasen schlägt. Anschließend 30 Minuten ruhen lassen.

Reichlich Salzwasser in einem großen breiten Topf aufkochen und den Spätzleteig portionsweise entweder durch eine Spätzlepresse drücken oder von einem Holzbrett ins kochende Wasser schaben. Sobald die Spätzle an der Wasseroberfläche schwimmen, mit einer Schaumkelle herausnehmen, gut abtropfen lassen und warm halten.

Die Zwiebeln schälen, halbieren und in feine Streifen schneiden. Butter in einer Pfanne zerlassen und die Zwiebeln darin anschwitzen. Mit Salz, Pfeffer und Paprikapulver würzen.

Den Backofen auf 180 °C Oberhitze vorheizen.

Spätzle abwechselnd mit dem Emmentaler in eine Auflaufform schichten. Im vorgeheizten Backofen ca. 5–10 Minuten gratinieren, herausnehmen, die geschmälzten Zwiebeln auf den Käsespätzle verteilen und servieren.

KÄSEAUSWAHL MIT MANGO-CHUTNEY UND FEIGENSENF

Für 6 Portionen

1 Camembert
1 Brie Tortenstück (300 g)
1 Stück Parmigiano Reggiano (300 g)
1 Stück Emmentaler (300 g)

Beilage
Mango-Chutney
Feigensenf
Weizenmischbrot

Dekoration
2–3 frische Feigen
1 Birne
Weintrauben

RATATOUILLE

Für 6 Portionen

2 Knoblauchzehen
2 Schalotten
1 große Zucchini
1 große Aubergine
3 rote Paprika
2 gelbe Paprika
2 Zweige Thymian
2 Zweige Rosmarin
Olivenöl
Salz, Pfeffer
Zucker
2 EL Tomatenmark

Knoblauch und Schalotten schälen und in Würfel schneiden. Zucchini und Aubergine putzen, waschen und ebenfalls in Würfel schneiden. Paprika waschen, Kerne und weiße Innenhäute entfernen und in Rauten schneiden. Thymian und Rosmarin waschen, trocken schütteln, Blätter bzw. Nadeln abzupfen und fein hacken.

Öl in einem Römertopf heiß werden lassen. Schalotten, Knoblauch, Paprika, Zucchini und Aubergine zugeben und kurz anbraten. Mit Salz, Pfeffer und Zucker würzen. Mit dem Tomatenmark und einem kleinen Schuss Wasser ablöschen. Die Kräuter zugeben und etwas einkochen lassen. Zum Schluss mit Salz, Pfeffer und Zucker abschmecken.

RISOTTO MIT GRÜNEM SPARGEL

Für 4 Portionen

1 Bund grüner Spargel
800 ml Gemüsesud
100 g Zwiebeln
5 EL Butter
300 g Risottoreis
100 ml Weißwein
25 g frisch gehobelter Parmesan

Spargel waschen, untere Hälfte schälen und Enden abschneiden. Spargelspitzen abschneiden und den restlichen Spargel schräg aufschneiden. Mit dem Gemüsesud aufkochen, ziehen lassen, bis sie bissfest sind und aus dem Sud nehmen. In Eiswasser abschrecken und abtropfen lassen.

Die Zwiebeln schälen, fein würfeln und mit 1 EL Butter anschwitzen, den Reis zugeben und leicht anrösten. Mit Weißwein ablöschen und die Temperatur etwas höher stellen. Wenn der Reis den Wein ganz aufgesogen hat, ca. 125 ml heißen Gemüsesud zum Reis geben. Je nach Topf (ob beschichtet oder nicht) ab und zu oder ständig rühren. Wenn der Sud aufgesogen ist, wieder ca. 125 ml heißen Sud zufügen. Diesen Vorgang wiederholen, bis der Sud aufgebraucht ist.

Der Reis sollte dann bissfest sein, sonst noch zusätzlich Flüssigkeit zufügen. Dieser Vorgang dauert ca. 20–30 Minuten, je nach Reissorte. Spargel, restliche Butter und Parmesan unter den Risotto heben und servieren.

KÜRBISRISOTTO

Für 4 Portionen

500 g Hokkaidokürbis
1 Zwiebel
750 ml Gemüsebrühe
2 EL Butter
250 g Risottoreis
3 Stängel Basilikum
40 g frisch geriebener Parmesan
Salz, Pfeffer
1 Msp. Cayennepfeffer
Muskatnuss

Den Kürbis gründlich waschen, entkernen und das Fruchtfleisch in 1 cm große Würfel schneiden. Die Zwiebel schälen und fein würfeln. Die Gemüsebrühe erhitzen.

1 EL Butter in einem Topf erhitzen, die Zwiebelwürfel darin ca. 5 Minuten glasig anschwitzen, den Kürbis sowie den Rundkornreis zugeben und ca. 3 Minuten mitbraten. Dann so viel heiße Brühe angießen, dass der Reis gerade bedeckt ist. Den Reis offen bei niedriger Temperatur kochen, dabei immer wieder Brühe nachgießen und umrühren, bis die Brühe aufgebraucht und der Reis bissfest ist.

Das Basilikum waschen, trocken schütteln, die Blättchen abzupfen und fein schneiden. Das Basilikum mit dem Parmesan unter den Risotto rühren und mit Salz, Pfeffer, Cayennepfeffer und frisch geriebener Muskatnuss abschmecken. Zum Schluss die restliche Butter unterheben und servieren.

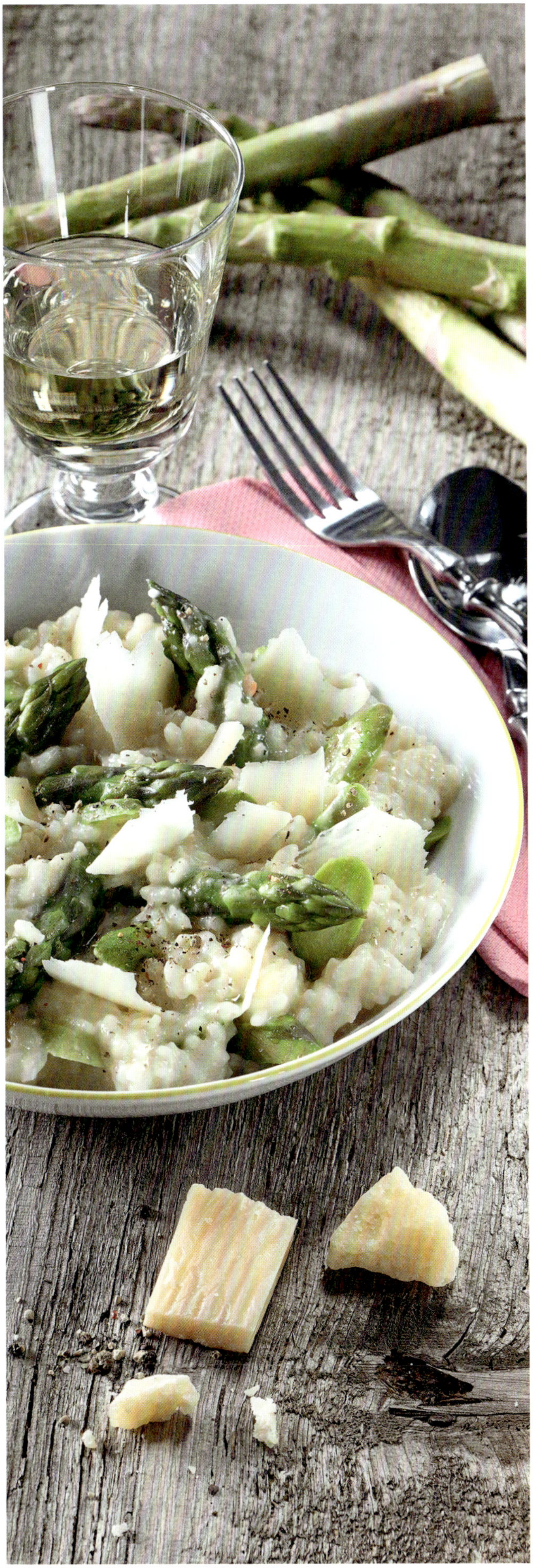

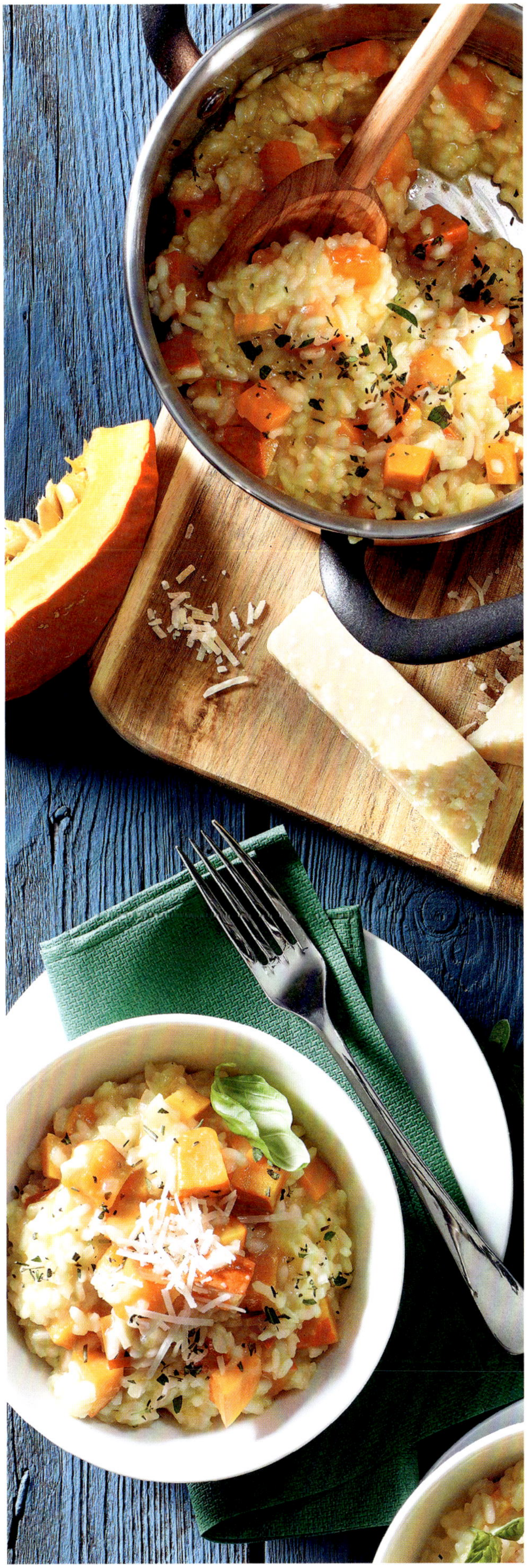

VEGETARISCH

GRUNDREZEPT NUDELTEIG

Für 4 Portionen

300 g Weizenmehl
3 Eier
1 EL Olivenöl
Salz
Weizenmehl zum Bearbeiten

Mehl in eine Schüssel sieben. Eier, Olivenöl und ½ TL Salz zugeben. Die Zutaten mit den Händen oder mit den Knethaken eines Handrührgeräts auf niedriger, dann auf höherer Einstellung zu einem glatten, geschmeidigen Teig verarbeiten. Danach den Teig mit den Händen zu einer Kugel formen und abgedeckt ca. 1 Stunde ruhen lassen.

Teig auf einer leicht bemehlten Arbeitsfläche kurz kneten. Portionsweise mit einer Nudelmaschine ausrollen und mit dem Aufsatz der Nudelmaschine in die gewünschte Form schneiden. Wenn keine Nudelmaschine vorhanden ist, die Arbeitsfläche mit etwas Mehl bestäuben und den Teig mit einer Teigrolle dünn ausrollen. Dann den Teig mit einem Messer in die gewünschte Form schneiden.

Die Nudeln in einem Topf in ausreichend kochendem Salzwasser ca. 2–3 Minuten bissfest kochen.

SCHUPFNUDELN

Für 4 Portionen

500 g mehligkochende Kartoffeln
3 Eigelb
50 g Speisestärke
25 g Grieß
25 g Mehl
Salz, Pfeffer
Weizenmehl zum Bearbeiten
Pflanzenöl

Die Kartoffeln in der Schale kochen und gut ausdämpfen lassen, pellen, noch warm durch die Kartoffelpresse drücken und mit den restlichen Zutaten bis auf das Öl schnell zu einem glatten Teig verarbeiten.

Den Teig auf einer bemehlten Arbeitsfläche zu Würsten rollen und mit einem Messer in etwa 4 cm lange Stücke schneiden. Diese Stücke mit bemehlten Händen zu Schupfnudeln formen.

Die fertigen Schupfnudeln in reichlich Salzwasser kochen, bis sie an die Oberfläche steigen. Mit der Schaumkelle herausnehmen und auf einem geölten Teller abkühlen lassen. In einer beschichteten Pfanne langsam in etwas Pflanzenöl goldgelb backen.

PASTA

TOMATENPESTO

Für 4 Portionen

160 g getrocknete Tomaten
70 g frisch geriebener Parmesan
30 g geröstete Pinienkerne
3 Basilikumblätter
1 TL Balsamicoessig
1 TL Salz
1 Prise Pfeffer
300 ml Olivenöl

Alle Zutaten, bis auf das Olivenöl, mit einem Stabmixer fein pürieren. Zum Schluss das Olivenöl in dünnem Strahl einlaufen lassen und nur kurz weitermixen, da sonst das Öl bitter wird. In ein verschließbares Gefäß füllen, gekühlt aufbewahren und zeitnah verbrauchen.

BASILIKUMPESTO

Für 4 Portionen

1 Bund Basilikum (ca. 80 g)
30 g frisch geriebener Parmesan
15 g geröstete Pinienkerne
1 EL Zitronensaft
1 TL Zucker
Salz, Pfeffer
150 ml Olivenöl

Basilikum waschen, trocken schütteln und Blätter abzupfen. Zusammen mit den restlichen Zutaten, bis auf das Olivenöl, mit einem Stabmixer fein pürieren. Zum Schluss das Olivenöl in dünnem Strahl einlaufen lassen und nur kurz weitermixen, da sonst das Öl bitter wird. Nochmals mit Salz und Pfeffer abschmecken. In ein verschließbares Gefäß füllen, gekühlt aufbewahren und zeitnah verbrauchen.

MANDELPESTO

Für 4 Portionen

120 g geröstete geschälte Mandeln
60 g frisch geriebener Parmesan
40 g Rohrzucker
3 Stängel Basilikum
Salz, Pfeffer
300 g Traubenkernöl

Die Mandeln mit den restlichen Zutaten, bis auf das Traubenkernöl, fein hacken. Zum Schluss das Öl in dünnem Strahl einlaufen lassen und nur kurz mit einem Stabmixer durchmixen, da sonst das Öl bitter wird. Nochmals mit Salz und Pfeffer abschmecken. In ein verschließbares Gefäß füllen, gekühlt aufbewahren und zeitnah verbrauchen.

BÄRLAUCHPESTO

Für 4 Portionen

1 Bund Bärlauch
100 g frisch geriebener Parmesan
1 Knoblauchzehe
2 EL geröstete Pinienkerne
400 ml Olivenöl
Salz, Pfeffer
1–2 Spritzer Zitronensaft

Den Bärlauch waschen, von den Stielen befreien, grob hacken und mit den restlichen Zutaten, bis auf das Olivenöl, mit einem Stabmixer fein pürieren. Zum Schluss das Olivenöl in dünnem Strahl einlaufen lassen und nur kurz weitermixen, da sonst das Öl bitter wird. Mit Salz, Pfeffer und Zitronensaft abschmecken. In ein verschließbares Gefäß füllen, gekühlt aufbewahren und zeitnah verbrauchen.

RUCOLAPESTO

Für 4 Portionen

75 g Rucola
1 geschälte Knoblauchzehe
40 g frisch geriebener
Parmesan
10 g geröstete Pinienkerne
1 TL Zitronensaft
Salz, Pfeffer
400 ml Olivenöl

Den Rucola putzen, waschen und trocken schleudern. Zusammen mit den restlichen Zutaten, bis auf das Olivenöl, pürieren. Zum Schluss das Olivenöl in dünnem Strahl einlaufen lassen und nur kurz weitermixen, da sonst das Öl bitter wird. Nochmals mit Salz und Pfeffer abschmecken. In ein verschließbares Gefäß füllen, gekühlt aufbewahren und zeitnah verbrauchen.

PASTA NAPOLI

Für 2 Portionen

1 kleine Zwiebel
1 Knoblauchzehe
1 kleine Karotte
1 Stange Staudensellerie
400 g frische Tomaten
2 Stängel Basilikum
1 Zweig Rosmarin
1 Zweig Thymian
1 Stängel Oregano
1 EL Olivenöl
Salz, Pfeffer
1 Prise Zucker
300 g Bandnudeln
30 g frisch geriebener Parmesan

Zwiebel und Knoblauch schälen. Die Zwiebel in kleine Würfel schneiden und den Knoblauch fein hacken. Karotte und Staudensellerie putzen, waschen, die Karotte schälen und beides klein würfeln. Tomaten waschen, Strünke entfernen und klein würfeln. Kräuter waschen, trocken schütteln, Blätter bzw. Nadeln abzupfen und fein hacken.

Das Olivenöl in einem Topf erhitzen und das Gemüse darin anschwitzen. Tomaten und Kräuter zugeben und bei geringer Temperatur ca. 30 Minuten köcheln lassen. Nach Belieben mit einem Stabmixer pürieren. Erneut aufkochen und mit Salz, Pfeffer sowie Zucker abschmecken.

Die Nudeln in reichlich Salzwasser nach Packungsangabe bissfest kochen, abschütten und mit Tomatensauce und Parmesan anrichten.

PASTA

PENNE ALL'ARRABBIATA

Für 4 Portionen

300 g Cocktailtomaten
2 Knoblauchzehen
1–2 scharfe Chilischoten
2 Stängel Basilikum
100 ml Olivenöl
1 Dose gehackte Tomaten (400 g)
Salz
600 g Penne
60 g frisch gehobelter Parmesan

Die Cocktailtomaten waschen und halbieren. Den Knoblauch schälen und in kleine Würfel schneiden. Die Chilischoten waschen, entkernen und klein schneiden. Das Basilikum waschen, trocken schütteln und die Blätter abzupfen.

50 ml Olivenöl in einem Topf erhitzen und die Knoblauchzehen darin farblos anschwitzen. Gehackte Tomaten und Chilischoten zugeben und bei hoher Temeperatur ca. 5 Minuten mit anschwitzen. Die Kirschtomaten unterheben und mit Salz und Basilikumblättern würzen.

Die Penne in reichlich Salzwasser nach Packungsangabe bissfest kochen. Diese gut abtropfen lassen und anschließend in den Topf mit der Tomatensauce geben, gut durchmischen, mit dem restlichen Olivenöl beträufeln und zusammen mit der Sauce nochmals unterrühren (damit die Pasta sich gut mit der Sauce verbindet). Mit dem Parmesan sofort servieren.

FUSILLI MIT SPITZKOHL UND HACKFLEISCH

Für 4 Portionen

600 g Fusilli
Salz
½ Spitzkohl
1 Zwiebel
4 EL Pflanzenöl
400 g gemischtes Hackfleisch
Pfeffer
150 ml Gemüsebrühe
75 g Crème fraîche
edelsüßes Paprikapulver

Die Fusilli in reichlich Salzwasser nach Packungsangabe bissfest kochen, abschütten und abtropfen lassen.

Spitzkohl putzen, den dicken Strunk keilförmig herausschneiden. Die Blätter in ½ cm breite Streifen schneiden. Zwiebel schälen, halbieren und in Streifen schneiden.

2 EL Öl in einer großen Pfanne erhitzen. Hackfleisch darin anbraten, salzen und pfeffern, anschließend aus der Pfanne nehmen. Das restliche Öl in der Pfanne erhitzen, Spitzkohl und Zwiebel darin andünsten. Die Gemüsebrühe zugeben und abgedeckt bei mittlerer Temperatur 10 Minuten weich schmoren.

Crème fraîche einrühren, Hackfleisch und Nudeln zufügen. Alles heiß werden lassen und kräftig mit Salz, Pfeffer und Paprikapulver abschmecken.

FUSILLI MIT PILZRAHMSAUCE

Für 4 Portionen

150 g Champignons
1 Schalotte
1 Knoblauchzehe
2 EL Pflanzenöl
Salz, Pfeffer
400 ml Hühnerbrühe oder -fond
150 ml Sahne
2 Stängel Petersilie
600 g Fusilli

PASTA

Champignons säubern und in Scheiben schneiden. Schalotte und Knoblauch schälen und beides fein hacken.

Schalotte und Knoblauch in einer Pfanne im heißen Öl glasig anschwitzen. Champignons zufügen, mit Salz und Pfeffer würzen. Brühe oder Fond zugießen und zur Hälfte einkochen lassen. Sahne zufügen und zur gewünschten Konsistenz einkochen lassen.

Petersilie waschen, trocken schütteln, Blätter abzupfen, fein hacken und die Sauce damit verfeinern.

Die Fusilli in reichlich Salzwasser nach Packungsangabe bissfest kochen und zusammen mit der Pilzrahmsauce servieren.

DINKELSPAGHETTI MIT PILZRAHMSAUCE

Für 4 Portionen

800 g gemischte Pilze der Saison
2 Schalotten
1 Knoblauchzehe
40 g Butter
1 TL edelsüßes Paprikapulver
4 EL Weißwein
Salz, Pfeffer
400 ml Fleischbrühe
100 ml Sahne
½ TL Zitronensaft
1 Msp. Kümmelpulver
2 EL fein gehackte Petersilie
1 EL Schnittlauchröllchen
600 g Dinkelspaghetti

Die Pilze säubern, größere gegebenenfalls klein schneiden. Schalotten und Knoblauch schälen und beides fein hacken.

Butter in einem Topf erhitzen, Schalotten und Knoblauch darin andünsten. Pilze zugeben, mit Paprikapulver bestäuben und kurz mitdünsten.

Mit dem Weißwein ablöschen, salzen, pfeffern und abgedeckt ca. 5 Minuten köcheln lassen. Die Fleischbrühe sowie die Sahne zugießen, aufkochen lassen und die Sauce mit Zitronensaft und Kümmel verfeinern. Nochmals abschmecken und die Kräuter unterheben.

Dinkelspaghetti in reichlich Salzwasser nach Packungsangabe bissfest kochen.

Pilzrahmsauce auf die Spaghetti geben und servieren.

PASTA

VEGETARISCHE PENNE CARBONARA MIT GRÜNEM SPARGEL

Für 4 Portionen

500 g grüner Spargel
1 Bund Basilikum
Salz
3 Eigelb
100 ml Sahne
100 g frisch geriebener Parmesan
Pfeffer
400 g Penne
1–2 EL Olivenöl

Den Spargel waschen und die harten Enden abschneiden. Die Stangen schräg in etwa 3 cm breite Stücke schneiden, dabei die Köpfe beiseitelegen. Das Basilikum waschen, trocknen und die Blätter in Streifen schneiden.

Salzwasser aufsetzen und die Spargelstücke 2–3 Minuten blanchieren, die Köpfe erst zuletzt ganz kurz mitgaren. Den Spargel abgießen und mit kaltem Wasser abschrecken.

In einem Schüsselchen die Eigelbe mit der Sahne und Parmesan verquirlen, mit Salz und Pfeffer würzen. Die Penne in reichlich Salzwasser nach Packungsangabe bissfest kochen.

Das Olivenöl in einer Pfanne erhitzen, die Spargelstücke kurz darin anbraten, dann das Basilikum zugeben.

Eine große Schüssel mit kochend heißem Wasser füllen, um die Schüssel zu erhitzen. Wenn die Penne bissfest gekocht sind, das Wasser aus der Schüssel gießen. Die noch heißen Penne mit dem Basilikum-Spargel vermischen und schnell die Eiersahne unterheben – die Temperatur der Nudeln und der Schüssel genügt, damit sie stockt. Sofort servieren und nach Belieben noch weiteren Käse darüber streuen.

PASTA

SPAGHETTI CARBONARA

Für 4 Portionen

600 g Spaghetti
Salz
3 Stängel glatte Petersilie
100 g geräucherter Speck
30 g Butter
3 Eier
Pfeffer
40 g frisch geriebener Parmesan

PASTA

Die Spaghetti in reichlich Salzwasser nach Packungsangabe bissfest kochen, anschließend abtropfen lassen.

Petersilie waschen, trocken schütteln und die Blätter fein hacken. Den Speck fein würfeln und in einer Pfanne in zerlassener Butter knusprig braten.

Die Spaghetti zum Speck geben und kurz mitschwenken. Verquirlte Eier darüber gießen, mit Salz und Pfeffer würzen, kurz durchschwenken und sofort die Temperatur reduzieren. Das Ei soll eine sämige Konsistenz bekommen. Sofort mit Parmesan bestreuen und servieren.

KRÄUTER-PARMESAN-PASTA

Für 2 Portionen

1 unbehandelte Orange
1 Knoblauchzehe
25 g Haselnüsse
8–10 EL gehackte gemischte Kräuter (Basilikum, Minze, Dill,
Kerbel, Petersilie, Schnittlauch)
300 g Spaghetti
Salz
3 EL Butter
4 EL Olivenöl
Pfeffer
75 g frisch geriebener Parmesan

Die Orange abwaschen, die Hälfte der Schale als Zesten
abziehen und fein hacken. Den Knoblauch schälen und
sehr fein würfeln. Die Haselnüsse in einer Pfanne ohne
Zugabe von Fett anrösten und grob hacken.

Die Spaghetti in reichlich Salzwasser nach Packungsangabe bissfest kochen, abgießen und abtropfen lassen.
Dabei etwas Nudelwasser auffangen.

Die Butter in einer großen Pfanne schmelzen und den
Knoblauch anschwitzen. Orangenzesten, Haselnüsse, Oli-
venöl, Salz, Pfeffer und etwas Nudelwasser unterrühren.
Die Spaghetti in die Pfanne geben und gut mit den übrigen
Zutaten vermengen. Parmesan und die Kräuter unterheben.

SPAGHETTI AGLIO E OLIO MIT RIESENGARNELEN

Für 4 Portionen

16 TK-Garnelen
(ohne Kopf, geschält und entdarmt)
1 Knoblauchzehe
½ Bund glatte Petersilie
1 Chilischote
600 g Spaghetti
Salz
3 EL Olivenöl
Pfeffer

Garnelen auftauen lassen. Knoblauch schälen und in feine Würfel schneiden. Die Petersilie waschen, trocken schütteln, die Blättchen abzupfen und fein hacken. Die Chilischote abspülen, trocknen, halbieren, entkernen und das Fruchtfleisch fein würfeln.

Die Spaghetti in reichlich Salzwasser nach Packungsangabe bissfest kochen, abgießen und abtropfen lassen. Dabei etwas Nudelwasser auffangen.

Das Olivenöl in einer Pfanne erhitzen und Garnelen, Knoblauch, Petersilie und Chili darin anbraten. Mit Salz und Pfeffer würzen. Spaghetti in die Pfanne geben, unterheben und nochmals mit Salz und Pfeffer abschmecken. Nach Bedarf etwas Nudelwasser zugeben, eventuell nochmals kurz erhitzen und servieren.

SPAGHETTI MIT GARNELEN, KIRSCHTOMATEN UND RUCOLA

Für 4 Portionen

16 TK-Garnelen
(ohne Kopf, geschält und entdarmt)
1 Knoblauchzehe
250 g Kirschtomaten
60 g Rucola
600 g Spaghetti
Salz
3 EL Olivenöl
Pfeffer

Die Garnelen auftauen lassen. Knoblauch schälen und in feine Würfel schneiden. Kirschtomaten waschen und halbieren. Rucola putzen, waschen und trocken schleudern.

Die Spaghetti in reichlich Salzwasser nach Packungsangabe bissfest kochen, abgießen und abtropfen lassen. Dabei etwas Nudelwasser auffangen.

Das Olivenöl in einer Pfanne erhitzen und Garnelen und Knoblauch darin anbraten. Mit Salz und Pfeffer würzen. Kirschtomaten kurz durchschwenken. Spaghetti in die Pfanne geben und unterheben. Rucola zum Schluss untermischen und nochmals mit Salz und Pfeffer abschmecken. Nach Bedarf etwas Nudelwasser zugeben, eventuell nochmals kurz erhitzen und servieren.

PASTA MIT STEINPILZEN

Für 4 Portionen

40 g getrocknete Steinpilze
1 Knoblauchzehe
3 Zweige frischer Thymian
½ Bund glatte Petersilie
1 getrocknete Chilischote
Olivenöl
250 ml Gemüsebrühe
1 große Dose geschälte Tomaten (800 g)
2 EL Zitronensaft
600 g Conchiglie
Salz
100 ml Sahne
Pfeffer
100 g frisch geriebener Parmesan

Die Steinpilze in lauwarmen Wasser einweichen. Den Knoblauch schälen und fein hacken. Die Kräuter waschen, trocknen, Thymianblättchen abzupfen und die Petersilie fein hacken. Die Chilischote waschen, entkernen und klein schneiden. Die Steinpilze kurz abspülen, um Sandreste zu entfernen.

4 EL Olivenöl in einer Pfanne erhitzen. Knoblauch, Thymian, Petersilie und die Chilischote darin andünsten. Die Steinpilze zugeben und unter Rühren 2–3 Minuten anschmoren. Die Brühe aufgießen und 5 Minuten offen kochen. Die Tomaten grob zerteilen und mit dem Zitronensaft zugeben. Die Sauce etwa 20 Minuten köcheln lassen, bis sie dickflüssig wird.

Die Conchiglie in reichlich Salzwasser nach Packungsangabe bissfest kochen. Die Sahne zur Tomatensauce gießen, bei hoher Temperatur einkochen, mit Salz und Pfeffer würzen und vom Herd nehmen. Die Nudeln abgießen und zu der Sauce geben. Auf Tellern verteilen, mit dem Parmesan bestreuen und ein wenig Olivenöl darüber träufeln.

PASTA MIT THUNFISCH UND KAPERN

Für 2 Portionen

200 g Spaghettini
Salz
2 kleine rote Zwiebeln
150 ml Olivenöl

300 g küchenfertiges Thunfischfilet
Abrieb und Saft von 1 unbehandelten Zitrone
1 Glas Kapern
5 EL gehackte glatte Petersilie
Pfeffer

Die Spaghettini in reichlich Salzwasser nach Packungsangabe bissfest kochen. Währenddessen die Zwiebeln schälen und würfeln. Anschließend in einer Pfanne mit 2 EL Olivenöl anbraten und beiseitestellen.

Den Thunfisch würfeln. Das restliche Olivenöl mit Zitronenabrieb und -saft vermischen, die abgetropften Kapern und die Petersilie dazugeben und mit Salz und Pfeffer abschmecken. Die angebratenen Zwiebelwürfel und den Thunfisch ebenfalls in die Schüssel geben und ziehen lassen.

Die Pasta abgießen und die heißen Spaghettini direkt in die Schüssel zur Thunfischsauce geben. Alles gut vermengen und sofort servieren.

RAVIOLI RATATOUILLE
MIT TOMATENSAUCE

Für 4 Portionen

Ratatouille

1 rote Paprikaschote
1 gelbe Paprikaschote
2 Zucchini
1 Aubergine
200 g Kirschtomaten
1 Zwiebel
1 Knoblauchzehe
2 Zweige Rosmarin
4 Zweige Thymian
3 EL Olivenöl
Salz, Pfeffer

Tomatensauce

1 kleine Zwiebel
1 Knoblauchzehe
1 kleine Karotte
1 Stange Staudensellerie
400 g Tomaten
2 Stängel Basilikum
1 Zweig Rosmarin
1 Zweig Thymian
1 Stängel Oregano
1 EL Olivenöl
1 Prise Zucker

Nudelteig

siehe S. 100

Für das Ratatouille die Paprikaschoten waschen, halbieren, Kerne und weiße Innenhäute entfernen und in kleine Würfel schneiden. Zucchini und Aubergine putzen, waschen und in kleine Würfel schneiden. Die Kirschtomaten waschen und vierteln. Zwiebel und Knoblauch schälen und fein hacken. Die Kräuter waschen, trocken schütteln, Nadeln bzw. Blättchen abzupfen und hacken. Olivenöl in einem Topf erhitzen. Zwiebeln und Knoblauch darin anschwitzen. Gemüsewürfel zugeben und mit anschwitzen. Kirschtomaten unterrühren und das Gemüse 5 Minuten köcheln lassen. Zum Schluss die gehackten Kräuter zugeben, mit Salz und Pfeffer würzen und beiseitestellen.

Für die Tomatensauce Zwiebel und Knoblauch schälen. Zwiebel in kleine Würfel schneiden und Knoblauch fein hacken. Karotte und Staudensellerie putzen, waschen, die Karotte schälen und beides klein würfeln. Tomaten waschen, Strünke entfernen und klein würfeln. Kräuter waschen, trocken schütteln, Blätter bzw. Nadeln abzupfen und fein hacken. Das Olivenöl in einem Topf erhitzen und Zwiebel und Knoblauch darin anschwitzen. Gemüsewürfel dazugeben und mit anschwitzen. Tomaten und Kräuter zugeben und bei niedriger Temperatur ca. 30 Minuten köcheln lassen. Nach Belieben mit einem Stabmixer pürieren. Erneut aufkochen und mit Salz, Pfeffer sowie Zucker abschmecken.

Für die Ravioli den Nudelteig wie auf S. 100 beschrieben zubereiten. Anschließend das Ratatouille jeweils mit etwas Abstand zueinander auf einer Nudelteigbahn verteilen. Mit einer weiteren Bahn abdecken und den Teig um die Füllung herum andrücken, sodass keine Luft eingeschlossen wird. Die Ravioli mit einem Ravioliausstecher ausstechen.
Weiter verfahren, bis Teig und Füllung aufgebraucht sind. Die Ravioli in kochendem Salzwasser ca. 4 Minuten bissfest kochen und abtropfen lassen.

Die Ravioli mit der Tomatensauce servieren.

PASTA

PASTA MIT GRÜNEM GEMÜSE UND PARMESAN

Für 2 Portionen

1 Schalotte
125 g dünne grüne Bohnen
250 g grüner Spargel
75 g Babyspinat
2 Frühlingszwiebeln
4 Stängel Basilikum
1 EL Butter
250 ml Hühnerbrühe
125 g Erbsen (frisch oder TK)
Salz, Pfeffer
300 g Penne
100 g frisch geriebener Parmesan

Die Schalotte schälen und fein würfeln. Bohnen waschen, trocknen und halbieren. Vom Spargel die harten Enden entfernen und die Stangen in 3–4 cm lange Stücke schneiden. Spargelköpfe beiseitestellen. Spinat verlesen, waschen und trocken schleudern. Frühlingszwiebeln putzen und in 1 cm lange Stücke teilen. Basilikum waschen, trocknen, Blätter abzupfen und in Streifen schneiden.

Die Butter in einer großen Pfanne schmelzen lassen und die Schalotte darin glasig anschwitzen. Spargelstücke (ohne die Köpfe) dazugeben und kurz anbraten. Die Brühe angießen und zum Kochen bringen. Spargelköpfe, Bohnen, Erbsen und Frühlingszwiebeln zugeben und mit Deckel köcheln lassen, bis das Gemüse gar ist.

Den Spinat unterheben, zusammenfallen lassen und alles mit Salz und Pfeffer abschmecken. Die Penne in reichlich Salzwasser nach Packungsangabe bissfest kochen, zu dem Gemüse geben und unterheben. Auf Tellern verteilen, mit Basilikum und Parmesan bestreut servieren.

SPAGHETTI MIT ARTI-SCHOCKEN-TOMATENSAUCE

Für 4 Portionen

4 Artischocken oder 1 Glas Artischockenherzen
(340 g, in Öl eingelegt)
Saft von 1 Zitrone
150 g Chorizo
1 Knoblauchzehe
4 Stängel Majoran
3 EL Olivenöl
Salz, Pfeffer
500 g passierte Tomaten
600 g Spaghetti
30 g frisch geriebener Parmesan

Artischocken waschen, den Stiel und die äußeren Blätter entfernen. Den Stielansatz abschneiden, längs halbieren, das Stroh mit einem Teelöffel herauskratzen und klein schneiden. In Zitronenwasser geben, damit sie nicht braun werden. Vor dem Braten abschütten und abtropfen lassen. Alternativ die eingelegten Artischocken in einem Sieb abtropfen lassen, mit Wasser abspülen und vierteln. Die Chorizo schälen und in kleine Würfel schneiden. Die Knoblauchzehe schälen und halbieren. Majoran waschen, trocken schütteln, Blätter abzupfen und fein hacken.

Das Olivenöl erhitzen, die Artischocken mit der Chorizo darin anschwitzen, dabei den Knoblauch zugeben und mit Salz und Pfeffer würzen. Nach 3–4 Minuten den Majoran und die Tomatensauce einrühren, weitere 5 Minuten köcheln lassen und vom Herd nehmen.

Die Spaghetti in reichlich Salzwasser nach Packungsangabe bissfest kochen, abgießen und zu den Artischocken geben. Nach Belieben mit Parmesan bestreuen, bei hoher Temperatur nochmals durchrühren und dann sofort servieren.

PASTA

119

GEMÜSE-LASAGNE

Für 6 Portionen

1 Aubergine
1 Zucchini
1 rote Paprikaschote
1 gelbe Paprikaschote
1 grüne Paprikaschote
4 Tomaten
1 Zwiebel
2 Knoblauchzehen
2 Zweige Rosmarin
3 Zweige Thymian
4 EL Olivenöl
1 Dose stückige Tomaten (400 g)
1 Lorbeerblatt
Salz, Pfeffer
Butter zum Einfetten
12 Lasagneblätter
100 g geriebener Gouda

Aubergine und Zucchini putzen, waschen und in Würfel schneiden. Paprikaschoten waschen, Kerne und weiße Innenhäute entfernen und die Schoten ebenfalls würfeln. Tomaten mit heißem Wasser überbrühen, häuten, Strünke entfernen und das Fruchtfleisch in Stücke schneiden. Zwiebel und Knoblauchzehen schälen und fein hacken.

Rosmarin und Thymian waschen, trocken schütteln, Nadeln bzw. Blättchen abzupfen und fein hacken.

Die Gemüsewürfel in einem Topf im heißen Olivenöl nacheinander unter Rühren dünsten. Zwiebel und Knoblauch zugeben und kurz mitdünsten. Dosentomaten zugießen und aufkochen. Die Kräuter und das Lorbeerblatt hinzufügen. Die Sauce je nach Größe der Gemüsewürfel ca. 15–20 Minuten bei mittlerer Temperatur köcheln.

Nach Ende der Garzeit das Lorbeerblatt entfernen und die Gemüsesauce mit Salz und Pfeffer abschmecken.

Backofen auf 180 °C Ober- und Unterhitze vorheizen.

Eine Auflaufform (ca. 20 × 30 cm) mit Butter einfetten. Den Boden der Auflaufform mit etwas Gemüsesauce bestreichen und mit Lasagneblättern belegen. Die Blätter nicht übereinanderlegen, da diese Stellen nicht durchgaren. Etwas Gemüsesauce mit einem Löffel gleichmäßig auf die Lasagneblätter geben. Weiterschichten, bis alle Zutaten verbraucht sind.

Die letzte Schicht gut mit Gemüsesauce bedecken und mit Gouda bestreuen.

Im vorgeheizten Backofen ca. 30 Minuten backen. Die Lasagne in Stücke schneiden und auf Tellern anrichten.

SPAGHETTI MIT OLIVENSAUCE

Für 4 Portionen

75 g Spinatblätter ohne grobe Stiele
100–160 g große grüne Oliven mit Stein
1 mittelgroße Schalotte
1 unbehandelte Orange
6 EL Olivenöl
Salz, Pfeffer
600 g Spaghetti
100 g frisch geriebener Pecorino

PASTA

Die Spinatblätter verlesen und mehrmals gründlich waschen. Kurz mit kochendem Wasser überbrühen, kalt abschrecken und abtropfen lassen. Die Oliven entsteinen und dabei grob zerkleinern. Die Schalotte schälen und vierteln. Die Orange mit heißem Wasser abwaschen und etwa 1 TL Schale mit einem Zestenreißer abziehen.

Die Oliven- und Schalottenstücke mit der Orangenschale und dem Spinat im Mixer zu einem groben Püree zerkleinern, dann langsam bei laufendem Mixer das Öl dazugießen. Mit Salz und Pfeffer abschmecken.

Die Spaghetti in reichlich Salzwasser nach Packungsangabe bissfest kochen, abgießen und kurz abtropfen lassen, anschließend zur Olivensauce geben und verrühren. Nach Belieben mit Pecorino bestreuen und servieren.

SPAGHETTI MIT LACHS UND ORANGENSAUCE

Für 4 Portionen

Orangensauce
500 ml Orangensaft
1 große Zwiebel
50 g Butter
50 g Weizenmehl
400 ml Fischfond
350 ml Sahne
Salz, weißer Pfeffer
1 EL Orangenlikör (z. B. Grand Marnier)
Filets von 2 Orangen

Spaghetti
400 g Spaghetti

Lachs
400 g Lachsfilet
40 g Butter
Pfeffer
2 TL gehackter Dill

Für die Sauce den Orangensaft auf die Hälfte einkochen lassen. Die Zwiebel schälen und in feine Würfel schneiden. In einem Topf in der zerlassenen Butter glasig schwitzen und mit Mehl bestäuben. Unter Rühren mit Fischfond und Sahne aufgießen, aufkochen und bei geringer Temperatur ca. 10 Minuten kochen. Dann den eingekochten Orangensaft zugießen, mit Salz, Pfeffer und Orangenlikör abschmecken. Kurz vor dem Anrichten die Orangenfilets zugeben und heiß werden lassen.

Die Spaghetti in reichlich Salzwasser nach Packungsangabe bissfest kochen.

Lachsfilets waschen, trocken tupfen und in Würfel schneiden. Die Butter in einer Pfanne schmelzen lassen. Die Lachswürfel darin von allen Seiten braten und mit Salz und Pfeffer würzen. Die Spaghetti zufügen und mit der Sauce begießen.

Alles durchschwenken und zum Servieren mit dem gehacktem Dill bestreuen.

SPAGHETTI BOLOGNESE VOM KALB

Für 4 Portionen

1 kleine Zwiebel
1 Knoblauchzehe
1 Karotte
100 g Knollensellerie
½ kleine Stange Lauch
1 Zweig Rosmarin
1 Zweig Thymian
1 Stängel Oregano
2 EL Olivenöl
500 g Kalbshackfleisch
2 Dosen stückige Tomaten (à 425 g)
oder 500 g frische Tomaten
Salz, Pfeffer
Zucker
2 Stängel Basilikum
500 g Spaghetti
30 g frisch geriebener Parmesan

Zwiebel und Knoblauch schälen. Zwiebel in kleine Würfel schneiden und Knoblauch fein hacken. Karotte und Sellerie putzen, schälen und beides klein würfeln. Lauch längs halbieren, waschen und sehr klein schneiden. Die Kräuterzweige waschen und trocken schütteln.

Olivenöl in einem Topf erhitzen. Das Hackfleisch darin anbraten. Zwiebel, Knoblauch, Karotten- und Selleriewürfel sowie Lauch zugeben und darin anschwitzen, dabei ab und zu umrühren.

Tomaten und Kräuter zugeben. Mit Salz, Pfeffer sowie 1 Prise Zucker würzen. Aufkochen und bei geringer Temperatur ca. 30 Minuten köcheln lassen. Nach Ende der Garzeit die Kräuter entfernen. Basilikum waschen, trocken schütteln, Blätter abzupfen, in Streifen schneiden und unterrühren. Nochmals abschmecken.

Die Spaghetti in reichlich Salzwasser nach Packungsangabe bissfest kochen und abgießen.

Die Spaghetti auf Tellern verteilen, Bolognese darüber geben und mit Parmesan servieren.

SPINAT-LACHS-LASAGNE

Für 6 Portionen

1,4 kg frischer Blattspinat oder 1 kg TK-Blattspinat
250 g Zwiebeln
2 Knoblauchzehen
60 g Butter
400 ml Sahne
Salz, Pfeffer
Muskatnuss
400 g frisch geriebener Parmesan
600 g Räucherlachs
12 Lasagneblätter
250 g geriebener Mozzarella

Den Spinat auftauen und gut abtropfen lassen, gegebenenfalls ausdrücken, um überschüssiges Wasser zu entfernen. Alternativ frischen Spinat waschen und trocken schleudern. Zwiebeln und Knoblauch schälen und würfeln.

Die Butter in einem Topf zerlassen, Zwiebeln und Knoblauch zufügen und anschwitzen. Den Spinat zugeben, kurz mit anschwitzen und mit der Sahne aufgießen. Alles bei mittlerer Temperatur ca. 10 Minuten kochen lassen. Dann mit Salz, Pfeffer, frisch geriebener Muskatnuss und Parmesan abschmecken und noch weitere 2–3 Minuten köcheln lassen.

Den Boden der Auflaufform mit ⅓ Spinat bedecken und darauf ⅓ Lachs verteilen. Mit Lasagneblättern belegen. Die Blätter nicht übereinanderlegen, da diese Stellen nicht durchgaren. So weiterschichten, bis alle Zutaten verbraucht sind, dabei mit Spinat abschließen. Zum Schluss mit dem Mozzarella belegen.

Die Lasagne im vorgeheizten Backofen bei 160 °C Ober- und Unterhitze ca. 20 Minuten backen. Dann die Backofentemperatur auf 180 °C erhöhen und die Lasagne weitere 10 Minuten backen, bis der Käse goldbraun ist.

PASTA

125

SPINAT-RICOTTA-RAVIOLI MIT TOMATENSAUCE

Für 4 Portionen

Spinat-Ricotta-Füllung
300 g frischer Blattspinat oder
200 g TK-Blattspinat
1 mittelgroße Zwiebel
2 Knoblauchzehen
1 EL Pflanzenöl
Salz
Muskatnuss
250 g Ricotta
80 g Paniermehl

Tomatensauce
siehe S. 116

Nudelteig
siehe S. 100

Für die Füllung den frischen Blattspinat putzen, waschen und abtropfen lassen. Alternativ tiefgefrorenen Blattspinat auftauen lassen. Zwiebel und Knoblauch schälen, in feine Würfel schneiden und in heißem Öl anbraten. Blattspinat zugeben und so lange dünsten, bis die Flüssigkeit vollständig verdampft ist. Mit Salz und frisch geriebener Muskatnuss abschmecken. Spinatmasse mit dem Ricotta sowie Paniermehl vermengen und fein mixen. Die Masse bis zur Verarbeitung kalt stellen.

Die Tomatensauce wie auf S. 116 beschrieben zubereiten.

Für die Ravioli den Nudelteig wie auf S. 100 beschrieben zubereiten. Anschließend etwas von der Füllung mit etwas Abstand auf einer Nudelteigbahn verteilen. Mit einer weiteren Bahn abdecken und den Teig um die Füllung herum andrücken, sodass keine Luft eingeschlossen wird. Die Ravioli mit einem Ravioliausstecher ausstechen. Weiter verfahren, bis Teig und Füllung aufgebraucht sind. Die Ravioli in kochendem Salzwasser ca. 4 Minuten bissfest kochen und abtropfen lassen.

Die Ravioli mit der Tomatensauce servieren.

GRUNDREZEPT PIZZATEIG

Für 2 Pizzen (Ø 32 cm)

400 g Weizenmehl (Type 550)
1 Päckchen Trockenhefe
1 Prise Zucker
ca. 250 ml lauwarmes Wasser
3 EL Olivenöl
½ TL Salz

Für den Pizzateig das Mehl in eine Schüssel geben und mit Hefe sowie Zucker vermischen. Wasser, Olivenöl und Salz zufügen und mit den Knethaken eines Handrührgeräts mindestens 5 Minuten kneten. Aus der Masse 2 Teigballen formen, mit einem Küchenhandtuch abdecken und an einem warmen Ort ca. 30–45 Minuten gehen lassen, bis sich das Teigvolumen deutlich vergrößert hat.

PIZZA MARGHERITA

Für 1 Pizza (Ø 32 cm)

Pizzateig
siehe Grundrezept
Weizenmehl zum Bearbeiten

Belag
100 g passierte Tomaten
1 TL Pizzagewürz
Salz, Pfeffer
1 Prise Zucker
100 g geriebener Mozzarella

Den Backofen auf 220 °C Ober- und Unterhitze vorheizen.

Den Pizzateig wie im Grundrezept beschrieben zubereiten. Den Teig auf einer leicht bemehlten Arbeitsfläche rund, passend für das Pizzablech, ausrollen und auf das Blech legen.

Die passierten Tomaten mit dem Pizzagewürz, Salz, Pfeffer und Zucker kräftig würzen. Tomatensauce und Mozzarella gleichmäßig auf der Pizza verteilen und im Backofen ca. 12–15 Minuten knusprig backen. Herausnehmen und sofort genießen.

PIZZA MIT SPINAT UND FETA

Für 2 Pizzen (Ø 32 cm)

Pizzateig
siehe S. 128
Weizenmehl zum Bearbeiten

Belag
600 g frischer Blattspinat
2 Zwiebeln
1 Knoblauchzehe
1 EL Rapsöl
150 g Crème fraîche
Salz, Pfeffer
Muskatnuss
300 g Feta
150 g geriebener Mozzarella
300 g Kirschtomaten
40 g Pinienkerne

Den Backofen auf 220 °C Ober- und Unterhitze vorheizen.

Den Pizzateig wie auf S. 128 beschrieben zubereiten. Den Teig auf einer leicht bemehlten Arbeitsfläche rund, passend für die Pizzableche, ausrollen und auf die Bleche legen.

Den Spinat putzen, mehrmals gründlich waschen, trocken schleudern und hacken. Die Zwiebeln und den Knoblauch schälen, die Zwiebeln in kleine Würfel schneiden und den Knoblauch fein hacken. Das Rapsöl in einem Topf heiß werden lassen, dann Zwiebelwürfel und gehackten Knoblauch darin andünsten. Den Spinat zugeben, kurz mitdünsten und mit Crème fraîche verfeinern. Mit Salz, Pfeffer sowie frisch geriebener Muskatnuss abschmecken und auskühlen lassen. Den Feta mit einer Gabel zerbröseln.

Den kalten Spinat gleichmäßig auf den Teigen verteilen, mit dem Feta und Mozzarella bestreuen und mit den Kirschtomaten belegen.

Die Pizzen nacheinander im Backofen ca. 12–15 Minuten knusprig backen. Nach 10 Minuten die Pinienkerne auf die Pizzen verteilen und fertig backen. Herausnehmen, vor dem Servieren mit frisch gemahlenem Pfeffer würzen und sofort genießen.

PIZZA TOMATE-MOZZARELLA

Für 1 Pizza (Ø 32 cm)

Pizzateig
siehe S. 128
Weizenmehl zum Bearbeiten

Belag
100 g passierte Tomaten
1 TL Pizzagewürz
Salz, Pfeffer
1 Prise Zucker
100 g Cocktailtomaten
100 g Mini Mozzarella Kugeln
3 TL Basilikumpesto (siehe S. 103)

Den Backofen auf 220 °C Ober- und Unterhitze vorheizen.

Den Pizzateig wie auf S. 128 beschrieben zubereiten. Den Teig auf einer leicht bemehlten Arbeitsfläche rund, passend für das Pizzablech, ausrollen und auf das Blech legen.

Die passierten Tomaten mit dem Pizzagewürz, Salz, Pfeffer und Zucker kräftig würzen. Die Tomatensauce gleichmäßig auf der Pizza verteilen.

Cocktailtomaten waschen und halbieren. Mini-Mozzarella ebenfalls halbieren. Die Pizza gleichmäßig damit belegen.

Im Backofen ca. 12–15 Minuten knusprig backen. Herausnehmen, das Pesto auf der Pizza verteilen und sofort genießen.

PIZZA ANTIPASTI

Für 1 Pizza (Ø 32 cm)

Pizzateig
siehe S. 128
Weizenmehl zum Bearbeiten

Belag
100 g passierte Tomaten
1 TL Pizzagewürz
Salz, Pfeffer
1 Prise Zucker
100 g geriebener Mozzarella
50 g rote und gelbe Paprikaschoten
50 g Zucchini
20 g rote Zwiebel
40 g Cocktailtomaten

Den Backofen auf 220 °C Ober- und Unterhitze vorheizen.

Den Pizzateig wie auf S. 128 beschrieben zubereiten. Den Teig auf einer leicht bemehlten Arbeitsfläche rund, passend für das Pizzablech, ausrollen und auf das Blech legen. Die passierten Tomaten mit dem Pizzagewürz, Salz, Pfeffer und Zucker kräftig würzen. Die Tomatensauce gleichmäßig darauf verteilen und mit Käse bestreuen.

Paprika waschen, Kerne und weiße Innenhäute entfernen und in feine Streifen schneiden. Zucchini putzen, waschen und in dünne Scheiben schneiden. Zwiebel schälen und in feine Ringe schneiden. Die Cocktailtomaten waschen und halbieren. Die Pizza gleichmäßig mit den Zutaten belegen.

Im Backofen ca. 12–15 Minuten knusprig backen, herausnehmen und sofort genießen.

PIZZA SCHINKEN UND ANANAS

Für 1 Pizza (Ø 32 cm)

Pizzateig
siehe S. 128
Weizenmehl zum Bearbeiten

Belag
100 g passierte Tomaten
1 TL Pizzagewürz
Salz, Pfeffer
1 Prise Zucker
60 g Kochschinken
100 g geriebener Mozzarella
60 g Ananasfruchtfleisch

Den Backofen auf 220 °C Ober- und Unterhitze vorheizen.

Den Pizzateig wie auf S. 128 beschrieben zubereiten. Den Teig auf einer leicht bemehlten Arbeitsfläche rund, passend für das Pizzablech, ausrollen und auf das Blech legen.

Die passierten Tomaten mit dem Pizzagewürz, Salz, Pfeffer und Zucker kräftig würzen. Die Tomatensauce gleichmäßig darauf verteilen. Kochschinken klein schneiden. Ananas ebenfalls klein schneiden. Die Pizza mit Mozzarella, Kochschinken und Ananas belegen.

Im Backofen ca. 12–15 Minuten knusprig backen, herausnehmen und sofort genießen.

PIZZA GORGONZOLA UND KIRSCHTOMATE

Für 2 Pizzen (Ø 32 cm)

Pizzateig
siehe S. 128
Weizenmehl zum Bearbeiten

Belag
200 g passierte Tomaten
2 TL Pizzagewürz
Salz, Pfeffer
125 g Gorgonzola
200 g Cocktailtomaten
2 Stängel Basilikum

Den Backofen auf 220 °C Ober- und Unterhitze vorheizen.

Den Pizzateig wie auf S. 128 beschrieben zubereiten. Den Teig auf einer leicht bemehlten Arbeitsfläche rund, passend für die Pizzableche, ausrollen und auf die Bleche legen.

Passierte Tomaten mit Pizzagewürz, Salz und Pfeffer würzen. Dann auf den Pizzen verstreichen. Gorgonzola und halbierte, gewaschene Cocktailtomaten darauf verteilen.

Die Pizzen nacheinander im Backofen ca. 12–15 Minuten knusprig backen. Herausnehmen, mit Basilikum garnieren und sofort genießen.

PIZZA CHAMPIGNON

Für 2 Pizzen (Ø 32 cm)

Pizzateig
siehe S. 128
Weizenmehl zum Bearbeiten

Belag
120 g braune Champignons
200 g passierte Tomaten
2 TL Pizzagewürz
Salz, Peffer
150 g geriebener Mozzarella

Den Backofen auf 220 °C Ober- und Unterhitze vorheizen.

Den Pizzateig wie auf S. 128 beschrieben zubereiten. Den Teig auf einer leicht bemehlten Arbeitsfläche rund, passend für die Pizzableche, ausrollen und auf die Bleche legen.
Die Champignons säubern und in Scheiben schneiden.

Passierte Tomaten mit Pizzagewürz, Salz und Pfeffer würzen. Die Tomatensauce gleichmäßig darauf verteilen, mit dem Mozzarella bestreuen, mit den Champignons belegen und nacheinander im Backofen ca. 12–15 Minuten knusprig backen. Herausnehmen und sofort genießen.

WEISSE PIZZA MIT RICOTTA UND KARAMELLISIERTEN ZWIEBELN

Für 2 Pizzen (Ø 32 cm)

Pizzateig
siehe S. 128
Weizenmehl zum Bearbeiten

Belag
150 g Ricotta
60 g Crème fraîche
Salz, Pfeffer
6 Zwiebeln
2 EL Pflanzenöl
1 EL Zucker
30 g Rucola
1 TL rosa Pfefferbeeren
Balsamicoessig

Den Backofen auf 220 °C Ober- und Unterhitze vorheizen.

Den Pizzateig wie auf S. 128 beschrieben zubereiten. Den Teig auf einer leicht bemehlten Arbeitsfläche rund, passend für die Pizzableche, ausrollen und auf die Bleche legen.

Für den Belag den Ricotta mit der Crème fraîche cremig verrühren, mit Salz sowie Pfeffer würzen und auf die Pizzen streichen. Die Pizzen nacheinander im Backofen ca. 12–15 Minuten knusprig backen.

Die Zwiebeln schälen, halbieren und in Streifen schneiden. Das Öl in einer Pfanne erhitzen und die Zwiebeln darin glasig dünsten. Mit dem Zucker bestreuen und karamellisieren. Den Rucola putzen, waschen und trocken schleudern. Zuerst die Zwiebeln, dann den Rucola auf den Pizzen verteilen. Mit gemörserten rosa Pfefferbeeren bestreuen, mit Balsamicoessig beträufeln und sofort genießen.

PIZZA THUNFISCH

Für 1 Pizza (Ø 32 cm)

Pizzateig
siehe S. 128
Weizenmehl zum Bearbeiten

Belag
100 g passierte Tomaten
1 gehäufter TL Pizzagewürz
Salz, Pfeffer
1 Prise Zucker
100 g geriebener Mozzarella
80 g Thunfisch

Den Backofen auf 220 °C Ober- und Unterhitze vorheizen.

Den Pizzateig wie auf S. 128 beschrieben zubereiten. Den Teig auf einer leicht bemehlten Arbeitsfläche rund, passend für das Pizzablech, ausrollen und auf das Blech legen.

Die passierten Tomaten mit dem Pizzagewürz, Salz, Pfeffer und Zucker kräftig würzen. Die Tomatensauce gleichmäßig auf der ausgerollten Pizza verteilen und mit dem Mozzarella bestreuen. Den Thunfisch mit einer Gabel zerpflücken und auf der Pizza verteilen.

Im Backofen ca. 12–15 Minuten knusprig backen. Herausnehmen und sofort servieren.

PIZZA SALAMI

Für 1 Pizza (Ø 32 cm)

Pizzateig
siehe S. 128
Weizenmehl zum Bearbeiten

Belag
100 g passierte Tomaten
1 TL Pizzagewürz
Salz, Pfeffer
1 Prise Zucker
60 g Salami
100 g geriebener Mozzarella

Den Backofen auf 220 °C Ober- und Unterhitze vorheizen.

Den Pizzateig wie auf S. 128 beschrieben zubereiten.
Den Teig auf einer leicht bemehlten Arbeitsfläche rund,
passend für das Pizzablech, ausrollen und auf das Blech
legen.

Die passierten Tomaten mit dem Pizzagewürz, Salz, Pfeffer
und Zucker kräftig würzen. Pizzasauce gleichmäßig darauf
verteilen, mit der Salami belegen und mit dem Mozzarella
bestreuen. Im vorgeheizten Backofen ca. 12–15 Minuten
knusprig backen. Herausnehmen und sofort genießen.

PIZZA WILDSCHWEINSALAMI

Für 2 Pizzen (Ø 32 cm)

Pizzateig
siehe S. 128
Weizenmehl zum Bearbeiten

Belag
200 g passierte Tomaten
2 TL Pizzagewürz
Salz, Pfeffer
1 Prise Zucker
180 g geriebener Mozzarella
50 g frisch geriebener Parmesan
120 g Wildschweinsalami
50 g gehackte Walnusskerne

Den Backofen auf 220 °C Ober- und Unterhitze vorheizen.

Den Pizzateig wie auf S. 128 beschrieben zubereiten. Den Teig auf einer leicht bemehlten Arbeitsfläche rund, passend für die Pizzableche, ausrollen und auf die Bleche legen.

Die passierten Tomaten mit dem Pizzagewürz, Salz, Pfeffer und Zucker kräftig würzen. Die Tomatensauce gleichmäßig auf beiden Teigen verteilen, mit dem Mozzarella sowie Parmesan bestreuen und mit der Wildschweinsalami belegen.

Die Pizzen mit Walnusskernen bestreuen und nacheinander im Backofen ca. 12–15 Minuten knusprig backen. Herausnehmen und sofort genießen.

PIZZA MIT GRÜNEM SPARGEL UND FLUSSKREBSEN

Für 2 Pizzen (Ø 32 cm)

Pizzateig
siehe S. 128
Weizenmehl zum Bearbeiten

Belag
200 g passierte Tomaten
2 TL Pizzagewürz
Salz, Pfeffer
1 Prise Zucker
200 g geriebener Mozzarella
500 g grüner Spargel
300 g Kirschtomaten
200 g Flusskrebsfleisch
60 g frisch gehobelter Parmesan
½ Bund Basilikum

Den Backofen auf 220 °C Ober- und Unterhitze vorheizen.

Den Pizzateig wie auf S. 128 beschrieben zubereiten. Den Teig auf einer leicht bemehlten Arbeitsfläche rund, passend für die Pizzableche, ausrollen und auf die Bleche legen.

Die passierten Tomaten mit dem Pizzagewürz, Salz, Pfeffer und Zucker kräftig würzen. Tomatensauce und Mozzarella auf den Pizzen verteilen. Die holzigen Enden des grünen Spargels abschneiden, dann in 2 cm große Stücke schneiden. Kirschtomaten waschen und halbieren, mit dem Flusskrebsfleisch gleichmäßig auf den Pizzen verteilen.

Die Pizzen nacheinander auf dem Rost im Backofen ca. 12–15 Minuten knusprig backen. Herausnehmen und vor dem Servieren mit frisch geriebenem Pfeffer würzen, mit gehobeltem Parmesan und Basilikumblättern bestreuen und sofort genießen.

PIZZA SHRIMPS

Für 1 Pizza (Ø 32 cm)

Pizzateig
siehe S. 128
Weizenmehl zum Bearbeiten

Belag
130 g Shrimps
Abrieb von 1 unbehandelten Limette
6 Cherrytomaten
100 g passierte Tomaten
1 TL Pizzagewürz
Salz, Pfeffer
1 Prise Zucker
100 g geriebener Mozzarella

Den Backofen auf 220 °C Ober- und Unterhitze vorheizen.

Den Pizzateig wie auf S. 128 beschrieben zubereiten. Den Teig auf einer leicht bemehlten Arbeitsfläche rund, passend für das Pizzablech, ausrollen und auf das Blech legen.

Die Shrimps mit dem Limettenabrieb marinieren. Die Cherrytomaten waschen und halbieren. Die passierten Tomaten mit dem Pizzagewürz, Salz, Pfeffer und Zucker kräftig würzen. Die Tomatensauce gleichmäßig auf der Pizza verteilen und mit dem Mozzarella bestreuen. Mit den Shrimps und den Cherrytomaten belegen.

Im Backofen ca. 12–15 Minuten knusprig backen. Herausnehmen und sofort genießen.

PIZZA MIESMUSCHEL

Für 1 Pizza (Ø 32 cm)

Pizzateig
siehe S. 128
Weizenmehl zum Bearbeiten

Belag
50 g Zucchini
50 g Aubergine
1 Tomate
1 Frühlingszwiebel
1 EL Olivenöl
Salz, Pfeffer
2 Prisen Zucker
100 g passierte Tomaten
1 TL Pizzagewürz
60 g Miesmuschelfleisch
150 g geriebener Mozzarella
Knoblauchöl, nach Belieben

Den Backofen auf 220 °C Ober- und Unterhitze vorheizen.

Den Pizzateig wie auf S. 128 beschrieben zubereiten. Den Teig auf einer leicht bemehlten Arbeitsfläche rund, passend für das Pizzablech, ausrollen und auf das Blech legen.

Zucchini und Aubergine putzen, waschen und in feine Würfel schneiden. Tomate waschen, Strunk entfernen und in feine Würfel schneiden. Frühlingszwiebel putzen, waschen, trocken schütteln, in Ringe schneiden und beiseitestellen. Die Zucchini- und Auberginenwürfel in einer Pfanne im heißen Olivenöl kurz bissfest braten. Mit Salz, Pfeffer und 1 Prise Zucker würzen.

Die passierten Tomaten mit dem Pizzagewürz, Salz, Pfeffer und 1 Prise Zucker kräftig würzen. Die Tomatensauce gleichmäßig auf der Pizza verteilen und mit Gemüse- und Tomatenwürfeln sowie dem Miesmuschelfleisch belegen. Zum Schluss mit dem Käse bestreuen und ca. 12–15 Minuten knusprig backen. Herausnehmen, mit Frühlingszwiebeln bestreuen, nach Belieben mit Knoblauchöl beträufeln und sofort genießen.

PIZZA PARMA

Für 1 Pizza (Ø 32 cm)

Pizzateig
siehe S. 128
Weizenmehl zum Bearbeiten

Belag
100 g passierte Tomaten
1 gehäufter TL Pizzagewürz
Salz, Pfeffer
1 Prise Zucker
100 g geriebener Mozzarella
40 g Parmaschinken
20 g Rucola
30 g frisch geriebener Parmesan

Den Backofen auf 220 °C Ober- und Unterhitze vorheizen.

Den Pizzateig wie im Grundrezept beschrieben zubereiten. Den Teig auf einer leicht bemehlten Arbeitsfläche rund, passend für das Pizzablech, ausrollen und auf das Blech legen. Die passierten Tomaten mit dem Pizzagewürz, Salz, Pfeffer und Zucker kräftig würzen. Die Tomatensauce gleichmäßig auf der Pizza verteilen und mit dem Mozzarella bestreuen.

Im Backofen ca. 12–15 Minuten knusprig backen. Mit Parmaschinken, gewaschenem Rucola und Parmesan bestreut servieren.

PIZZA BACON UND PEPERONI

Für 2 Pizzen (Ø 32 cm)

Pizzateig
siehe S. 128
Weizenmehl zum Bearbeiten

Belag
200 g passierte Tomaten
2 TL Pizzagewürz
Salz, Pfeffer
1 Prise Zucker
100 g Speck in Scheiben
1 rote Peperonischote
1 grüne Peperonischote

Den Backofen auf 220 °C Ober- und Unterhitze vorheizen.

Den Pizzateig wie auf S. 128 beschrieben zubereiten. Den Teig auf einer leicht bemehlten Arbeitsfläche rund, passend für die Pizzableche, ausrollen und auf die Bleche legen.

Die passierten Tomaten mit Pizzagewürz, Salz, Pfeffer und Zucker würzen. Dann auf den Pizzen verstreichen. Speckscheiben halbieren und die Pizzen damit belegen. Peperoni putzen, waschen, in Ringe schneiden und ebenfalls verteilen.

Die Pizzen nacheinander im Backofen ca. 12–15 Minuten knusprig backen. Herausnehmen und sofort genießen.

PIZZA PULLED PORK

Für 2 Pizzen (Ø 32 cm)

Pizzateig
siehe S. 128
Weizenmehl zum Bearbeiten

Belag
200 g passierte Tomaten
2 TL Pizzagewürz
Salz, Pfeffer
1 Prise Zucker
200 g geriebener Mozzarella
150–200 g Pulled Pork (fertig gezupft)
100 ml BBQ Sauce

Den Backofen auf 220 °C Ober- und Unterhitze vorheizen.

Den Pizzateig wie auf S. 128 beschrieben zubereiten. Den Teig auf einer leicht bemehlten Arbeitsfläche rund, passend für die Pizzableche, ausrollen und auf die Bleche legen.

Die passierten Tomaten mit dem Pizzagewürz, Salz, Pfeffer und Zucker kräftig würzen. Die Tomatensauce gleichmäßig auf beiden Teigen verteilen, mit dem Mozzarella bestreuen und mit dem Pulled Pork belegen.

Die Pizzen nacheinander auf dem Rost im Backofen ca. 12–15 Minuten knusprig backen. Herausnehmen, mit der BBQ Sauce beträufeln und sofort genießen.

PIZZA MIT GERÄUCHERTER ENTENBRUST, RUCOLA UND FEIGEN

Für 2 Pizzen (Ø 32 cm)

Pizzateig
siehe S. 128
Weizenmehl zum Bearbeiten

Belag
200 g passierte Tomaten
½ TL Fünf-Gewürze-Pulver
Salz, Pfeffer
100 g geräucherte Entenbrust
2 große oder 4 kleine Feigen
50 g Walnusskerne
½ Bund Rucola
2 EL flüssiger Honig

Den Backofen auf 220 °C Ober- und Unterhitze vorheizen.

Den Pizzateig wie auf S. 128 beschrieben zubereiten. Den Teig auf einer leicht bemehlten Arbeitsfläche rund, passend für die Pizzableche, ausrollen und auf die Bleche legen.

Die passierten Tomaten mit dem Fünf-Gewürze-Pulver, Salz und Pfeffer würzen. Dann auf den Pizzen verstreichen. Die Entenbrust in dünne Scheiben schneiden. Die Feigen waschen, trocken reiben und in Scheiben schneiden. Walnüsse grob hacken. Rucola putzen, waschen und trocken schleudern. Alle vorbereiteten Zutaten, bis auf den Rucola, auf den Pizzen verteilen.

Die Pizzen nacheinander im Backofen ca. 12–15 Minuten knusprig backen. Herausnehmen, mit dem Honig beträufeln und mit Rucola garniert sofort genießen.

PIZZA MEXIKO

1 Pizza (Ø 32 cm)

Pizzateig
siehe S. 128
Weizenmehl zum Bearbeiten

Belag
35 g rote Zwiebel
100 g passierte Tomaten
1 TL Pizzagewürz
Salz, Pfeffer
1 Prise Zucker
150 g geriebener Mozzarella
140 g angebratene Hähnchenwürfel
50 g Mais
50 g Kidneybohnen

Den Backofen auf 220 °C Ober- und Unterhitze vorheizen.

Den Pizzateig wie auf S. 128 beschrieben zubereiten. Den Teig auf einer leicht bemehlten Arbeitsfläche rund, passend für das Pizzablech, ausrollen und auf das Blech legen. Zwiebel schälen und in feine Streifen schneiden. Die passierten Tomaten mit dem Pizzagewürz, Salz, Pfeffer und Zucker kräftig würzen. Tomatensauce gleichmäßig auf der Pizza verteilen, mit dem Mozzarella bestreuen, mit Zwiebel, Hähnchen, Mais und Kidneybohnen belegen und ca. 12–15 Minuten knusprig backen. Herausnehmen und sofort genießen.

GRUNDREZEPT FLAMMKUCHENTEIG

Für 4 Flammkuchen

500 g Weizenmehl
1 TL Salz
1 TL Zucker
350 ml Mineralwasser
Weizenmehl zum Bearbeiten

Alle Teigzutaten mit einem Handrührgerät mit Knethaken zu einem glatten Teig verkneten. In vier Portionen teilen, auf einer leicht bemehlten Arbeitsfläche jeweils zu dünnen Fladen ausrollen und auf einen Backpapierbogen legen.

FLAMMKUCHEN ELSÄSSER ART

Für 4 Flammkuchen

Flammkuchenteig
siehe Grundrezept

Flammkuchencreme
200 g Crème fraîche
100 g Schmand
½ TL Salz
1 Prise Pfeffer
1 TL Zitronensaft
2 Tropfen Worcestersauce

Belag
2 rote Zwiebeln
100 g Speckwürfel

Den Backofen auf 250 °C Ober- und Unterhitze vorheizen.

Den Flammkuchenteig wie im Grundrezept beschrieben zubereiten. Für die Creme alle Zutaten miteinander verrühren und dünn auf dem Teig verteilen. Zwiebeln schälen, halbieren und in dünne Streifen schneiden. Zwiebelstreifen und Speckwürfel gleichmäßig darauf verteilen.

Die Flammkuchen nacheinander im vorgeheizten Backofen ca. 8–10 Minuten knusprig backen. Herausnehmen und sofort genießen.

FLAMMKUCHEN HIMMEL UND ÄD

Für 4 Flammkuchen

Flammkuchenteig
siehe S. 146

Flammkuchencreme
200 g Crème fraîche
100 g Schmand
½ TL Salz
1 Prise Pfeffer
1 TL Zitronensaft
2 Tropfen Worcestersauce
1 EL körniger Senf

Belag
300 g Pellkartoffeln
250 g Blutwurst
2 mittelgroße Äpfel
1 Zwiebel
4 TL Schnittlauchröllchen

Den Backofen auf 250 °C Ober- und Unterhitze vorheizen.

Den Flammkuchenteig wie auf S. 146 beschrieben zubereiten. Für die Creme alle Zutaten miteinander verrühren und dünn auf dem Teig verteilen.

Pellkartoffeln schälen und in kleine Würfel schneiden. Blutwurst ebenfalls würfeln. Apfel schälen, Kerngehäuse entfernen und in kleine Würfel schneiden. Zwiebel schälen, halbieren und in dünne Streifen schneiden.

Die Flammkuchen mit den vorbereiteten Zutaten belegen und nacheinander im vorgeheizten Backofen ca. 8–10 Minuten knusprig backen. Herausnehmen, mit den Schnittlauchröllchen bestreuen und sofort genießen.

FLAMMKUCHEN CHORIZO

Für 4 Flammkuchen

Flammkuchenteig
siehe S. 146

Belag
200 g Chorizo
1 kleine rote Paprikaschote
400 g passierte Tomaten
2 TL Pizzagewürz
Salz, Pfeffer
200 g geriebener Käse

Den Backofen auf 250 °C Ober- und Unterhitze vorheizen.

Den Flammkuchenteig wie auf S. 146 beschrieben zubereiten.

Chorizo gegebenenfalls enthäuten und in Scheiben schneiden. Paprika waschen, Kerne und weiße Innenhäute entfernen und in feine Streifen schneiden.

Für die Sauce die passierten Tomaten mit dem Pizzagewürz, Salz und Pfeffer verrühren, dünn auf den Teigfladen verstreichen und mit Käse bestreuen. Gleichmäßig mit Paprika und Chorizo belegen.

Die Flammkuchen nacheinander im vorgeheizten Backofen ca. 8–10 Minuten knusprig backen. Herausnehmen und sofort genießen.

FLAMMKUCHEN GRÜNKOHL MIT METTWURST

Für 4 Flammkuchen

Flammkuchenteig
siehe S. 146

Flammkuchenceme
200 g Crème fraîche
100 g Schmand
½ TL Salz
1 Prise Pfeffer
1 TL Zitronensaft
2 Tropfen Worcestersauce

Belag
150 g aufgetauter TK-Grünkohl
3 Mettwürste
2 rote Zwiebeln

Den Backofen auf 250 °C Ober- und Unterhitze vorheizen.

Den Flammkuchenteig wie auf S. 146 beschrieben zubereiten. Für die Creme alle Zutaten miteinander verrühren und dünn auf dem Teig verteilen.

Den Grünkohl etwas ausdrücken. Die Mettwürste in Scheiben schneiden. Die Zwiebeln schälen und in feine Scheiben schneiden oder hobeln.

Grünkohl, Zwiebelringe und Mettwurstscheiben gleichmäßig auf dem Teig verteilen. Die Flammkuchen nacheinander im vorgeheizten Backofen ca. 8–10 Minuten knusprig backen. Herausnehmen und sofort genießen.

FLAMMKUCHEN RÄUCHERLACHS UND GRÜNER SPARGEL

Für 4 Flammkuchen

Flammkuchenteig
siehe S. 146

Flammkuchencreme
200 g Crème fraîche
100 g Schmand
2 TL Sahnemeerrettich
½ TL Salz
1 Prise Pfeffer
1 Prise Zucker
1 TL Zitronensaft

Belag
3 Frühlingszwiebeln
12 Stangen grüner Spargel
200 g Räucherlachs oder Graved Lachs

Den Backofen auf 250 °C Ober- und Unterhitze vorheizen.

Den Flammkuchenteig wie auf S. 146 beschrieben zubereiten. Für die Creme alle Zutaten miteinander verrühren und dünn auf dem Teig verteilen.

Frühlingszwiebeln putzen, waschen, trocken schütteln und in Ringe schneiden. Den grünen Spargel gegebenenfalls im unteren Drittel schälen, Enden abschneiden und die Stangen in 5 gleich große Stücke schneiden. Die Spargelstücke in reichlich kochendem Salzwasser ca. 5 Minuten bissfest garen und anschließend in Eiswasser abschrecken.

Den Flammkuchen mit den Spargelstücken und den Frühlingszwiebeln bestreuen. Die Flammkuchen nacheinander im vorgeheizten Backofen ca. 8–10 Minuten knusprig backen. Herausnehmen, mit Lachs belegen und sofort genießen.

FLAMMKUCHEN RÄUCHERLACHS

Für 4 Flammkuchen

Flammkuchenteig
siehe S. 146

Flammkuchencreme
200 g Crème fraîche
100 g Schmand
2 TL Tafelmeerrettich
½ TL Salz
1 Prise Pfeffer
1 Prise Zucker
1 TL Zitronensaft

Belag
3 Frühlingszwiebeln
150 g geriebener Käse
200 g Räucherlachs

Den Backofen auf 250 °C Ober- und Unterhitze vorheizen.

Den Flammkuchenteig wie auf S. 146 beschrieben zubereiten. Für die Creme alle Zutaten miteinander verrühren und dünn auf dem Teig verteilen.

Frühlingszwiebeln putzen, waschen, trocken schütteln und in Ringe schneiden. Den Flammkuchen mit dem Käse und den Frühlingszwiebeln bestreuen.

Die Flammkuchen nacheinander im vorgeheizten Backofen bei ca. 8–10 Minuten knusprig backen. Herausnehmen, mit Lachs belegen und sofort genießen.

FLAMMKUCHEN THUNFISCH

Für 4 Flammkuchen

Flammkuchenteig
siehe S. 146

Flammkuchencreme
200 g Crème fraîche
100 g Schmand
½ TL Salz
1 Prise Zucker
1 Prise Pfeffer
1 TL Zitronensaft

Belag
300 g Kirschtomaten
80 g entsteinte schwarze Oliven
1 Dose (185 g) Thunfisch
150 g Feta

Den Backofen auf 250 °C Ober- und Unterhitze vorheizen.

Den Flammkuchenteig wie auf S. 146 beschrieben zubereiten. Für die Creme alle Zutaten miteinander verrühren und dünn auf dem Teig verteilen.

Kirschtomaten waschen und halbieren, Oliven abtropfen lassen und halbieren. Thunfisch abtropfen lassen und zerpflücken. Alle Zutaten dekorativ auf den Flammkuchen verteilen und den Feta darüber bröseln.

Die Flammkuchen nacheinander im vorgeheizten Backofen ca. 8–10 Minuten knusprig backen. Herausnehmen und sofort genießen.

FLAMMKUCHEN MIT ZIEGENKÄSE UND FEIGE

Für 4 Flammkuchen

Flammkuchenteig
siehe S. 146

Flammkuchencreme
200 g Crème fraîche
100 g Schmand
½ TL Salz
1 Prise Pfeffer
1 Prise Zucker
1 TL Zitronensaft

Belag
150 g Ziegenfrischkäse oder Ziegenkäserolle
3 frische oder 5 getrocknete Feigen
Kräuter der Provence
flüssiger Honig zum Beträufeln

Den Backofen auf 250 °C Ober- und Unterhitze vorheizen.

Den Flammkuchenteig wie auf S. 146 beschrieben zubereiten. Für die Creme alle Zutaten miteinander verrühren und dünn auf dem Teig verteilen.

Ziegenfrischkäse in kleinen Portionen oder die Rolle in dünne Scheiben schneiden und darauf verteilen. Die frischen Feigen waschen und in Scheiben schneiden oder die getrockneten Feigen klein schneiden und den Flammkuchen damit belegen.

Die Flammkuchen nacheinander im vorgeheizten Backofen ca. 8–10 Minuten knusprig backen. Herausnehmen, mit Kräutern der Provence bestreuen, mit Honig beträufeln und sofort genießen.

FLAMMKUCHEN MIT ZIEGEN-KÄSE UND SPINAT

Für 4 Flammkuchen

Flammkuchenteig
siehe S. 146

Flammkuchencreme
200 g Crème fraîche
100 g Schmand
½ TL Salz
1 Prise Pfeffer
1 Prise Zucker
1 TL Zitronensaft

Belag
250 g frischer Blattspinat
Salz
200 g Ziegenfrischkäse
Pfeffer
Muskatnuss
30 g geröstete Pinienkerne

Den Backofen auf 250 °C Ober- und Unterhitze vorheizen.

Den Flammkuchenteig wie auf S. 146 beschrieben zubereiten. Für die Creme alle Zutaten miteinander verrühren und dünn auf dem Teig verteilen.

Blattspinat waschen, trocken schleudern und in kochendem Salzwasser ca. 10 Sekunden blanchieren. Kalt abschrecken, gut abtropfen lassen und auf den Flammkuchen verteilen. Ziegenkäse in Stücke bröseln und über den Spinat streuen. Mit Salz, Pfeffer und frisch geriebener Muskatnuss würzen.

Die Flammkuchen nacheinander im vorgeheizten Backofen ca. 8–10 Minuten knusprig backen. Herausnehmen, mit Pinienkernen bestreuen und sofort genießen.

FLAMMKUCHEN MIT KÜRBIS UND ZIEGENKÄSE

Für 4 Flammkuchen

Flammkuchenteig
siehe S. 146

Flammkuchencreme
200 g Crème fraîche
100 g Schmand
1 Prise Salz
1 Prise Pfeffer
1 Prise Kreuzkümmel
1 EL Zitronensaft
2 TL gehackte Thymianblättchen

Belag
300 g Butternutkürbis
200 g Ziegenweichkäserolle
50 g Kürbiskerne
4 EL Kürbiskernöl

Den Backofen auf 250 °C Ober- und Unterhitze vorheizen.

Den Flammkuchenteig wie auf S. 146 beschrieben zubereiten. Für die Creme alle Zutaten miteinander verrühren und dünn auf dem Teig verteilen.

Den Kürbis waschen, halbieren, Kerne entfernen und das Fruchtfleisch auf einer Reibe grob raspeln. Die Zutaten für den Belag, bis auf das Kürbiskernöl, gleichmäßig auf den Flammkuchen verteilen.

Die Flammkuchen nacheinander im vorgeheizten Backofen ca. 8–10 Minuten knusprig backen. Herausnehmen, mit dem Kürbiskernöl beträufeln und sofort genießen.

FLAMMKUCHEN MIT GEGRILLTEM GEMÜSE

Für 4 Flammkuchen

Flammkuchenteig
siehe S. 146

Flammkuchencreme
200 g Crème fraîche
100 g Schmand
½ TL Salz
1 Prise Pfeffer
1 Prise Zucker
1 TL Zitronensaft

Belag
1 Zucchini
1 Aubergine
1 rote und gelbe Paprikaschote
4 EL Olivenöl
4 Stängel Oregano
80 g frisch geriebener Parmesan
Pfeffer

Den Backofen auf 250 °C Ober- und Unterhitze vorheizen.

Den Flammkuchenteig wie auf S. 146 beschrieben zubereiten. Für die Creme alle Zutaten miteinander verrühren und dünn auf dem Teig verteilen.

Die Zucchini und die Aubergine putzen, waschen und in dünne Scheiben hobeln. Paprika waschen, Kerne und weiße Innenhäute entfernen und in grobe Stücke schneiden. Eine Grillpfanne mit Öl ausstreichen, das Gemüse darin nach und nach anbraten. Oregano waschen, trocken schütteln und Blätter abzupfen.

Den Flammkuchen mit dem Gemüse belegen, mit Olivenöl beträufeln und mit Oregano und Parmesan bestreuen.

Die Flammkuchen nacheinander im vorgeheizten Backofen ca. 8–10 Minuten knusprig backen. Herausnehmen, mit Pfeffer aus der Mühle würzen und sofort genießen.

FLAMMKUCHEN MEDITERRAN

Für 4 Flammkuchen

Flammkuchenteig
siehe S. 146

Flammkuchencreme
200 g Crème fraîche
100 g Schmand
½ TL Salz
1 Prise Pfeffer
1 Prise Zucker
1 TL Zitronensaft

Belag
24 entsteinte schwarze Oliven
1 Zucchini
4 Zweige Thymian
4 EL Olivenöl

Den Backofen auf 250 °C Ober- und Unterhitze vorheizen.

Den Flammkuchenteig wie auf S. 146 beschrieben zubereiten. Für die Creme alle Zutaten miteinander verrühren und dünn auf dem Teig verteilen.

Die Oliven halbieren, die Zucchini putzen, waschen und in dünne Scheiben hobeln. Thymian waschen, trocken schütteln, Blätter abzupfen und grob hacken.

Den Flammkuchen mit den Zucchinischeiben belegen, 12 Olivenhälften darauf verteilen, mit Olivenöl beträufeln und mit Thymian bestreuen.

Die Flammkuchen nacheinander im vorgeheizten Backofen ca. 8–10 Minuten knusprig backen. Herausnehmen, mit Pfeffer würzen und sofort genießen.

FLAMMKUCHEN MIT KRÄUTERSEITLINGEN

Für 4 Flammkuchen

Flammkuchenteig
siehe S. 146

Flammkuchencreme
200 g Crème fraîche
100 g Schmand
½ TL Salz
1 Prise Pfeffer
1 Prise Zucker
1 TL Zitronensaft
1 TL Majoran

Belag
300 g Kräuterseitlinge
2 Schalotten
4 EL Olivenöl
edelsüßes Paprikapulver
50 g frisch gehobelter Parmesan

Den Backofen auf 250 °C Ober- und Unterhitze vorheizen.

Den Flammkuchenteig wie auf S. 146 beschrieben zubereiten. Für die Creme alle Zutaten miteinander verrühren und dünn auf dem Teig verteilen.

Die Kräuterseitlinge in Scheiben schneiden. Die Schalotten schälen und in dünne Scheiben schneiden. Beides auf den Flammkuchen verteilen, mit Olivenöl beträufeln und mit Paprikapulver würzen.

Die Flammkuchen nacheinander im vorgeheizten Backofen ca. 8–10 Minuten knusprig backen. Herausnehmen, mit Parmesan bestreuen und sofort genießen.

FLAMMKUCHEN PFIFFERLINGE

Für 4 Flammkuchen

Flammkuchenteig
siehe S. 146

Flammkuchencreme
200 g Crème fraîche
100 g Schmand
½ TL Salz

1 Prise Pfeffer
1 TL Zitronensaft
2 Tropfen Worcestersauce

Belag
300 g Pfifferlinge
1 große rote Zwiebel
100 g geräucherte Baconwürfel

Den Backofen auf 250 °C Ober- und Unterhitze vorheizen.

Den Flammkuchenteig wie auf S. 146 beschrieben zubereiten. Für die Creme alle Zutaten miteinander verrühren und dünn auf dem Teig verteilen.

Die Pfifferlinge säubern und große halbieren. Zwiebel schälen, halbieren und in dünne Streifen schneiden.

Pfifferlinge, Zwiebel und Baconwürfel gleichmäßig darauf verteilen. Die Flammkuchen nacheinander im vorgeheizten Backofen ca. 8–10 Minuten knusprig backen. Herausnehmen und sofort genießen.

FLAMMKUCHEN MIT ZUCCHINI UND ROTEN ZWIEBELN

Für 4 Flammkuchen

Flammkuchenteig
siehe S. 146

Flammkuchencreme
200 g Crème fraîche
100 g Schmand
½ TL Salz
1 Prise Pfeffer
1 Prise Zucker
1 TL Zitronensaft

Belag
2 mittelgroße Zucchini
2 rote Zwiebeln
6 Zweige Thymian
Pfeffer

Den Backofen auf 250 °C Ober- und Unterhitze vorheizen.

Den Flammkuchenteig wie auf S. 146 beschrieben zubereiten. Für die Creme alle Zutaten miteinander verrühren und dünn auf dem Teig verteilen.

Zucchini waschen, halbieren und in ½ cm dicke Scheiben schneiden. Rote Zwiebeln schälen, halbieren und in dünne Ringe schneiden. Thymian waschen, trocken schütteln und die Blätter abzupfen.

Den Flammkuchen mit den Zucchinischeiben und Zwiebelringen belegen und mit den Thymianblättern bestreuen.

Die Flammkuchen nacheinander im vorgeheizten Backofen ca. 8–10 Minuten knusprig backen. Herausnehmen, mit frisch gemahlenem Pfeffer bestreuen und sofort genießen.

FLAMMKUCHEN MIT RUCOLA UND COCKTAILTOMATEN

Für 4 Flammkuchen

Flammkuchenteig
siehe S. 146

Flammkuchencreme
200 g Crème fraîche
100 g Schmand
½ TL Salz

1 Prise Pfeffer
1 Prise Zucker
1 TL Zitronensaft

Belag
300 g Cocktailtomaten
40 g Rucola
120 g geriebener Mozzarella
2 EL Olivenöl

Den Backofen auf 250 °C Ober- und Unterhitze vorheizen.

Den Flammkuchenteig wie auf S. 146 beschrieben zubereiten. Für die Creme alle Zutaten miteinander verrühren und dünn auf dem Teig verteilen.

Cocktailtomaten waschen und halbieren, Rucola putzen, waschen und trocken schleudern. Tomaten auf den Flammkuchen verteilen und mit Mozzarella bestreuen.

Die Flammkuchen nacheinander im vorgeheizten Backofen ca. 8–10 Minuten knusprig backen. Herausnehmen, mit Rucola belegen, mit Olivenöl beträufeln und sofort genießen.

FLAMMKUCHEN MIT APFEL, WALNUSS UND GORGONZOLA

Für 4 Flammkuchen

Flammkuchenteig
siehe S. 146

Flammkuchencreme
200 g Crème fraîche
100 g Schmand
½ TL Salz
1 Prise Pfeffer
1 Prise Zucker
1 TL Zitronensaft

Belag
2 große Äpfel
100 g Walnusskerne
125 g Gorgonzola dolce
1 Kästchen Kresse

Den Backofen auf 250 °C Ober- und Unterhitze vorheizen.

Den Flammkuchenteig wie auf S. 146 beschrieben zubereiten. Für die Creme alle Zutaten miteinander verrühren und dünn auf dem Teig verteilen.

Die Äpfel waschen, schälen, vierteln, Kerngehäuse entfernen und in dünne Spalten schneiden. Walnusskerne grob hacken, Gorgonzola in Würfel schneiden. Die Zutaten gleichmäßig auf die 4 Flammkuchen verteilen.

Die Flammkuchen nacheinander im vorgeheizten Backofen ca. 8–10 Minuten knusprig backen. Herausnehmen, mit der Kresse bestreuen und sofort genießen.

VEGETARISCHER WRAP

Für 4 Wraps

200 g Frischkäse
50 g Tomatenpesto (siehe S. 103)
4 große Blätter Lollo Bionda
100 g Salatgurke
2 Tomaten
½ gelbe Paprikaschote
1 Karotte
4 Tortilla-Wraps
4 TL Basilikumpesto (siehe S. 103)

Den Frischkäse mit dem Tomatenpesto verrühren. Die Salatblätter waschen und trocken schleudern. Gurke putzen und waschen. Tomaten waschen und den Strunk entfernen. Paprika waschen, Kerne und weiße Innenhäute entfernen. Karotte putzen und schälen. Alles in gleichmäßige dünne Streifen schneiden.

Die Wraps nach Packungsangabe zubereiten und mit der Frischkäsecreme bestreichen. Salat und Gemüse mittig darauf verteilen, Basilikumpesto in Klecksen darüber geben. Die Seiten zur Mitte hin einklappen und zu einem Wrap aufrollen.

Zum Servieren diagonal halbieren.

THUNFISCH-WRAP

Für 4 Wraps

200 g Frischkäse
50 g Basilikumpesto (siehe S. 103)
4 große Blätter Lollo Bionda
100 g Salatgurke
½ gelbe Paprikaschote
1 Thunfischfilet
Salz, Pfeffer
1 EL Pflanzenöl
Saft von ½ Zitrone
4 Tortilla-Wraps

Den Frischkäse mit dem Basilikumpesto cremig verrühren. Den Salat waschen und trocken schleudern. Gurke putzen und waschen oder nach Belieben schälen. Paprika waschen, Kerne und weiße Innenhäute entfernen. Alles in gleichmäßige dünne Streifen schneiden.

Thunfischfilet waschen, trocken tupfen und in 4 gleich große Balken schneiden. Mit Salz und Pfeffer würzen. Das Öl in einer Pfanne erhitzen und die Thunfischstücke darin von beiden Seiten insgesamt ca. 1 Minute anbraten, sodass der Kern noch rosa ist. Zum Schluss mit etwas Zitronensaft beträufeln.

Die Wraps nach Packungsangabe erwärmen und mit der Frischkäsecreme bestreichen. Salat und Gemüse mittig darauf verteilen, Thunfisch darauf legen. Die Seiten zur Mitte hin einklappen und zu einem Wrap aufrollen.

Zum Servieren diagonal halbieren.

LACHS-WRAP

Für 4 Wraps

8 Blätter Lollo Rosso
½ kleine Salatgurke
2 Tomaten
200 g Kräuterquark
1 EL Sahnemeerrettich
4 Tortilla-Wraps
200 g Räucherlachs
2 Stängel Dill
2 EL mittelscharfer Senf
1 EL flüssiger Honig

Salatblätter putzen, waschen und trocken schleudern. Gurke putzen, waschen, längs halbieren und in Scheiben schneiden. Tomaten waschen, Strünke und Kerne entfernen und in Spalten schneiden. Den Kräuterquark mit dem Sahnemeerrettich verrühren.

Die Wraps nach Packungsangabe zubereiten und mit dem Quark bestreichen. Mittig mit Salat, Gurkenscheiben und Tomatenstreifen belegen. Räucherlachs darauf verteilen.

Dill waschen, trocken schütteln, Spitzen abzupfen und fein hacken. Mit Senf und Honig verrühren und auf die Lachsscheiben geben. Die Seiten des Wraps zur Mitte hin einklappen und zu einem Wrap aufrollen.

Zum Servieren diagonal halbieren.

WRAP MIT GEGRILLTEM GEMÜSE UND SCHWEINEFILET

Für 4 Wraps

300 g Schweinefilet
2 EL Sonnenblumenöl
Salz, Pfeffer
edelsüßes Paprikapulver
1–2 Romanasalatherzen, je nach Größe
ca. 250 g gegrilltes Gemüse/Antipasti
4 Tortilla-Wraps
4 EL Remouladensauce
60 g frisch gehobelter Parmesan

Das Schweinefilet waschen, trocken tupfen und in Streifen schneiden. Die Streifen in einer Pfanne in heißem Sonnenblumenöl rundherum braten. Dann mit Salz, Pfeffer und Paprikapulver würzen. Herausnehmen und warm halten.

Die Romanasalatherzen putzen, in Blätter trennen, waschen und trocken schleudern. Dann in Streifen schneiden. Das Gemüse gegebenenfalls abtropfen lassen und in Streifen schneiden. Die Wraps nach Packungsangabe zubereiten und mit der Remouladensauce bestreichen.

Mit Gemüse, Schweinefiletstreifen und Parmesan belegen. Zu einem Wrap aufrollen. Nach Belieben zum Stabilisieren noch in Butterbrotpapier wickeln und die Enden fest zudrehen.

Zum Servieren diagonal halbieren.

ROASTBEEF-WRAP

Für 4 Wraps

1–2 Romanasalatherzen, je nach Größe
4 eingelegte gegrillte Paprikastücke
4 Tortilla-Wraps
4 EL Remouladensauce
400 g fein geschnittenes Roastbeef

Die Romanasalatherzen putzen, in feine Streifen schneiden, waschen und trocken schleudern. Paprikastücke abtropfen lassen und in Streifen schneiden.

Die Wraps nach Packungsangabe zubereiten und mit der Remouladensauce bestreichen.

Mit dem Roastbeef, den Salatsreifen und den Paprikastreifen belegen. Zu einem Wrap aufrollen. Nach Belieben zum Stabilisieren noch in Butterbrotpapier wickeln und die Enden fest zudrehen. Zum Servieren diagonal halbieren.

ROASTBEEF-SANDWICH

Für 4 Stück

8 Scheiben Sandwichtoast, ohne Rinde
20 g weiche Butter
160 g Salatgurke in Scheiben
4 Blätter Lollo Bionda
8 Scheiben Tomate
400 g fein geschnittenes Roastbeef
120 g Remouladensauce

Eine Sandwichseite mit Butter bestreichen und die Gurkenscheiben gleichmäßig darauf verteilen. Salatblätter putzen, waschen und trocken schleudern.

Erst den Salat und anschließend die Tomatenscheiben auf die Gurken legen. Das Roastbeef darauf verteilen, die zweite Sandwichseite mit Remouladensauce bestreichen und mit dieser Seite das Sandwich zudecken. Das Sandwich diagonal halbieren und servieren.

MARKTHALLEN-CLUB-SANDWICH

Für 4 Stück

2 Stängel Petersilie
1 EL Senf
80 g Mayonnaise
2 Tomaten
2 hart gekochte Eier
4 kleine Hähnchenbrustfilets
Salz, Pfeffer
8 Scheiben Bacon
12 Scheiben Sandwichtoastbrot

Die Petersilie waschen, trocken schütteln und fein hacken. Zusammen mit dem Senf unter die Mayonnaise rühren. Tomaten waschen, Strunk entfernen und in Scheiben schneiden. Die Eier pellen und ebenfalls in Scheiben schneiden.

Die Hähnchenbrustfilets waschen, trocken tupfen, salzen und pfeffern. Den Bacon in einer Pfanne ohne Zugabe von Fett knusprig braten, auf Küchenpapier abtropfen lassen. Im verbliebenen Speckfett die Hähnchenbrustfilets von beiden Seiten knusprig braten.

Die Toastscheiben rösten und mit Mayonnaise bestreichen. Mit Hähnchenbrust, Tomaten, Ei und Bacon belegen.

Je 2 Scheiben aufeinanderlegen, die verbliebenen 4 Scheiben mit der Mayonnaise nach unten auflegen. In jedes Sandwich 2 Holzspießchen stecken. Brote diagonal halbieren.

VEGETARISCHER BURGER

Für 4 Burger

1 Zucchini
1 Aubergine
1 gelbe Paprikaschote
1 rote Paprikaschote
1 große Fleischtomate
2 EL Olivenöl
Salz, Pfeffer
1 Prise Zucker
4 TL Basilikumpesto (siehe S. 103)
20 g Rucola
4 Hamburger-Brötchen

Zucchini und Aubergine putzen, waschen und in Scheiben schneiden. Paprikaschoten putzen, waschen, Kerne und weiße Innenhäute entfernen und in große Stücke schneiden. Die Fleischtomate waschen, den Strunk entfernen und in Scheiben schneiden.

Das Gemüse in einer Grillpfanne im heißen Öl scharf anbraten und mit Salz, Pfeffer und Zucker würzen.

Hamburger-Brötchen aufschneiden und die Schnittflächen rösten. Die untere Hälfte mit dem Pesto bestreichen. Darauf die Tomatenscheiben, das Grillgemüse und den gewaschenen Rucola verteilen. Die obere Brötchenhälfte aufsetzen.

BURGER

LACHS-BURGER

Für 2 Burger

Sauce
100 g Salatmayonnaise
50 g Sweet Chili Sauce
Salz, Pfeffer
1 Schuss Sojasauce

Burger
2 Lachspattys
2 Hamburger-Brötchen
2 große Blätter Lollo Bionda
1 Tomate
50 g Salatgurke
1 kleine rote Zwiebel

Zunächst die Salatmayonnaise mit Sweet Chili Sauce, Salz, Pfeffer und Sojasauce verrühren.

Lachspattys in einer Grillpfanne von beiden Seiten nach Packungsangabe zubereiten. Burger-Brötchen halbieren und auf den Schnittflächen anrösten.

Die unteren Brötchenhälften mit dem gewaschenen Lollo Bionda belegen. Lachspattys auflegen, mit etwas Sauce beträufeln. Die Tomaten waschen, Strunk entfernen und in Scheiben schneiden. Die Gurke putzen, waschen und ebenfalls in Scheiben schneiden. Die Zwiebel schälen und in dünne Scheiben schneiden. Tomate-, Gurken- und Zwiebelscheiben auflegen. Noch etwas Sauce darauf geben und die oberen Brötchenhälften auflegen.

KREFELDER BBQ-BURGER

Für 4 Burger

4 Blätter Römersalat
2 Rispentomaten
50 g Salatgurke
1 rote Zwiebel
3 EL Tomatenketchup
1 EL mittelscharfer Senf
2 EL Pflanzenöl
4 Rinderpattys
4 Brioche- oder Hamburger-Brötchen
4 Scheiben Cheddarkäse

Den Römersalat waschen und trocken schleudern. Die
Tomaten waschen, Strunk entfernen und in Scheiben
schneiden. Die Gurke putzen, waschen und ebenfalls in
Scheiben schneiden. Die Zwiebel schälen und in dünne
Scheiben schneiden. Ketchup und Senf zu einer Sauce
verrühren.

Das Öl in einer Grillpfanne erhitzen und die Pattys darin
von beiden Seiten bis zum gewünschten Gargrad braten.
Die Burger-Brötchen halbieren und auf den Schnittflächen
rösten.

Den Römersalat auf den unteren Brötchenhälften verteilen.
Pattys mit Cheddarkäse belegen, darauf Tomaten-, Gurken-
und Zwiebelscheiben legen. Die Burgersauce darauf verteilen und zum Schluss die oberen Brötchenhälften auflegen.

BURGER

PULLED-PORK-BURGER MIT WEISSKRAUT

Für 4 Burger
(Standzeit 14–16 Stunden)

Pulled-Pork-Rub

75 g Salz
70 g brauner Zucker
40 g weißer Pfeffer
15 g Cayennepfeffer
40 g edelsüßes Paprikapulver
25 g Senfkörner
20 g gemahlener Rosmarin
10 g gemahlener Thymian
40 g Zwiebelgranulat
40 g Knoblauchgranulat

Pulled Pork

2,5 kg Schweinenacken
100 g mittelscharfer Senf

Weißkrautsalat

½ Kopf Weißkohl (ca. 700 g)
1 Zwiebel
150 g Speckwürfel
100 ml Weißweinessig
100 ml Sonnenblumenöl
1 TL Kümmelpulver
Salz, Pfeffer
1 EL Zucker
½ Bund Petersilie

Burger

120 g BBQ Sauce
4 Blätter Römersalat
4 Hamburger-Brötchen
Röstzwiebeln, nach Belieben
60 g Zwiebelconfit

Für den Rub alle Zutaten zu einer Gewürzmischung vermengen.

Für das Pulled Pork den Schweinenacken waschen, trocken tupfen, mit dem Senf einreiben und den Rub gleichmäßig darauf verteilen. Das Fleisch im vorgeheizten Backofen bei 90 °C Ober- und Unterhitze ca. 14–16 Stunden garen.

Das Fleisch mit zwei Gabeln fein zerpflücken. 400 g Fleisch für den Burger abwiegen und das restliche Fleisch kalt stellen oder auf Vorrat einfrieren.

Für den Weißkrautsalat die äußeren Blätter des Weißkohls entfernen, Strunk herausschneiden und die Blätter in feine Streifen schneiden oder hobeln. Zwiebel schälen und klein würfeln.

Eine beschichtete Pfanne erhitzen und die Speckwürfel darin ohne Zugabe von Fett knusprig ausbraten, dann die Zwiebelwürfel zugeben und mitbraten. Anschließend abkühlen lassen.

Essig und Öl verrühren und mit Kümmel, Salz, Pfeffer sowie Zucker würzen. Petersilie waschen, trocken schütteln, Blätter abzupfen und fein hacken. Speck, Zwiebelwürfel, Dressing sowie Petersilie mit dem Kraut mischen, kräftig verkneten und gut durchziehen lassen. Vor dem Essen nochmals abschmecken.

Das fertige Pulled-Pork-Fleisch erwärmen und mit der BBQ Sauce vermengen.

Brötchen halbieren und die Schnittflächen rösten. Die untere Brötchenhälfte mit dem gewaschenen Römersalat belegen. Den Weißkrautsalat darauf setzen. Nun das Pulled Pork darauf legen, nach Belieben mit den Röstzwiebeln belegen. Die obere Brötchenhälfte mit dem Zwiebelconfit bestreichen und aufsetzen.

WAGYU-BEEF-BURGER

Für 4 Burger

4 Blätter Römersalat
2 Rispentomaten
2 große Gewürzgurken
1 rote Zwiebel
3 EL Tomatenketchup
1 EL mittelscharfer Senf
2 EL Pflanzenöl
4 Wagyu-Beef-Pattys (à ca. 150 g)
4 Brioche- oder Hamburger-Brötchen
4 EL Mayonnaise
4 Scheiben Cheddarkäse

Den Römersalat waschen und trocken schleudern. Die Tomaten waschen, Strunk entfernen und in Scheiben schneiden. Die Gurken putzen, waschen und ebenfalls in Scheiben schneiden. Die Zwiebel schälen und in dünne Scheiben schneiden. Ketchup und Senf zu einer Sauce verrühren.

Das Öl in einer Grillpfanne erhitzen und die Pattys darin von beiden Seiten bis zum gewünschten Gargrad braten. Die Burger-Brötchen halbieren und die Schnittflächen rösten.

Auf den unteren Brötchenhälften die Mayonnaise, den Römersalat und die Tomaten verteilen. Pattys mit Cheddar-käse belegen, darauf Gurken- und Zwiebelscheiben legen. Die oberen Brötchenhälften mit der Burgersauce bestreichen und auflegen.

RÖSTI-BURGER

Für 4 Burger

Rösti
4 festkochende Kartoffeln (ca. 500 g)
1 Ei
2 EL Weizenmehl
Salz, Pfeffer

Belag
4 EL Mayonnaise
1 gehäufter TL Senf
4 Scheiben Bacon
2 EL Pflanzenöl
4 Rinderpattys
4 Scheiben Sandwichkäse
4 Hamburger-Brötchen (ohne Sesam)
4 TL geriebener Emmentaler
2 TL Speckwürfel

Für die Rösti die Kartoffeln schälen, fein reiben und etwas ausdrücken. Mit Ei und Mehl vermengen und kräftig mit Salz und Pfeffer würzen. Beiseitestellen und quellen lassen.

Den Backofen auf 150 °C Ober- und Unterhitze vorheizen.

Die Mayonnaise mit dem Senf verrühren. Kräftig mit Salz und Pfeffer abschmecken. Den Bacon in einer Pfanne von beiden Seiten knusprig ausbraten. Auf Küchenpapier abtropfen lassen und warm halten.

Aus der Kartoffelmasse 4 gleich große Rösti formen und von beiden Seiten im Speckfett in der Pfanne knusprig braten. Herausnehmen und warm halten. Das Öl in einer Grillpfanne erhitzen und die Pattys darin von beiden Seiten bis zum gewünschten Gargrad braten. Dann die Käsescheiben darauf legen und schmelzen lassen.

Die Burger-Brötchen halbieren und die Schnittflächen rösten. Die Oberseiten mit geriebenen Käse und Speckwürfeln bestreuen und im Backofen schmelzen lassen.

Die Unterseiten mit der Hälfte der Mayonnaise bestreichen. Darauf die Pattys legen. Mit den Rösti und den halbierten Baconscheiben belegen. Die Oberseite der Brötchen mit der restlichen Mayonnaise bestreichen und als Deckel aufsetzen.

BURGER

BURGER MIT AVOCADO UND BACON

Für 4 Burger

4 Blätter Römersalat
1 Strauchtomate
1 große Avocado
Saft von ½ Limette
Salz, Pfeffer
3 EL Crème fraîche
1 EL Estragonsenf
8 Scheiben Bacon
4 Rinderpattys
4 Hamburger-Brötchen

Den Römersalat waschen und trocken schleudern. Die Tomate waschen, Strunk entfernen und in Scheiben schneiden. Avocado halbieren, Kern herauslösen, Schale entfernen und das Fruchtfleisch in Scheiben schneiden. Die Scheiben mit dem Limettensaft beträufeln, damit sie nicht braun werden, salzen und pfeffern. Die Crème fraîche und den Senf zu einer Sauce verrühren.

Die Baconscheiben in einer heißen (Grill)Pfanne von beiden Seiten knusprig braten, herausnehmen, auf Küchenpapier abtropfen lassen und warm halten. Im verbliebenen Fett die Rinderpattys von beiden Seiten bis zum gewünschten Gargrad braten. Die Brötchen beidseitig anrösten.

Die Brötchen halbieren und die Schnittflächen mit Estragonsenfcreme bestreichen. Auf die unteren Brötchenhälften den Römersalat verteilen. Pattys mit Bacon-, Avocado- und Tomatenscheiben belegen. Zum Schluss die obere Brötchenhälfte aufsetzen.

DER BURGER

Für 4 Burger

4 Blätter Römersalat
1 Ochsenherztomate
1 Avocado
1 rote Zwiebel
3 EL Tomatenketchup
1 EL mittelscharfer Senf
1 Kugel Büffelmozzarella
2 EL Pflanzenöl
4 Rinderpattys
4 Brioche- oder Hamburger-Brötchen

Den Römersalat waschen und trocken schleudern. Die Tomate waschen, Strunk entfernen und in Scheiben schneiden. Die Avocado halbieren, Kern herauslösen, vierteln, Schale abziehen und die Viertel nochmal dritteln. Die Zwiebel schälen und in Scheiben schneiden. Ketchup und Senf zu einer Sauce verrühren. Den Mozzarella in 8 Scheiben schneiden.

Das Öl in einer Pfanne erhitzen und die Pattys darin von beiden Seiten bis zum gewünschten Gargrad braten. Die Burger-Brötchen halbieren und die Schnittflächen rösten.

Auf den unteren Brötchenhälften den Römersalat und die Avocadoscheiben verteilen. Pattys mit Büffelmozzarella belegen, darauf Tomaten- und Zwiebelscheiben legen. Die Burgersauce darauf verteilen und zum Schluss die oberen Brötchenhälften auflegen.

BURGER MIT CAMEMBERT UND BIRNE

Für 4 Burger

4 Blätter Römersalat
2 Birnen
Saft von ½ Limette
Salz, Pfeffer
3 EL Crème fraîche
1 EL Estragonsenf
200 g Camembert
4 Scheiben Bacon
4 Rinderpattys
4 Hamburger-Brötchen

Den Römersalat waschen und trocken schleudern. Die Birnen schälen, vierteln, Kerngehäuse entfernen und in 16 Scheiben schneiden. Die Scheiben mit dem Limettensaft beträufeln, damit sie nicht braun werden, salzen und pfeffern. Die Crème fraîche und den Senf zu einer Sauce verrühren. Den Camembert in 8 Scheiben schneiden.

Die Baconscheiben halbieren in einer heißen Pfanne von beiden Seiten knusprig braten, herausnehmen, auf Küchenpapier abtropfen lassen und warm halten. Im verbliebenen Fett die Rinderpattys von beiden Seiten bis zum gewünschten Gargrad braten.

Die Brötchen halbieren und die Schnittflächen rösten. Die Schnittflächen mit Estragonsenfcreme bestreichen. Den Römersalat auf die unteren Brötchenhälften verteilen. Pattys mit Camembert, Birne und Baconscheiben belegen. Zum Schluss die obere Brötchenhälfte aufsetzen.

MARINIERTER THUNFISCH MIT AVOCADO-MANGO-TATAR

Für 4 Portionen

Avocado-Mango-Tatar

1 Mango
1 Avocado
1 Schalotte
½ Bund Koriander
2 EL Zitronensaft
3 EL Olivenöl mit Zitrone
½ TL Worcestersauce
1 Spritzer Tabasco
Salz, Pfeffer

Thunfisch

2 Thunfischfilets (à ca. 150–200 g)
2 EL Sojasauce
2 EL Sesamöl
Sesamsaat zum Bestreuen

Die Mango schälen, das Fruchtfleisch vom Stein schneiden und in 1 cm große Würfel schneiden. Die Avocado halbieren, Kern herauslösen, schälen und das Fruchtfleisch in ca. ½ cm große Würfel schneiden. Schalotte schälen und sehr fein würfeln. Koriander waschen, trocken schütteln, die Blättchen abzupfen und fein hacken.

Mango, Avocado, Schalotte und Koriander in einer Schale mit dem Zitronensaft, Olivenöl, Worcestersauce und Tabasco mischen. Mit Salz und Pfeffer abschmecken.

Thunfischfilets waschen und trocken tupfen. Beidseitig mit Sojasauce und Sesamöl einpinseln, salzen und pfeffern. Die Filets in einer heißen Pfanne von jeder Seite ca. 1–2 Minuten scharf braten, sodass der Kern noch rosa ist. Die Thunfischfilets in Scheiben aufschneiden.

Avocado-Mango-Tatar portionsweise auf Teller verteilen. Die Thunfischscheiben dazu anrichten, mit Sesam bestreuen und servieren.

THUNFISCH-SALTIMBOCCA MIT TAGLIATELLE UND SALBEISAUCE

Für 4 Portionen

Tagliatelle und Salbeisauce

1 Knoblauchzehe
1 kleines Bund Salbei
2 EL Butter
100 ml Sahne
Saft und Abrieb von ½ unbehandelten Zitrone
Salz, Pfeffer
400 g Tagliatelle
100 g Cocktailtomaten

Thunfisch-Saltimbocca

4 Thunfischfilets (à ca. 150 g)
4 Scheiben Parmaschinken
1 Knoblauchzehe
2 EL Pflanzenöl
40 g frisch gehobelter Parmesan

Für die Salbeisauce den Knoblauch schälen und fein hacken. Den Salbei waschen, trocken schütteln und in feine Streifen schneiden. Die Butter in einer Pfanne zerlassen. Knoblauch und Salbei zugeben und bei mittlerer Temperatur langsam dünsten. Mit Sahne und Zitronensaft aufgießen und einmal aufkochen. Die Sauce kräftig mit Salz sowie Pfeffer würzen und mit Zitronenabrieb verfeinern.

Die Tagliatelle in einem Topf in reichlich Salzwasser nach Packungsangabe bissfest kochen. Die Nudeln abschütten, dabei etwas Kochwasser auffangen. Die Nudeln mit dem Kochwasser und der Sauce vermischen und alles nochmals abschmecken. Die Cocktailtomaten waschen, halbieren, unter die Nudeln schwenken und heiß werden lassen.

Die Thunfischfilets waschen, trocken tupfen und mit dem Schinken umwickeln. Die Knoblauchzehe schälen und längs halbieren. Das Öl in einer Pfanne erhitzen und die Thunfischfilets zusammen mit dem Knoblauch von beiden Seiten kurz braten, sodass das Innere noch rosa ist.

Die Thunfisch-Saltimbocca mit Tagliatelle und Salbeisauce anrichten und alles mit Parmesan bestreuen.

RÄUCHERLACHS-OMELETT

Für 4 Portionen

Omelett
3 mittelgroße Tomaten
1 kleines Bund Schnittlauch
10 Eier
100 ml Milch
Salz, Pfeffer
Muskatnuss
50 g Butter

Räucherlachs mit Meerrettichcreme
80 g Meerrettichwurzel
200 g Frischkäse
Saft von ½ Zitrone
300 g Räucherlachs in Scheiben

Den Backofen auf 160 °C Umluft vorheizen.

Für das Omelett die Tomaten waschen, vom Strunk befreien, die Kerne entfernen und das Fruchtfleisch in Würfel schneiden. Den Schnittlauch waschen, trocken schütteln und in feine Röllchen schneiden.

Die Eier schaumig verquirlen, die Milch unterrühren und kräftig mit Salz, Pfeffer und frisch geriebener Muskatnuss würzen.

Die Butter in 2 großen ofenfesten, beschichteten Pfannen mit Deckel zerlassen, die Eimasse zugießen, mit den Tomatenwürfeln und der Hälfte des Schnittlauchs bestreuen.

Abgedeckt im Backofen ca. 20 Minuten stocken lassen.

Für die Creme den Meerrettich schälen und auf einer Reibe fein raspeln. Den Frischkäse cremig rühren, mit Salz, Pfeffer, Zitronensaft und Meerrettich abschmecken. Etwas Meerrettich für die Garnitur beiseitestellen.

Die Pfannen aus dem Ofen nehmen, 2 Minuten ohne Deckel ruhen lassen und die Omeletts aus der Pfanne gleiten lassen. Die Creme dekorativ auf die Omeletts streichen, mit Räucherlachs belegen. Mit dem restlichen Schnittlauch und den Meerrettichraspeln bestreut servieren.

KRÄUTERCRÊPES MIT RÄUCHERLACHS UND SPARGEL

Für 4 Portionen

Crêpes

300 ml Milch
200 g Weizenmehl
3 Eier
40 g flüssige Butter
Salz
½ Bund Schnittlauch
½ Bund Petersilie

Füllung

500 g weißer Spargel
500 g grüner Spargel
1 TL Zucker
1 unbehandelte Zitrone
250 g Naturfrischkäse
1 geh. EL Sahnemeerrettich
Pfeffer
200 g Räucherlachs in Scheiben

Für die Crêpes Milch, Mehl, Eier und Butter zu einem flüssigen Teig verrühren und mit 1 Prise Salz würzen. Schnittlauch waschen, trocken schütteln und in Röllchen schneiden. Petersilie waschen, trocken schütteln, fein hacken und beides unter den Teig heben. In einer kleinen beschichteten Pfanne portionsweise dünne Pfannkuchen ausbacken, herausnehmen und abkühlen lassen.

Weißen Spargel schälen, die Enden von beiden Spargelsorten abschneiden, in reichlich kochendem Wasser mit Salz, Zucker und Zitrone ca. 8–10 Minuten kochen und in Eiswasser abschrecken.

Den Frischkäse mit dem Sahnemeerrettich cremig verrühren. Nach Geschmack mit Salz und Pfeffer würzen. Einen Pfannkuchen mit etwas Frischkäsemasse bestreichen, darauf Räucherlachsscheiben und Spargelstangen verteilen und zusammenlegen oder -rollen.

LAUCH-LACHS-QUICHE

Für 12 Portionen

Mürbeteig
200 g Weizenmehl
100 g Butter
1 Ei
2 EL Milch
Salz
Butter für die Form

Belag
300 g Räucherlachs in Scheiben
750 g Lauch
2 EL Pflanzenöl
4 Eier
150 g Crème fraîche
Pfeffer
Muskatnuss
1 TL Zitronensaft

Aus Mehl, Butter, Ei, Milch und 1 Prise Salz einen geschmeidigen Teig kneten. Den Teig zu einer Kugel formen, in Frischhaltefolie wickeln und ca. 30 Minuten im Kühlschrank ruhen lassen.

Den Backofen auf 200 °C Ober- und Unterhitze vorheizen.

Eine Quiche- oder Auflaufform mit Butter einfetten. Den Lachs in feine Streifen schneiden. Den Lauch putzen, längs halbieren, waschen und in Ringe schneiden. In einer Pfanne im heißen Öl die Lauchringe kurz andünsten und abkühlen lassen. Die Eier mit der Crème fraîche verquirlen, mit Salz, Pfeffer, frisch geriebener Muskatnuss und Zitronensaft würzen.

Die Form mit dem Teig auslegen. Lauch und Lachs darauf verteilen und die Eimasse darüber gießen. Die Quiche ca. 30–35 Minuten backen. Herausnehmen und leicht abkühlen lassen.

LACHS MIT SPINAT IN BLÄTTERTEIG

Für 4 Portionen

Lachs

300 g frischer Blattspinat oder
250 g TK-Blattspinat
½ Zwiebel
1 Knoblauchzehe
1 EL Butter
Salz, Pfeffer
4 Lachsfilets (à 125 g)
1 Packung Blätterteig (270 g)
aus dem Kühlregal
Weizenmehl zum Bestäuben
1 Ei
2 EL Milch

Honig-Senf-Sauce

2 Schalotten
1 TL Butter
50 ml Weißwein
200 ml Fischfond
1 kleines Lorbeerblatt
3 weiße Pfefferkörner
150 ml Sahne
3 Stängel Dill
2 EL Honig
1 EL Dijonsenf
Speisestärke, nach Belieben

Backofen auf 200 °C Ober- und Unterhitze vorheizen.

Spinat putzen, waschen und abtropfen lassen. Tiefgefrorenen Spinat auftauen lassen und gut ausdrücken. Zwiebel und Knoblauch schälen und würfeln.

In einem Topf Butter erhitzen. Zwiebel und Knoblauch darin anbraten, Spinat zugeben, vom Herd nehmen und abgedeckt ca. 2–3 Minuten zusammenfallen lassen. Mit Salz sowie Pfeffer würzen und über einem Sieb gut abtropfen lassen.

Lachsfilets waschen, trocken tupfen, salzen und pfeffern. Blätterteig ausrollen und in 4 gleich große Stücke teilen. Mit etwas Mehl bestäuben, darauf den abgetropften Spinat verteilen und den Lachs obenauf setzen.

Das Ei mit Milch verquirlen. Die Ränder des Blätterteigs damit einpinseln, den Blätterteig zu einem Päckchen falten und die Ränder gut andrücken. Mit einem Messer den Teig leicht einschneiden und das Päckchen mit der Eier-Milch-Mischung bestreichen. Auf einem mit Backpapier ausgelegten Backblech ca. 20 Minuten backen.

Für die Sauce die Schalotten schälen und fein würfeln. In einem Topf in der zerlassenen Butter glasig anschwitzen. Mit Weißwein ablöschen, etwas reduzieren und mit Fischfond aufgießen. Lorbeerblatt und Pfefferkörner zugeben. Die Flüssigkeit bei mittlerer Temperatur um die Hälfte reduzieren. Dann durch ein Sieb gießen und mit der Sahne auffüllen. Den Dill waschen, trocken schütteln, Dillspitzen abzupfen, fein hacken und zugeben. Mit Honig, Senf, Salz und Pfeffer abschmecken. Nach Belieben mit in kaltem Wasser angerührter Speisestärke zur gewünschten Konsistenz binden.

Lachs zusammen mit der Sauce auf Tellern anrichten und servieren.

LACHS UND KAVIAR AUF KARTOFFELRÖSTI

Für 4 Portionen

Lachstatar

40 g Staudensellerie
2 Frühlingszwiebeln
3 cm Ingwer
150 g Lachsfilet
1 TL gemahlener Wasabi
bzw. Wasabi-Paste
2 EL Saft einer Zitrone
1 EL Olivenöl
Meersalz

Rösti

1 kg festkochende Kartoffeln
2 Zwiebeln
Salz, Pfeffer
Muskatnuss
Sonnenblumenöl zum Ausbacken

Belag

150 g Räucherlachs in Scheiben
2 TL Kaviar
100 g Crème fraîche
3 Stängel Dill

Für das Tatar zunächst Staudensellerie und Frühlingszwiebeln waschen. Staudensellerie schälen und mit den Frühlingszwiebeln in ganz feine Würfel schneiden. Den Ingwer schälen und sehr fein reiben.

Den Fisch waschen, trocken tupfen und mit einem sehr scharfen Messer ganz klein schneiden.

Anschließend den fein gewürfelten Staudensellerie mit den Zwiebelringen, dem Ingwer und dem Wasabi mischen und alles zusammen mit Zitronensaft und Olivenöl unter das Fischtatar heben. Mit Meersalz abschmecken und gegebenenfalls noch mit etwas Wasabi nachwürzen.

Für die Rösti den Backofen auf 100 °C Ober- und Unterhitze vorheizen.

Kartoffeln schälen, waschen und grob raspeln. Zwiebeln schälen und in kleine Würfel schneiden oder ebenfalls raspeln. Kartoffeln und Zwiebeln mischen. Kräftig mit Salz, Pfeffer sowie frisch geriebener Muskatnuss würzen.

2 EL Öl in einer kleinen beschichteten Pfanne erhitzen. Einen Teil der Kartoffelmasse hineingeben, flach drücken und von beiden Seiten goldgelb ausbacken. Dann im Backofen warm halten. Erneut etwas Öl in die Pfanne geben und aus der restlichen Kartoffelmasse auf die gleiche Weise 5–6 weitere Rösti ausbacken.

Lachstatar, Räucherlachs, Kaviar und Crème fraîche wahlweise auf den Röstis verteilen. Mit Dill dekorieren und servieren.

LACHS, SPINAT UND KARTOFFELN

Für 4 Portionen

Kartoffeln
800 g kleine festkochende Kartoffeln
Salz
1 EL Butter
½ Bund Petersilie

Spinat
600 g frischer Blattspinat
2 Zwiebeln
1 Knoblauchzehe
1 EL Pflanzenöl
Pfeffer
Muskatnuss
40 g frisch gehobelter Parmesan

Lachs
4 Lachsfilets (à ca. 180 g)
2 EL Pflanzenöl

Die Kartoffeln gründlich waschen und ungeschält in ausreichend Salzwasser garen. Abgießen, etwas abkühlen lassen und pellen. Die Butter in einer Pfanne schmelzen lassen und kurz vor dem Servieren die Kartoffeln darin schwenken. Petersilie waschen, trocken schütteln, Blätter abzupfen und fein hacken. Zum Schluss unter die Kartoffeln mischen.

Den Spinat putzen, gründlich waschen und trocken schleudern. Die Zwiebeln und den Knoblauch schälen, die Zwiebeln in kleine Würfel schneiden und den Knoblauch fein hacken. Das Öl in einem Topf heiß werden lassen, dann Zwiebelwürfel und gehackten Knoblauch darin andünsten. Den Spinat zugeben und kurz mitdünsten. Mit Salz, Pfeffer und frisch geriebener Muskatnuss abschmecken. Dann den Parmesan darauf verteilen.

Die Lachsfilets waschen, trocken tupfen und mit Salz und Pfeffer würzen. Das Öl in eine Pfanne geben und die Lachsfilets darin bei mittlerer Temperatur von beiden Seiten braten.

Lachsfilets mit Kartoffeln und Rahmspinat anrichten.

REIBEKUCHEN MIT RÄUCHERLACHS

Für 2 Portionen

Reibekuchen
1 EL Weizenmehl
1 Ei
500 g vorwiegend festkochende Kartoffeln
1 Zwiebel
Salz, Pfeffer
1 Prise Zucker
Butterschmalz oder Öl zum Braten

Belag
150 g Räucherlachs in Scheiben
100 g Crème fraîche

Für die Reibekuchen Mehl und Ei verrühren. Kartoffeln schälen, waschen und auf einer Küchenreibe grob raspeln. Die Kartoffelraspel ausdrücken – am besten gelingt das in einem sauberen Küchenhandtuch – und zu der Mehl-Ei-Masse geben. Zwiebel schälen, fein würfeln und ebenfalls zugeben. Die Reibekuchenmasse mit Salz, Pfeffer und Zucker abschmecken.

Etwas Fett in einer beschichteten Pfanne erhitzen und kleine Reibekuchen von beiden Seiten goldbraun ausbacken. Falls nötig, erneut etwas Fett in die Pfanne geben. Die Reibekuchen auf Küchenpapier abtropfen lassen und im Backofen warm halten, bis sie serviert werden.

Die fertigen Reibekuchen mit dem Räucherlachs und der Crème fraîche servieren.

189

GEBEIZTER LACHS MIT SENF-DILL-SAUCE

Für 10 Portionen
(Standzeit 1 Tag)

Gebeizter Lachs

1 Lachsseite mit Haut (ca. 1 kg)
1 unbehandelte Zitrone
1 Bund Dill
125 g Meersalz
125 g Zucker
20 weiße Pfefferkörner

Senf-Dill-Sauce

½ Bund Dill
2 EL Apfelessig
6 EL Rapsöl
200 g Crème fraîche
2 EL Dijon-Senf
Salz, Pfeffer
1 Prise Zucker

Die Lachsseite auf Gräten kontrollieren, gegebenenfalls Gräten mit einer Pinzette herausziehen. Zitrone heiß abwaschen, trocknen und die Schale abreiben. Dill waschen, trocken schütteln, Spitzen abzupfen und fein hacken. Gehackte Dillspitzen mit Zitronenanrieb, Salz, Zucker und Pfefferkörnern in einer Schüssel vermischen. Die Lachsseite auf der Oberseite (nicht die Hautseite) mit der Gewürzmischung einreiben. Den marinierten Lachs in einen Gefrierbeutel legen oder fest in Frischhaltefolie einschlagen und ca. 24 Stunden im Kühlschrank ziehen lassen.

Lachs aus dem Gefrierbeutel oder der Frischhaltefolie nehmen, Marinade unter fließendem Wasser abspülen und den Fisch trocken tupfen.

Den Lachs auf ein Schneidebrett mit der Hautseite nach unten legen und mit einem schmalen, sehr scharfen Messer schräg in dünne Scheiben schneiden. Der gebeizte Lachs hält sich im Kühlschrank ca. 7 Tage.

Für die Senf-Dill-Sauce den Dill waschen, trocken schütteln, Spitzen abzupfen und fein hacken. Dill mit Apfelessig, Rapsöl, Crème fraîche und Dijon-Senf verrühren. Die Sauce mit Salz, Pfeffer und Zucker abschmecken und mit dem Fisch anrichten.

BACKFISCHBRÖTCHEN

Für 4 Brötchen

Backfisch
4 TK-Seelachsfilets
4 EL Zitronensaft
Salz
Weizenmehl zum Wenden

Ausbackteig
1 Ei
100 g Weizenmehl
100 ml Milch
75 g Crème fraîche
½ TL Salz

Fertigstellung
Öl zum Frittieren
4 Salatblätter
4 Brötchen
4 EL Remoulade

Fischfilets auftauen lassen, waschen und trocken tupfen. Mit etwas Zitronensaft beträufeln und mit Salz würzen. Fischstücke in Mehl wenden und überschüssiges Mehl leicht abklopfen.

Das Ei trennen. Eiweiß mit einem Handrührgerät halbsteif schlagen und kalt stellen. Restliche Zutaten mit dem Handrührgerät zu einem glatten Teig verrühren, abdecken und ca. 20 Minuten quellen lassen. Anschließend den Teig erneut gut durchrühren und das geschlagene Eiweiß vorsichtig unterheben.

Öl in einer Fritteuse oder – falls nicht vorhanden – in einem hohen Topf zum Frittieren erhitzen. Fischstücke mithilfe einer Gabel durch den Teig ziehen, portionsweise in das Öl geben und goldgelb ausbacken. Auf Küchenpapier abtropfen lassen.

Salatblätter waschen und trocken tupfen. Brötchen aufschneiden, beide Seiten mit Remoulade bestreichen. Jeweils die untere Seite der Brötchen mit einem Salatblatt belegen, den Backfisch darauf geben und die obere Brötchenhälfte aufsetzen.

FISCHSTÄBCHEN MIT POMMES FRITES

Für 4 Portionen

Fischstäbchen
15 TK-Fischstäbchen
Pflanzenöl zum Braten

Pommes frites
siehe S. 84

Die Fischstäbchen in einer Pfanne im heißen Öl nach Packungsangabe zubereiten.

Die Pommes wie auf S. 84 beschrieben zubereiten und mit den Fischstäbchen auf Tellern anrichten.

MATJESBRÖTCHEN

Für 4 Portionen

2 rote Zwiebeln
4 Gewürzgurken
4 Brötchen
3 EL Butter
4 Blätter Salat
8 Matjesfilets

Zwiebeln schälen und in Ringe, Gewürzgurken in Scheiben schneiden. Brötchen aufschneiden und beide Hälften mit Butter bestreichen. Je ein Salatblatt auf die untere Hälfte vom Brötchen legen und mit je zwei Matjesfilets belegen. Zwiebelringe und Gewürzgurkenscheiben auf dem Matjes verteilen. Mit der oberen Brötchenhälfte bedecken und servieren.

GEBACKENER FISCH MIT SAUCE ROUILLE

Für 2 Portionen

Sauce Rouille
30 g Knoblauchzehe
300 g mehligkochende Kartoffeln
1 Prise Safranpulver
300 ml Fischfond
200 g Mayonnaise
Salz, Pfeffer

Gebackener Fisch
2 Eier
125 g Weizenmehl
125 ml Altbier
1 Prise edelsüßes Paprikapulver
2 Seelachsfilets
Weizenmehl zum Wenden
Pflanzenöl zum Frittieren

Für die Rouille den Knoblauch schälen. Kartoffeln schälen und in kleine Würfel schneiden. Zusammen mit Knoblauch, Safran und Fischfond in einem Topf weich kochen, bis die Flüssigkeit nahezu vollständig verkocht ist. Anschließend mit einem Stabmixer fein pürieren. Zum Schluss die Mayonnaise unterrühren und mit Salz und Pfeffer abschmecken.

Für den gebackenen Fisch die Eier trennen und die Eiweiße steif schlagen. Das Mehl sieben und mit Eigelben und Altbier zu einem homogenen Teig verrühren, mit dem Paprikapulver verfeinern und den Eischnee behutsam unterheben.

Die Seelachsfilets waschen, trocken tupfen, salzen, pfeffern und in je 5 gleich große Stücke schneiden. Die Fischstücke in Mehl wenden und durch den Ausbackteig ziehen.

Reichlich Öl zum Frittieren erhitzen und die Fischstücke portionsweise darin schwimmend goldgelb ausbacken. Dann auf Küchenpapier abtropfen lassen und leicht salzen.

Die Fischstücke mit der Rouille servieren.

KAISERGRANAT MIT TOMATEN UND KNOBLAUCH-BAGUETTE

Für 2 Portionen

Öl zum Braten
250 g Cherrytomaten
1 EL Zwiebelwürfel
1 Msp. gehackte Chilischote
1 TL fein gehackter Knoblauch
Salz, Pfeffer
Zucker
50 g Kräuterbutter
6 Kaisergranat ohne Schale
4 Scheiben Baguette
Knoblauchöl
1 TL fein geschnittenes Basilikum

Das Öl in einer Pfanne erhitzen. Die Cherrytomaten, Zwiebeln, Chili und Knoblauch darin anbraten und mit je 1 Prise Salz, Pfeffer und Zucker würzen. Kräuterbutter zugeben und sofort die Temperatur stark reduzieren. Nun die Kaisergranatschwänze darin einlegen und langsam garen lassen.

Parallel die Baguettescheiben in Knoblauchöl beidseitig goldgelb rösten.

Die Kaisergranatpfanne mit Basilikum garnieren und mit dem Baguette servieren.

GARNELEN MIT AIOLI

Für 4 Portionen

Aioli
5 Knoblauchzehen
150 g Mayonnaise
15 g Dijon-Senf
1 TL Zitronensaft
½ TL Salz
½ TL Zucker
1 Prise Pfeffer

Garnelen
20 frische/aufgetaute Black Tiger Garnelen
1 EL Rapsöl
1 EL Butter oder Kräuterbutter
1 Zweig Rosmarin
1 Zweig Thymian
1 geschälte Knoblauchzehe
Salz, Pfeffer

Für die Aioli den Knoblauch schälen und in einem Mörser fein zerreiben. Dann mit den restlichen Zutaten vermengen.

Die Garnelen schälen und in einer Pfanne im heißen Öl bei mittlerer Temperatur rundherum braten. Butter, gewaschene Kräuterzweige und Knoblauch zugeben, alles kräftig durchschwenken und ca. 1 Minute aromatisieren. Mit Salz und Pfeffer würzen.

DORADE ROYAL MIT KÜRBISRAVIOLI

Für 4 Portionen

Kürbisravioli
Nudelteig (siehe S. 100)
500 g Hokkaidokürbis
1 Zwiebel
2 EL Butter
Salz, Pfeffer
60 g frisch geriebener Parmesan
Muskatnuss

Dorade
2 küchenfertige Doraden
Saft von 1 Zitrone
Weizenmehl zum Bestäuben
3 Knoblauchzehen
8 Zweige Thymian
3 EL Sonnenblumenöl

Anrichten
4 EL Kürbiskernöl
40 g geröstete Kürbiskerne

Für die Ravioli den Nudelteig wie auf S. 100 beschrieben zubereiten.

In der Zwischenzeit für die Raviolifüllung den Kürbis waschen, halbieren, Kerne entfernen und das Fruchtfleisch in kleine Würfel schneiden. Die Zwiebel schälen und fein würfeln. 1 EL Butter in einem Topf zerlassen und die Zwiebelwürfel darin glasig dünsten. Dann die Kürbisstücke dazugeben und mit Salz und Pfeffer würzen. Alles bei mittlerer Temperatur weich kochen, jedoch ohne Deckel, damit die Flüssigkeit verdunsten kann. Nach ca. 20 Minuten ist der Kürbis zu einer püreeartigen Konsistenz verkocht. Dann den Parmesan unterheben und noch mit etwas frisch geriebener Muskatnuss würzen. Das Kürbispüree abkühlen lassen.

Auf die Hälfte der Nudelteigbahnen mit etwas Abstand kleine Häufchen Kürbispüree geben, die Flächen außen herum mit etwas Wasser einpinseln und mit den übrigen Nudelteigbahnen abdecken. Mithilfe eines Ravioliausstechers Kreise ausstechen oder Rechtecke zuschneiden. Die Ränder fest andrücken.

Die Ravioli in ausreichend Salzwasser kochen. Herausnehmen und abtropfen lassen. Kurz vor dem Servieren nochmals in einer Pfanne in der restlichen Butter schwenken.

Die Doraden waschen und trocken tupfen. Die Flossen mit einer Küchen- oder Geflügelschere abschneiden, die Filets seitlich je zweimal einschneiden, mit etwas Salz und der Hälfte des Zitronensafts würzen. Die Doraden leicht mit Mehl bestäuben. Knoblauch schälen und halbieren. Thymianzweige waschen und trocken schütteln.

Den Backofen auf 120 °C Ober- und Unterhitze vorheizen.

In einer Pfanne das Sonnenblumenöl erhitzen, Knoblauchzehen und Thymian darin anbraten, dann beides wieder aus dem Öl nehmen. Die Doraden von beiden Seiten schön kross anbraten, anschließend auf ein Backblech legen und im Backofen ca. 15 Minuten gar ziehen lassen. Mit dem restlichen Zitronensaft beträufeln, mit Salz würzen.

Die Doraden zusammen mit den Ravioli anrichten. Mit dem Kürbiskernöl beträufeln und mit den Kürbiskernen bestreut servieren.

GEBRATENE SCHOLLE MIT GRÜNEM SPARGEL UND COCKTAILTOMATEN

Für 4 Portionen

Scholle
2 küchenfertige Schollen
Salz, Pfeffer
Weizenmehl zum Wenden
100 g Butter
6 EL Zitronensaft
2 EL grob gehackte Petersilie

Gemüse
2 EL Rapsöl
1 Bund grüner Spargel
1 Prise Zucker
250 g Cocktailtomaten
½ Bund Kerbel

Die Schollen waschen und trocken tupfen. Mit Salz sowie Pfeffer würzen und im Mehl wenden, überschüssiges Mehl abklopfen. Die Schollen in 80 g heißer Butter bei mittlerer Temperatur von beiden Seiten goldbraun braten. Anschließend auf Teller geben. Die restliche Butter zur heißen Butter geben, schmelzen lassen, Zitronensaft und Petersilie zugeben und über die Schollen träufeln.

Den Spargel waschen, gegebenenfalls schälen und in 4 cm lange Stücke schneiden. Cocktailtomaten waschen und halbieren. Kerbel waschen, trocken schütteln und die Blättchen abzupfen.

Das Öl in einer Pfanne erhitzen, den Spargel darin unter mehrmaligem Schwenken anbraten und ca. 5 Minuten auf kleiner Temperatur weiterbraten, bis er bissfest gegart ist. Mit Salz, Pfeffer und Zucker würzen. Cocktailtomaten und Kerbel unterheben und 1 Minute weitergaren.

Die Scholle mit dem Spargel-Cocktailtomaten-Gemüse anrichten und servieren.

KABELJAU MIT KRÄUTER-KRUSTE UND REIS

Für 4 Portionen

Kabeljau

50 g Toast- oder Weißbrot vom Vortag
1 Zweig Rosmarin
5 Zweige Thymian
5 Stängel glatte Petersilie
Abrieb von ½ unbehandelten Zitrone
3 EL zimmerwarme Butter
Salz, Pfeffer
4 Kabeljaufiltes (à ca. 180 g)
2 TL Dijon-Senf

Reis

250 g Reis
½ Bund Schnittlauch

Den Backofen auf 160 °C Ober- und Unterhitze vorheizen.

Das Brot in Würfel schneiden und in einem Blitzhacker zu mittelfeinen Bröseln mahlen. Die Kräuter waschen und trocken schütteln. Die Nadeln bzw. Blättchen abzupfen und fein hacken, mit der Petersilie zu den Brotbröseln geben. Mit der Zitronenschale und der Butter unter die Brösel mischen. Die Brotmischung leicht salzen und pfeffern.

Die Kabeljaufilets waschen und trocken tupfen. Anschließend salzen und pfeffern und auf ein Backblech oder in eine Auflaufform legen. Die Oberseite der Filets dünn mit Senf bestreichen, die Bröselmasse gleichmäßig auf dem Fisch verteilen und leicht andrücken. Die Filets im Ofen ca. 12–15 Minuten garen.

Den Reis nach Packungsangabe zubereiten. Schnittlauch waschen, trocken schütteln, in feine Röllchen schneiden und unter den Reis heben. Zusammen mit dem Kabeljau servieren.

ROTBARSCHFILET MIT SELLERIE-KARTOFFELPÜREE UND SOMMERGEMÜSE

Für 4 Portionen

Sellerie-Kartoffelpüree
400 g Knollensellerie
600 g mehligkochende Kartoffeln
Salz
300 ml lauwarme Milch
2 EL Butter
Pfeffer
Muskatnuss

Sommergemüse
100 g TK-Erbsen
100 g Zuckerschoten
100 g Kohlrabi
100 g Karotten
3 Frühlingszwiebeln
150 g Brokkoliröschen
2 EL Sonnenblumenöl
1 Spritzer Zitronensaft
20 g Butter

Rotbarschfilet
4 Rotbarschfilets (à ca. 180 g)
2 EL Sonnenblumenöl
Weizenmehl zum Bestäuben

Für das Püree Sellerie und Kartoffeln schälen, waschen und in Würfel schneiden. Dann zusammen in reichlich Salzwasser ca. 20 Minuten weich kochen, abschütten und leicht ausdampfen lassen. Durch eine Kartoffelpresse drücken oder stampfen und anschließend mit Milch und Butter verrühren. Mit Salz, Pfeffer und frisch geriebener Muskatnuss abschmecken.

Für das Gemüse die Erbsen auftauen lassen. Zuckerschoten putzen, waschen und diagonal halbieren. Kohlrabi putzen, schälen und in 1 cm große Würfel schneiden. Karotten putzen, schälen halbieren und in ½ cm dicke Scheiben schneiden. Frühlingszwiebeln putzen, waschen, trocken schütteln und in ca. 3 cm lange Stücke schneiden. Brokkoliröschen putzen, ca. 4 Minuten in reichlich Salzwasser bissfest kochen und in kaltem Wasser abschrecken. Das Sonnenblumenöl in einer Pfanne erhitzen und das Gemüse, bis auf den Brokkoli, darin mit geschlossenem Deckel ca. 4 Minuten dünsten, den Brokkoli dazugeben mit Salz, Pfeffer und Zitronensaft abschmecken. Zum Schluss die Butter zugeben und alles kurz durchschwenken.

Die Rotbarschfilets waschen, trocken tupfen, mit Salz und Pfeffer würzen. Das Sonnenblumenöl in einer Pfanne erhitzen. Die Filets mit etwas Mehl bestäuben und von beiden Seiten goldbraun braten.

Alles zusammen anrichten und servieren.

ROTBARSCHFILET MIT KRÄUTERKRUSTE

Für 4 Portionen

50 g Toast- oder Weißbrot vom Vortag
1 Zweig Rosmarin
5 Zweige Thymian
5 Stängel glatte Petersilie
Abrieb von ½ unbehandelten Zitrone
3 EL zimmerwarme Butter
Salz, Pfeffer
4 Rotbarschfilets (à ca. 180 g)
2 TL Dijon-Senf
400 g Tagliatelle

Den Backofen auf 160 °C Ober- und Unterhitze vorheizen.

Das Brot in Würfel schneiden und in einem Blitzhacker zu mittelfeinen Bröseln mahlen.

Die Kräuter waschen und trocken schütteln. Die Nadeln bzw. Blättchen abzupfen und fein hacken, mit der Petersilie zu den Brotbröseln geben. Mit der Zitronenschale und der Butter unter die Brösel mischen. Die Brotmischung leicht salzen und pfeffern.

Die Fischfilets waschen und trocken tupfen. Dann salzen und pfeffern und auf ein Backblech oder in eine Auflaufform legen. Die Oberseite der Filets dünn mit Senf bestreichen, die Bröselmasse gleichmäßig auf dem Fisch verteilen und leicht andrücken. Die Filets im Ofen ca. 12–15 Minuten garen.

In der Zwischenzeit die Tagliatelle in reichlich Salzwasser nach Packungsangabe bissfest kochen, abschütten und die Pasta zum Fisch servieren.

SEELACHSFILET MIT SPITZKOHL UND SPECK

Für 4 Portionen

Spitzkohl und Speck
½ Spitzkohl
1 Zwiebel
100 g Schinkenspeck
5 Stängel Petersilie
1 EL Sonnenblumenöl
1 TL Puderzucker
1 Schuss milder Weißweinessig
250 ml Gemüsebrühe
Salz, Pfeffer
Kümmelpulver

Seelachsfilets
4 Seelachsfilets (à ca. 180 g)
Saft von ½ Zitrone
Weizenmehl zum Wenden
Pflanzenöl zum Braten

Den Spitzkohl putzen, Strunk herausschneiden und den Kohl in dünne Streifen schneiden. Die Zwiebel schälen und klein würfeln. Den Speck ebenfalls klein würfeln. Petersilie waschen, trocken schutteln, Blätter abzupfen und fein hacken.

Spitzkohl und Speck zusammen in einem Topf im heißen Öl kurz anschwitzen. Mit Puderzucker bestreuen, mit Essig und etwas Brühe ablöschen. Mit Salz, Pfeffer sowie Kümmel würzen und abgedeckt ca. 10 Minuten dünsten. Zwischendurch rühren und nach Bedarf Brühe nachgießen. Zum Schluss ohne Deckel offen kochen lassen, bis die Flüssigkeit nahezu verkocht ist.

Die Seelachsfilets waschen und trocken tupfen. Mit Zitronensaft beträufeln und von beiden Seiten mit Salz würzen. Dann in Mehl wenden und überschüssiges Mehl abklopfen. In einer Pfanne ausreichend Öl erhitzen und die Filets darin von beiden Seiten bei mittlerer Temperatur knusprig braten.

Das Spitzkohlgemüse zusammen mit den Seelachsfilets anrichten.

GEGRILLTES ROTBARSCHFILET MIT FIVE-SPICE-KAROTTENPÜREE UND LIMONEN-TAGLIATELLE

Für 4 Portionen

Five-Spice-Karottenpüree
500 g Karotten
200 g mehligkochende Kartoffeln
1 Zwiebel
3 EL Butter
Salz, Pfeffer
1 Prise Zucker
200 ml Gemüsebrühe
80 ml lauwarme Milch
Five-Spice-Gewürz

Limonen-Tagliatelle
2 unbehandelte Zitronen
50 g Butter
250 g Tagliatelle

Gegrilltes Rotbarschfilet
4 Rotbarschfilets (à ca. 180 g)
2 EL Rapsöl
30 g Butter
2 Zweige Rosmarin
2 Zweige Thymian

Für das Püree die Karotten und Kartoffeln putzen, schälen und in Würfel schneiden. Zwiebel schälen und in kleine Würfel schneiden.

1 EL Butter in einem Topf zerlassen und die Zwiebelwürfel darin glasig anschwitzen. Die Karotten und Kartoffeln zugeben und kurz mit anschwitzen. Mit Salz, Pfeffer und Zucker würzen. Mit Gemüsebrühe aufgießen und abgedeckt ca. 20 Minuten weich kochen.

Die Gemüsebrühe abgießen und die Karotten und die Kartoffeln mit der restlichen Butter stampfen. Die Milch zugießen und das Püree cremig rühren. Mit Salz, Pfeffer und Five-Spice-Gewürz kräftig abschmecken. Bis zum Anrichten warm halten.

Für die Tagliatelle die Zitronen heiß abwaschen, trocknen und die Schalen abreiben oder Zesten abziehen. Von einer Zitrone den Saft auspressen. In einer Pfanne die Butter zerlassen, die abgeriebene Schale zugeben und kurz andünsten. Mit dem Zitronensaft ablöschen und mit Salz sowie Pfeffer würzen.

Die Tagliatelle nach Packungsangabe bissfest kochen, abschütten, mit etwas Nudelwasser in die Pfanne geben und alles kräftig durchschwenken. Nochmals abschmecken und warm halten.

Für den gegrillten Rotbarsch die Filets waschen, trocken tupfen und mit Salz und Pfeffer würzen.

In einer Pfanne im heißen Öl bei mittlerer Temperatur den Fisch rundherum braten. Butter und gewaschene Kräuterzweige zugeben, alles kräftig durchschwenken und ca. 1 Minute aromatisieren. Nochmals mit Salz und Pfeffer würzen.

Den Rotbarsch zusammen mit den Limonen-Tagliatelle und dem Karottenpüree servieren.

ZANDERFILET MIT SOMMERGEMÜSE

Für 4 Portionen

Sommergemüse
siehe S. 200

Petersilienkartoffeln
750 g kleine vorwiegend festkochende Kartoffeln
Salz
4 EL Butter
3 EL gehackte Petersilie

Zander
4 Zanderfilets (à ca. 150 g)
Salz, Pfeffer
3 EL Rapsöl
Weizenmehl zum Bestäuben
1 EL Butter

Das Gemüse wie auf Seite 200 beschrieben zubereiten.

Für die Petersilienkartoffeln die Kartoffeln mit Schale in ausreichend Salzwasser ca. 20 Minuten gar kochen. Nach Ende der Garzeit abschütten, etwas auskühlen lassen und nach Belieben pellen. Die Butter in einem Topf mit der gehackten Petersilie schmelzen. Kartoffeln in der Butter schwenken und herausnehmen.

Die Zanderfilets kalt abspülen und trocken tupfen. Mit Salz und Pfeffer würzen. Das Öl in einer großen Pfanne erhitzen. Die Filets mit etwas Mehl bestäuben und pro Seite ca. 2–3 Minuten darin braten. Kurz vor Ende der Garzeit die Butter zugeben.

Das Sommergemüse mit dem Zander und den Petersilienkartoffeln auf Tellern anrichten.

ZANDERFILET MIT SAUERKRAUT

Für 4 Portionen

Sauerkraut
1 kg mildes Sauerkraut
60 g Butter
6 Wacholderbeeren
2 Lorbeerblätter
125 ml Weißwein
125 ml Geflügelfond
150 ml Sahne
1 EL flüssiger Honig
250 g kernlose helle Weintrauben
Salz, Pfeffer

Kartoffelstampf
1 kg mehligkochende Kartoffeln
300 ml lauwarme Milch
2 EL Butter
Muskatnuss

Zander
4 Zanderfilets (à ca. 150 g)
3 EL Rapsöl
Weizenmehl zum Bestäuben
1 EL Butter

Das Sauerkraut in einem Sieb gut abtropfen lassen. In einem Topf die Butter zerlassen und bei hoher Temperatur das Kraut hineingeben. Die Wacholderbeeren im Mörser zerdrücken und mit den Lorbeerblättern zugeben. Den Wein und den Fond angießen, die Temperatur reduzieren und das Kraut bei niedriger Temperatur nach Angabe abgedeckt köcheln lassen. Dabei gelegentlich umrühren und bei Bedarf Flüssigkeit nachgießen.

Wenn das Sauerkraut gar ist, die Sahne und den Honig zugeben und gut untermischen. Nach Geschmack die Weintrauben ganz oder halbiert untermischen, mit Salz und Pfeffer abschmecken, die Lorbeerblätter entfernen.

Für den Kartoffelstampf die Kartoffeln schälen, waschen und in Würfel schneiden. Dann in Salzwasser ca. 20 Minuten gar kochen, abschütten und leicht ausdampfen lassen.

Durch eine Kartoffelpresse drücken oder stampfen und anschließend mit Milch und Butter verrühren. Mit Salz, Pfeffer und frisch geriebener Muskatnuss abschmecken.

Die Zanderfilets kalt abspülen und trocken tupfen. Mit Salz und Pfeffer würzen. Das Öl in einer großen Pfanne erhitzen. Die Filets mit etwas Mehl bestäuben und pro Seite ca. 2–3 Minuten darin braten. Kurz vor Ende der Garzeit die Butter zugeben.

Die Filets mit dem Sauerkraut und dem Kartoffelstampf auf Tellern anrichten.

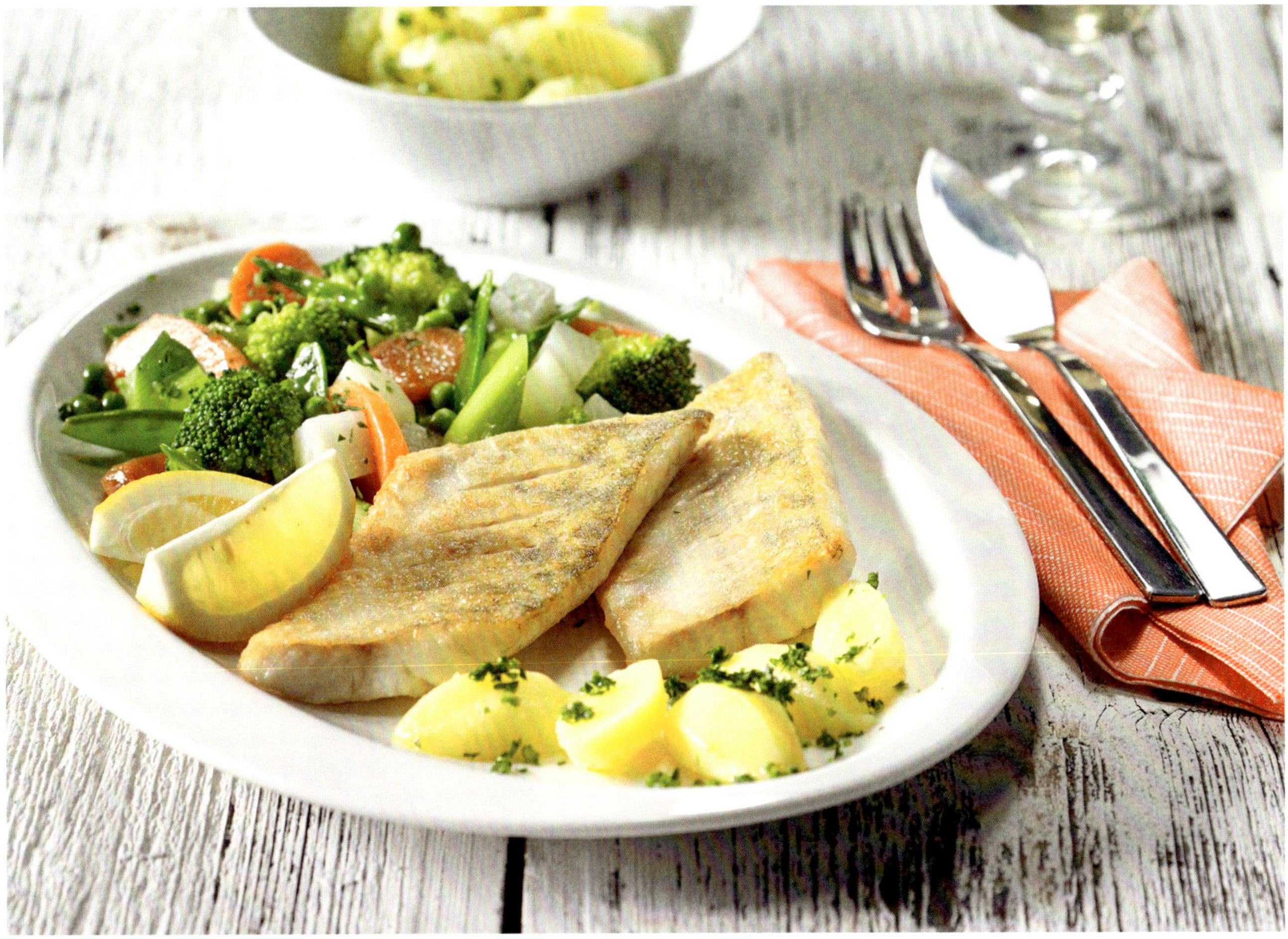

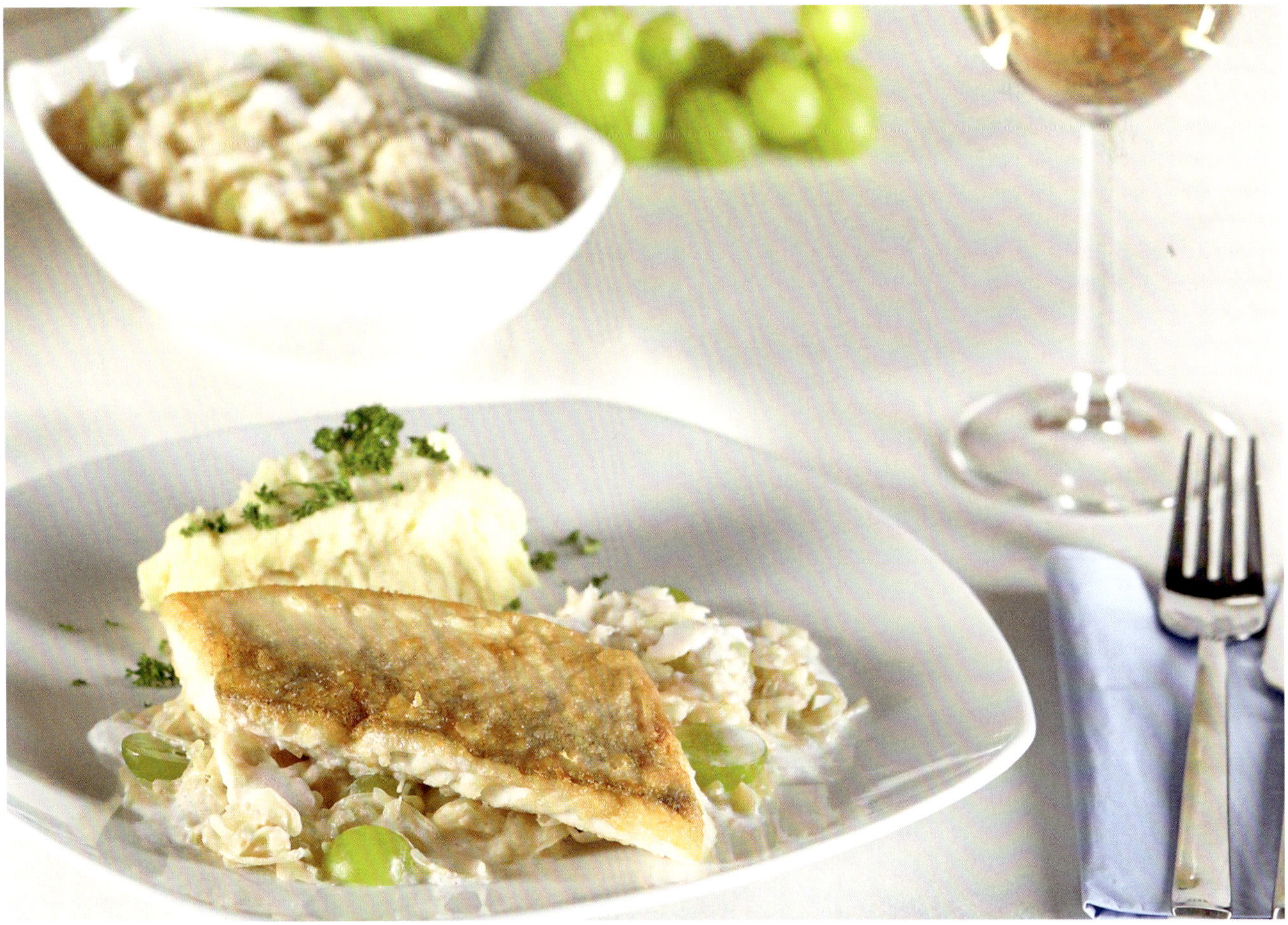

STEINBEISSER MIT KRÄUTERKRUSTE UND REIS

Für 4 Portionen

Steinbeißer mit Kräuterkruste

50 g Toast- oder Weißbrot vom Vortag
5 Zweige Thymian
5 Stängel glatte Petersilie
Abrieb von ½ unbehandelten Zitrone
3 EL zimmerwarme Butter
Salz, Pfeffer
4 Steinbeißerfilets
2 TL Dijon-Senf

Weinschaumsauce

60 g Schalotten
20 g Butter
200 ml Weißwein
200 ml Fischfond
200 ml Sahne
2 Spritzer Zitronensaft

Reis

250 g Reis

Den Backofen auf 160 °C Ober- und Unterhitze vorheizen.

Das Brot in Würfel schneiden und in einem Blitzhacker zu mittelfeinen Bröseln mahlen. Die Kräuter waschen und trocken schütteln. Die Blättchen abzupfen und fein hacken. Zusammen mit der Zitronenschale und der Butter unter die Brösel mischen. Die Brotmischung leicht salzen und pfeffern.

Die Fischfilets waschen und trocken tupfen. Dann salzen und pfeffern und auf ein Backblech oder in eine Auflaufform legen. Die Oberseite der Filets dünn mit Senf bestreichen, die Bröselmasse gleichmäßig auf dem Fisch verteilen und leicht andrücken. Die Filets im Ofen ca. 12–15 Minuten garen.

Für die Sauce die Schalotten schälen und in feine Würfel schneiden. Die Butter in einem kleinen Topf erhitzen und die Schalotten darin glasig dünsten. Mit Weißwein ablöschen und die Flüssigkeit auf die Hälfte einkochen lassen. Fischfond zugießen und die Flüssigkeit erneut auf die Hälfte reduzieren. Dann die Sahne zugießen und so lange bei mittlerer Temperatur kochen, bis eine sämige Sauce entsteht. Die Sauce mit einem Pürierstab schaumig aufschlagen. Mit Salz, Pfeffer und Zitronensaft abschmecken.

Den Reis nach Packungsangabe zubereiten.

Die überbackenen Steinbeißerfilets mit der Sauce und dem Reis servieren.

STEINBUTTFILET MIT WEIN-SENF-SAUCE UND STECKRÜBENSTAMPF

Für 4 Portionen

Wein-Senf-Sauce

60 g Schalotten
20 g Butter
200 ml Weißwein
200 ml Fischfond
200 ml Sahne
Salz, Pfeffer
2 EL grober Dijon-Senf

Steckrübenstampf

400 g Steckrüben
400 g mehligkochende Kartoffeln
150 ml Milch
100 g zimmerwarme Butter
Muskatnuss

Steinbutt

30 g roher Holsteiner Schinken
(in Scheiben)
20 g Butter
4 EL Rapsöl
4 Steinbuttfilets (à ca. 180 g)
2 Stängel Dill

Für die Sauce die Schalotten in feine Würfel schneiden. Butter in einem kleinen Topf erhitzen und die Schalotten darin glasig dünsten. Mit Weißwein ablöschen und auf die Hälfte einkochen lassen. Fond zugießen und auf die Hälfte einkochen lassen. Sahne zugießen und erneut auf die Hälfte einkochen lassen. Mit Salz und Pfeffer würzen. Sauce mit dem Stabmixer fein pürieren. Senf mit dem Schneebesen unterrühren und die Sauce abgedeckt warm stellen.

Für den Steckrüben-Stampf Steckrüben und Kartoffeln schälen und in Würfel schneiden. Die Würfel in ausreichend kochendem Salzwasser bei mittlerer Temperatur ca. 20–25 Minuten abgedeckt kochen. Abgießen und ausdämpfen lassen. Die Milch erwärmen und die Butter darin zerlassen. Milch-Butter-Mischung zugießen, untermischen und grob zerstampfen. Mit Salz und frisch geriebener Muskatnuss abschmecken.

Für den Steinbutt Schinkenscheiben quer in feine Streifen schneiden, auf ein Backblech mit Backpapier verteilen und im Backofen bei 160 °C Ober- und Unterhitze ca. 20 Minuten trocknen lassen.

Steinbuttfilets waschen, trocken tupfen, jeweils quer halbieren und leicht mit Salz und Pfeffer würzen. Butter mit Rapsöl in einer großen beschichteten Pfanne erhitzen und die Filets darin bei mittlerer bis hoher Temperatur auf der Grätenseite 2 Minuten goldbraun anbraten, wenden und 1 Minute weiterbraten.

Filets mit Steckrübenstampf und der Sauce auf vorgewärmten Tellern anrichten. Schinken über den Filets verteilen. Mit Dillspitzen garnieren und sofort servieren.

WOLFSBARSCHFILET MIT KRÄUTERKRUSTE

Für 4 Portionen

50 g Toast- oder Weißbrot vom Vortag
1 Zweig Rosmarin
5 Zweige Thymian
5 Stängel glatte Petersilie
Abrieb von ½ unbehandelten Zitrone
3 EL zimmerwarme Butter
Salz, Pfeffer
4 Wolfsbarschfilets (à ca. 180 g)
2 TL Dijon-Senf
400 g Tagliatelle
2 Stängel Dill

Den Backofen auf 160 °C Ober- und Unterhitze vorheizen.

Das Brot in Würfel schneiden und in einem Blitzhacker zu mittelfeinen Bröseln mahlen. Die Kräuter waschen und trocken schütteln. Die Nadeln bzw. Blättchen abzupfen und fein hacken, mit der Petersilie zu den Brotbröseln geben. Mit der Zitronenschale und der Butter unter die Brösel mischen. Die Brotmischung leicht salzen und pfeffern.

Die Fischfilets waschen und trocken tupfen. Dann salzen und pfeffern und auf ein Backblech oder in eine Auflaufform legen. Die Oberseite der Filets dünn mit Senf bestreichen, die Bröselmasse gleichmäßig auf dem Fisch verteilen und leicht andrücken. Die Filets im Ofen ca. 12–15 Minuten garen.

Die Tagliatelle in reichlich Salzwasser nach Packungsangabe bissfest kochen, das Nudelwasser abschütten und mit dem Fisch auf Tellern anrichten. Mit Dillspitzen garnieren und servieren.

SKREIFILET MIT GLASIERTEM WURZEL-KARTOFFEL-GEMÜSE

Für 4 Portionen

Wurzel-Kartoffel-Gemüse
400 g Karotten
1 kleiner Knollensellerie
400 g Kartoffeln
30 g Butter
Salz, Pfeffer
100 ml Gemüsefond

Skrei
4 Skreifilets (à ca. 180 g)
Salz, Pfeffer
2 EL Rapsöl
2 Zweige Thymian
40 g Butter

Für das Wurzel-Kartoffel-Gemüse Karotten und Knollensellerie putzen, schälen und in kleine Würfel schneiden. Kartoffeln schälen und ebenfalls klein würfeln. Die Butter in einer Pfanne zerlassen und das Gemüse sowie Kartoffeln darin andünsten. Mit Salz und Pfeffer würzen und mit dem Gemüsefond aufgießen. Abgedeckt ca. 20–25 Minuten weich schmoren. Zum Schluss nochmals mit Salz und Pfeffer abschmecken.

Den Fisch waschen, gut trocken tupfen, mit Salz und Pfeffer würzen. Die Filets in einer Pfanne im heißen Öl zunächst auf der Hautseite anbraten, dann wenden und bei niedriger Temperatur fertig braten. Butter und gewaschene Thymianzweige zugeben, alles kräftig durchschwenken und ca. 1 Minute aromatisieren. Vor dem Servieren nochmals mit Salz und Pfeffer würzen.

Das Wurzel-Kartoffel-Gemüse mit dem Skrei auf Tellern anrichten.

HEILBUTT MIT FRISCHEM MARKTGEMÜSE UND DAUPHINE-KARTOFFELN

Für 4 Portionen

Dauphine-Kartoffeln
600 g mehligkochende Kartoffeln
Salz
60 ml Wasser
60 ml Milch
30 g Butter
100 g Weizenmehl
2 Eier
Muskatnuss
Pflanzenöl zum Frittieren

Marktgemüse
1 rote Paprikaschote
1 gelbe Paprikaschote
1 Zucchini
100 g Kirschtomaten
2 Zweige Rosmarin
4 Zweige Thymian
2 EL Olivenöl
Pfeffer

Heilbutt
4 Heilbuttfilets (à ca. 180 g)
Weizenmehl zum Bestäuben
2 EL Rapsöl

Für die Dauphine-Kartoffeln die Kartoffeln waschen, schälen, vierteln und in Salzwasser kochen. Dann abschütten und etwas ausdampfen lassen. Die Kartoffeln portionsweise in eine Kartoffelpresse füllen und über einer Schüssel durchdrücken.

Für den Brandteig Wasser, Milch, Butter und Salz in einem Topf aufkochen. Das Mehl auf einmal dazugeben, die Masse so lange mit einem Holzlöffel rühren, bis sich ein Kloß bildet und sich am Topfboden alles gelöst hat. In eine Schüssel geben und nach und nach die Eier mit einem Handrührgerät unterkneten, bis eine glatte Masse entsteht. Die Kartoffelmasse nun nach und nach unter den Brandteig kneten, bis eine glatte Masse entsteht. Mit Salz und frisch geriebener Muskatnuss abschmecken. Reichlich Öl zum Frittieren erhitzen. Von der Kartoffelmasse mithilfe von 2 Esslöffeln Nocken abstechen und portionsweise goldbraun ausbacken. Dann abtropfen lassen.

Für das Marktgemüse die Paprikaschoten waschen, halbieren, Kerne und weiße Innenhäute entfernen und in mundgerechte Würfel schneiden. Zucchini putzen, waschen, längs halbieren oder vierteln und in Scheiben schneiden. Die Kirschtomaten waschen und halbieren. Die Kräuterzweige waschen, trocken schütteln, Nadeln bzw. Blätter abzupfen und hacken.

Die Gemüsestücke, bis auf die Kirschtomaten, mit den Kräutern, Olivenöl, Salz und Pfeffer mischen. In einer großen beschichteten Pfanne unter mehrmaligem Rühren oder Schwenken bissfest dünsten. Dann Kirschtomaten zugeben, gut untermischen, heiß werden lassen, mit Salz und Pfeffer nochmal abschmecken.

Für den Fisch die Heilbuttfilets waschen, trocken tupfen, mit Salz und Pfeffer würzen, von beiden Seiten leicht mit Mehl bestäuben. In einer großen Pfanne das Öl erhitzen und die Heilbuttfilets darin von beiden Seiten goldbraun braten.

Alles zusammen anrichten und servieren.

SCHWARZER HEILBUTT MIT SPINAT UND BRATKARTOFFELN

Für 4 Portionen

Heilbutt
4 schwarze Heilbuttfilets
(à ca. 180 g)
Salz
Weizenmehl zum Wenden
3 EL Pflanzenöl
50 g Butter
4 Zweige Thymian
Saft von ½ Zitrone

Spinat
600 g frischer Blattspinat
1 Zwiebel
1 Knoblauch
2 EL Rapsöl
150 ml Gemüsebrühe
Pfeffer
Muskatnuss

Bratkartoffeln
800 g festkochende Kartoffeln
100 g Butterschmalz

Die Heilbuttfilets waschen, trocken tupfen und mit Salz würzen. Die Filets von beiden Seiten in Mehl wenden, überschüssiges Mehl abklopfen. Das Öl in einer Pfanne erhitzen und die Heilbuttfilets darin von beiden Seiten anbraten. Die Butter sowie die gewaschenen Kräuterzweige zugeben, kurz darin schwenken und mit Zitronensaft beträufeln.

Spinat waschen und trocken schleudern. Zwiebel und Knoblauch schälen und in kleine Würfel schneiden. In einem Topf das Rapsöl erhitzen, Zwiebel- und Knoblauchwürfel darin anschwitzen. Mit Gemüsebrühe ablöschen, Spinat zugeben und bei geschlossenem Deckel den Spinat ca. 3 Minuten zusammenfallen lassen. Mit Salz, Pfeffer und frisch geriebener Muskatnuss abschmecken.

Für die Bratkartoffeln die Kartoffeln waschen und anschließend in reichlich Salzwasser zu Pellkartoffeln kochen. Dann abschütten und etwas auskühlen lassen. Die Kartoffeln pellen, vollständig auskühlen lassen und in Scheiben schneiden. Das Butterschmalz in einer Pfanne erhitzen und die Kartoffelscheiben darin goldbraun braten. Mit Salz und Pfeffer würzen.

Den Heilbutt mit dem Spinat und den Bratkartoffeln anrichten.

FORELLE MÜLLERINART MIT PETERSILIENKARTOFFELN

Für 4 Portionen

Petersilienkartoffeln
siehe S. 206

Garnitur
2 EL gehobelte Mandeln
Zitronenspalten

Forellen
Butterschmalz zum Braten
4 gleich große, küchenfertige Forellen
Zitronensaft
Pfeffer
½ Bund Petersilie
Weizenmehl zum Wenden

Petersilienkartoffeln wie auf S. 206 beschrieben zubereiten.

Für die Garnitur die Mandelblättchen in einer kleinen Pfanne goldbraun rösten, herausnehmen und beiseitestellen.

Für die Fische zwei große Pfannen mit reichlich Butterschmalz erhitzen. Inzwischen die Fische waschen und trocken tupfen. Innen und außen mit Zitronensaft beträufeln, mit Salz und Pfeffer würzen, mit etwas gewaschener Petersilie füllen und in Mehl wenden. Die Fische bei mittlerer Temperatur auf jeder Seite ca. 5–7 Minuten goldbraun braten. Die Fische sind dann gar, wenn sich die Rückenflosse leicht herauslösen lässt.

Die Fische mit den Mandelblättchen und den Zitronenspalten anrichten.

MATJES HAUSFRAUENART

Für 4 Portionen

Matjes
8 Matjes- oder Salzheringsfilets
2 kleine Äpfel
1 rote Zwiebel
2 Gewürzgurken
1 Lorbeerblatt
200 ml Sahne
200 g saure Sahne
Salz, Pfeffer
1 Prise Zucker
2 EL Essig

Pellkartoffeln
750 g kleine vorwiegend festkochende Kartoffeln

Matjes- bzw. Heringsfilets unter fließendem Wasser abspülen, gut abtropfen und im Ganzen lassen oder in Stücke schneiden. Sehr stark gesalzene Heringfilets sollten vor der Zubereitung ca. 1 Stunde gewässert werden.

Äpfel gründlich waschen, Kerngehäuse entfernen und in dünne Spalten schneiden. Zwiebel schälen, halbieren und in Streifen schneiden. Gewürzgurken in kleine Würfel schneiden. Apfelspalten und Gurkenwürfel, Zwiebelstreifen und Lorbeerblatt in eine große Schüssel geben.

Süße und saure Sahne miteinander verrühren und mit Salz, Pfeffer, Zucker sowie Essig abschmecken. Sahnesauce in die Schüssel geben, alles gut durchmischen, die Fischfilets hineinlegen und abgedeckt einige Stunden im Kühlschrank durchziehen lassen. Nach Bedarf nochmals nachwürzen.

Für die Pellkartoffeln die Kartoffeln mit Schale in ausreichend Salzwasser ca. 20 Minuten gar kochen. Nach Ende der Garzeit abschütten, etwas auskühlen lassen und nach Belieben pellen.

Lorbeerblatt aus der Sauce entfernen und zusammen mit den Pellkartoffeln anrichten.

MIESMUSCHELTOPF

Für 2 Portionen

2 kg Miesmuscheln
150 g Fenchel
200 g Karotten
150 g Knollen- oder Staudensellerie
2 Tomaten
2 Schalotten
1 Knoblauchzehe
5 Stängel Petersilie
1 kleines Bund Kerbel
2 EL Olivenöl
Salz, Pfeffer
200 ml Weißwein
400 ml Fischfond
100 ml Sahne
Abrieb und Saft von ½ unbehandelten Zitrone

Die Miesmuscheln unter fließend kaltem Wasser gründlich waschen, abbürsten und den Bart entfernen. Offene oder beschädigte Muscheln aussortieren.

Fenchel putzen und waschen. Karotten und Sellerie putzen und schälen. Alles in feine Würfel schneiden. Tomaten waschen, Strünke sowie Kerne entfernen und ebenfalls in feine Würfel schneiden. Schalotten und Knoblauch schälen und beides hacken. Kräuter waschen, trocken schütteln, Blätter abzupfen und fein hacken.

In einem großen Topf das Olivenöl erhitzen. Die Gemüsewürfel, bis auf die Tomaten, zusammen mit Schalotte und Knoblauch anschwitzen. Mit Salz und Pfeffer würzen. Die gesäuberten Muscheln zugeben und kurz mit anschwitzen. Mit Weißwein ablöschen und mit Fischfond aufgießen. Alles aufkochen und abgedeckt bei mittlerer Temperatur ca. 5–10 Minuten kochen, bis die Muscheln sich öffnen.

Die Muscheln abschütten, noch geschlossene Muscheln entfernen. Die aufgefangene Flüssigkeit mit der Sahne verfeinern. Den Sud zur gewünschten Konsistenz einkochen. Zum Schluss Tomatenwürfel und Kräuter unterrühren. Mit Zitronenabrieb, -saft sowie Salz und Pfeffer abschmecken.

Die Muscheln wieder zugeben, heiß werden lassen und zusammen mit dem Sud servieren.

PAELLA MIT MEERESFRÜCHTEN

Für 4 Portionen

2 Zwiebeln
2 Knoblauchzehen
2 Tomaten
1 rote Paprikaschote
1 gelbe Paprikaschote
150 g Kenia-Bohnen
100 g TK-Erbsen
3 EL Sonnenblumenöl
600 g Meeresfrüchte
300 g Risottoreis
1 Döschen Safranfäden
300 ml Fischfond
400 ml Gemüsebrühe
300 g Miesmuscheln
Salz, Pfeffer
rosenscharfes Paprikapulver

Zwiebeln und Knoblauchzehen schälen und in kleine Würfel schneiden. Tomaten mit kochendem Wasser überbrühen, Strünke herausschneiden, häuten und würfeln. Paprika putzen, waschen, halbieren, Kerne und weiße Innenhäute entfernen und in kleine Würfel schneiden. Kenia-Bohnen putzen, waschen und dann halbieren. Erbsen in eine Schüssel geben und antauen lassen.

In einer großen Pfanne das Öl erhitzen. Die Meeresfrüchte darin anbraten und herausnehmen. Zwiebeln, Knoblauch, Tomatenwürfel, Paprikawürfel, Kenia-Bohnen und den Reis in die Pfanne geben. Safranfäden in den Fischfond rühren und zusammen mit der Gemüsebrühe zugießen und aufkochen. Abgedeckt bei geringer Temperatur ca. 15 Minuten garen.

In der Zwischenzeit die Miesmuscheln gründlich waschen, bürsten und den Bart entfernen. Geöffnete Muscheln aussortieren. Dann Muscheln, Erbsen und Meeresfrüchte zugeben und weitere 5 Minuten abgedeckt garen. Geschlossene Muscheln aussortieren und vor dem Servieren mit Salz, Pfeffer und Paprikapulver abschmecken.

THUNFISCHSTEAK MIT PAPRIKA UND OLIVEN

Für 4 Portionen

Reis
250 g Wildreis

Paprika und Olive
1 rote Paprikaschote
1 gelbe Paprikaschote
3 Schalotten
2 EL Olivenöl
10 entsteinte schwarze Oliven
1 EL Kapern
Salz, Pfeffer

Thunfisch
4 Thunfischsteaks (à ca. 200 g)
2 EL Pflanzenöl
80 g Butter
1 Zweig Rosmarin
1 Zweig Thymian

Den Reis nach Packungsangabe zubereiten.

Paprika waschen, Kerne und weiße Innenhäute entfernen und in mundgerechte Stücke schneiden. Schalotten schälen und in Ringe schneiden. In einer Pfanne das Olivenöl erhitzen und die Paprika darin andünsten. Die Schalotten zugeben und mitdünsten. Alles unter mehrmaligem Wenden bissfest dünsten. Zum Schluss Oliven und Kapern zugeben und darin heiß werden lassen. Mit Salz und Pfeffer abschmecken. Bis zum Anrichten warm halten.

Den Thunfisch waschen und trocken tupfen. In einer Pfanne im heißen Öl von allen Seiten kurz scharf anbraten, mit Salz und Pfeffer würzen. Anschließend die Butter zugeben, aufschäumen lassen und mit den gewaschenen Kräutern nur kurz durchschwenken. Das Innere sollte noch roh sein.

223

RISOTTO MIT MEERESFRÜCHTEN

Für 4 Portionen

2 Schalotten
2 Knoblauchzehe
3 EL Olivenöl
250 g Risottoreis
150 ml Weißwein
700 ml heiße Geflügelbrühe
300 g Meeresfrüchte
1 EL gehackte Petersilie.
Salz, Pfeffer
Saft von 1 Zitrone
50 g Butter
50 g frisch geriebener Parmesan

Schalotten und 1 Knoblauchzehe schälen und fein würfeln. 2 EL Olivenöl in einem großen Topf erhitzen, Schalotten und Knoblauch darin anschwitzen. Reis zufügen und unter Rühren glasig anschwitzen.

Mit Weißwein aufgießen und diesen bei niedriger Temperatur unter Rühren einkochen lassen. Sobald der Weißwein nahezu verdunstet ist, ¼ der heißen Geflügelbrühe zugießen und den Reis unter häufigem Rühren so lange garen, bis die Körner die Flüssigkeit fast vollständig aufgesogen haben.

Diesen Vorgang noch dreimal wiederholen, bis die Brühe aufgebraucht ist und die Reiskörner außen weich, jedoch innen noch leicht bissfest sind. Das dauert je nach Reissorte ca. 18–25 Minuten.

Die Hälfte der Meeresfrüchte nach 15 Minuten unter den Risotto rühren und mit garen. Knoblauchzehe schälen und in kleine Würfel schneiden. In einer Pfanne Knoblauchwürfel im restlichen Olivenöl anschwitzen, die andere Hälfte der Meeresfrüchte zugeben und anbraten, ohne dass diese Farbe bekommen. Mit Petersilie, Salz, Pfeffer und etwas Zitronensaft würzen.

Zum Schluss Butter und Parmesan unter den Risotto rühren. Kräftig mit Salz, Pfeffer und Zitronensaft abschmecken. Auf Tellern verteilen, mit den angebratenen Meeresfrüchten belegen und servieren.

CORDON BLEU VOM SCHWEIN MIT VICHY-KAROTTEN UND POMMES

Für 4 Portionen

Vichy-Karotten
600 g Karotten
1 Zwiebel
1 EL Butter
Zucker
Salz
1 Schuss Mineralwasser
4 Stängel Petersilie

Pommes frites
siehe S. 84

Cordon bleu
4 Schnitzel vom Schwein (à ca. 200 g)
Pfeffer
4 Scheiben Käse (z. B. Emmentaler)
4 Scheiben gekochter Schinken
Weizenmehl zum Wenden
3 Eier
Semmelbrösel zum Panieren
Butterschmalz zum Braten

Für das Gemüse die Karotten schälen und nach Belieben in ganze oder halbe Scheiben schneiden. Die Zwiebel schälen, fein würfeln und in der Butter glasig dünsten. Mit 1 kräftigen Prise Zucker würzen. Karotten zugeben und salzen. Mit Mineralwasser ablöschen und die Karotten darin bissfest kochen. Petersilie waschen, trocken schütteln, Blätter abzupfen, fein hacken und unterrühren. Nochmals abschmecken und bis zum Servieren warm halten.

Die Pommes frites wie auf S. 84 beschrieben zubereiten.

Für die Cordons bleus die Schweineschnitzel waschen, trocken tupfen und zwischen einen aufgeschnittenen Gefrierbeutel legen. Mit dem Boden einer Bratpfanne etwas flach klopfen und mit Salz sowie Pfeffer würzen. Jedes Schnitzel auf einer Hälfte mit je 1 Scheibe Käse und Schinken belegen. Andere Schnitzelhälfte darüber klappen.

Das Fleisch in Mehl wenden, überschüssiges Mehl etwas abklopfen, dann durch die verquirlten Eier ziehen und zum Schluss in Semmelbröseln panieren. Das Fleisch sollte vollständig von der Panade überzogen sein.

Reichlich Butterschmalz in einer Pfanne zerlassen und das Fleisch darin bei mittlerer Temperatur von beiden Seiten ca. 6–8 Minuten braten. Sobald die Panade goldgelb ist, sollte das Fleisch gar sein.

Das Cordon bleu mit den Pommes frites und den Vichy-Karotten servieren.

JÄGERSCHNITZEL
MIT PILZRAHMSAUCE
UND POMMES FRITES

Für 4 Portionen

Pilzrahmsauce
500 g Champignons
1 Zwiebel
1 Knoblauchzehe
3 EL Sonnenblumenöl
350 ml Bratenfond
3 Zweige Thymian
3 Stängel glatte Petersilie
200 ml Sahne
Salz, Pfeffer
edelsüßes Paprikapulver
Speisestärke, nach Belieben

Pommes frites
siehe S. 84

Jägerschnitzel
4 Schweineschnitzel (à ca. 180 g)
2 Eier
2 EL Sahne
Weizenmehl zum Wenden
Semmelbrösel zum Wenden
Butterschmalz zum Braten

Für die Sauce die Pilze putzen und vierteln. Zwiebeln und Knoblauch schälen und in kleine Würfel schneiden.

Öl in einem Topf erhitzen. Die Zwiebel anschwitzen, Pilze und Knoblauch zugeben und mit anschwitzen. Bratenfond zugeben und ca. 5 Minuten köcheln lassen. Thymian und Petersilie waschen, trocken schütteln, Blätter abzupfen und fein hacken. Die Sahne zugießen, die Sauce mit Salz, Pfeffer und Paprikapulver abschmecken und wenn nötig mit etwas Speisestärke zur gewünschten Konsistenz abbinden. Kurz vor dem Servieren die gehackten Kräuter unterrühren.

Die Pommes frites wie auf S. 84 beschrieben zubereiten.

Die Schnitzel waschen, trocken tupfen, zwischen einen aufgeschnittenen Gefrierbeutel legen und mit einem Fleischklopfer oder dem Boden einer Bratpfanne flach klopfen. Das Fleisch von beiden Seiten salzen und pfeffern.

Die Eier mit der Sahne verquirlen. Eier-Sahne-Mischung, Mehl und Semmelbrösel jeweils auf einen Teller geben. Die Schnitzel erst in Mehl wenden, überschüssiges Mehl etwas abklopfen, dann durch die Eiersahne ziehen und in den Semmelbröseln wenden.

Ausreichend Butterschmalz in einer Pfanne erhitzen. Erst wenn das Schmalz richtig heiß ist, die Schnitzel hineinlegen und bei mittlerer Temperatur von jeder Seite ca. 3–4 Miuten goldgelb braten. Dabei sollte man nicht am Fett sparen und das Bratgut schwimmend ausbacken. Zum Schluss einfach auf Küchenpapier abtropfen lassen.

Die Schnitzel mit der Pilzrahmsauce und den Pommes auf Tellern anrichten.

PANIERTE SCHNITZEL

Für 4 Portionen

4 Kalbs-, Schweine- oder Putenschnitzel
Salz, Pfeffer
2 Eier
2 EL Sahne
Weizenmehl und Semmelbrösel zum Wenden
Pflanzenöl oder Butterschmalz zum Braten

Das Fleisch waschen, trocken tupfen und zwischen einem aufgeschnittenen Gefrierbeutel mit einem Fleischklopfer gleichmäßig plattieren. Anschließend salzen und pfeffern.

Die Eier mit der Sahne verquirlen. Die Schnitzel erst in Mehl wenden, überschüssiges Mehl abklopfen, dann durch die Eier-Sahne-Mischung ziehen und zum Schluss in den Semmelbröseln panieren.

Eine große Pfanne mit ausreichend Fett erhitzen. Die Schnitzel hineinlegen und unter leichten Ruckbewegungen an der Pfanne von beiden Seiten goldbraun braten. Dann herausnehmen, auf Küchenpapier abtropfen lassen und sofort servieren.

ENTRECÔTE MIT SAUTIERTEM GEMÜSE

Für 4 Portionen

Entrecôte
4 Entrecôtes (à ca. 250 g)
Pflanzenöl zum Braten
100 g Butter
2 Zweige Rosmarin
2 Zweige Thymian
Salz, Pfeffer

Gemüse
200 g Champignons
1 rote Paprikaschote
1 Zwiebel
1 Knoblauchzehe
Muskatnuss

Die Entrecôtes waschen und trocken tupfen. In einer Pfanne in etwas heißem Öl von beiden Seiten scharf anbraten. Je nach gewünschtem Gargrad rosa braten (Kerntemperatur von ca. 50 °C). Die Butter sowie die gewaschenen Kräuterzweige zugeben, kurz darin schwenken und mit Salz und Pfeffer würzen. Außerhalb der Pfanne ca. 5 Minuten ruhen lassen, bis die gewünschte Kerntemperatur erreicht ist.

Für das Gemüse die Champignons säubern und vierteln. Paprikaschoten waschen, Kerne und weiße Innenhäute entfernen und in Stücke schneiden. Zwiebel und Knoblauch schälen und in kleine Würfel schneiden. Die Champignons und die Paprikawürfel in die Pfanne geben, in der zuvor die Entrecôtes angebraten wurden, und darin anbraten. Sobald die Champignons etwas Farbe angenommen haben, Zwiebel und Knoblauch zugeben und mitbraten. Alles kräftig mit Salz, Pfeffer und frisch geriebener Muskatnuss abschmecken.

Die Entrecôtes mit dem Gemüse anrichten.

SPARGEL MIT SAUCE HOLLANDAISE, WIENER SCHNITZEL UND NEUEN KARTOFFELN

Für 4 Portionen

Spargel
1 kg weißer Spargel
Salz
Zucker
1 EL Butter
Saft von ½ Zitrone

Wiener Schnitzel
4 Kalbsschnitzel (à ca. 150 g)
Pfeffer
2 Eier
2 EL Sahne
Weizenmehl zum Wenden
Semmelbrösel zum Wenden
Butterschmalz zum Braten

Sauce hollandaise
200 g Butter
3 Eigelb
50 ml Wasser
1 EL Zitronensaft

Kartoffeln
1 kg neue Kartoffeln

Den Spargel schälen und die holzigen Enden abschneiden. Die Stangen in ausreichend kochendem Wasser mit je einer kräftigen Prise Salz und Zucker, Butter und Zitronensaft ca. 8–10 Minuten bissfest garen. Herausnehmen, abtropfen lassen und warm stellen.

Die Schnitzel waschen, trocken tupfen, zwischen einen aufgeschnittenen Gefrierbeutel legen und mit einem Fleischklopfer oder dem Boden einer Bratpfanne flach klopfen. Das Fleisch salzen und pfeffern. Die Eier mit der Sahne verquirlen. Die Kalbsschnitzel erst in Mehl wenden, überschüssiges Mehl etwas abklopfen, dann durch die Eiersahne ziehen und in den Semmelbröseln wenden. Kurz vor dem Servieren das Butterschmalz in einer Pfanne erhitzen und die Schnitzel von jeder Seite ca. 3–4 Minuten goldgelb braten.

Für die Hollandaise die Butter in einem Topf schmelzen und etwas abkühlen lassen. Die Eigelbe mit dem Wasser und dem Zitronensaft in einer Schüssel in einem heißen Wasserbad mit dem Schneebesen cremig schlagen. Die Butter nach und nach langsam unterrühren und die Sauce mit Salz und Pfeffer abschmecken.

Die Kartoffeln gründlich waschen und ungeschält in ausreichend Salzwasser garen. Abgießen, etwas abkühlen lassen, pellen oder mit Schale genießen.

Spargel, Schnitzel, Sauce und Kartoffeln auf Tellern anrichten und servieren.

FLANKSTEAK MIT VICHY-KAROTTEN

Für 4 Portionen

Vichy-Karotten
600 g Karotten
1 Zwiebel
1 EL Butter
1 Prise Zucker
Salz
1 Schuss Mineralwasser
4 Stängel Petersilie

Steak
4 Flanksteaks (à ca. 200 g)
Pflanzenöl zum Braten
80 g Butter
2 Zweige Rosmarin
2 Zweige Thymian
Pfeffer

Für das Gemüse die Karotten schälen und nach Belieben in ganze oder halbe Scheiben schneiden. Die Zwiebel schälen, fein würfeln, in der Butter glasig dünsten und mit Zucker würzen. Karotten zugeben und salzen. Mit Mineralwasser ablöschen und die Karotten darin bissfest kochen. Petersilie waschen, trocken schütteln, Blätter abzupfen, fein hacken und unterrühren. Nochmals abschmecken und bis zum Servieren warm halten.

Die Steaks waschen, trocken tupfen und in einer Pfanne in heißem Öl von beiden Seiten scharf anbraten. Je nach gewünschtem Gargrad rosa braten (Kerntemperatur von ca. 50 °C). Die Butter sowie die gewaschenen und getrockneten Kräuterzweige zugeben, kurz darin schwenken und mit Salz und Pfeffer würzen. Außerhalb der Pfanne ca. 5 Minuten ruhen lassen, bis die gewünschte Kerntemperatur erreicht ist.

Die Steaks mit den Vichy-Karotten servieren.

FLEISCH

FLANKSTEAK MIT MARKTGEMÜSE

Für 4 Portionen

Steak
4 Flanksteaks (à ca. 200 g)
Pflanzenöl zum Braten
80 g Butter
2 Zweige Rosmarin
2 Zweige Thymian
Salz, Pfeffer

Marktgemüse
2 rote Paprikaschoten
2 Zucchini
1 Knoblauchzehe
Olivenöl zum Braten

Die Flanksteaks waschen und trocken tupfen. In einer Pfanne in etwas heißem Öl von beiden Seiten scharf anbraten. Je nach gewünschtem Gargrad rosa braten (Kerntemperatur von ca. 50 °C). Die Butter sowie die gewaschenen und getrockneten Kräuterzweige zugeben, kurz darin schwenken und mit Salz und Pfeffer würzen. Außerhalb der Pfanne ca. 5 Minuten ruhen lassen, bis die gewünschte Kerntemperatur erreicht ist.

Die Paprikaschoten putzen, waschen, Kerne und weiße Innenhäute entfernen und in mundgerechte Stücke schneiden. Zucchini putzen, waschen, längs halbieren und schräg in Scheiben schneiden. Knoblauch schälen und halbieren. Das Olivenöl in einer Pfanne erhitzen und das Gemüse und die Knoblauchzehe darin unter mehrmaligem Wenden bissfest braten. Mit Salz und Pfeffer abschmecken.

Die Steaks mit dem Marktgemüse auf Tellern anrichten und servieren.

KALBSKOTELETT MIT CHICORÉE IN PORTWEINSAUCE

Für 4 Portionen

Portweinsauce und Chicorée
500 ml roter Traubensaft
2 kleine Zwiebeln
3 EL Pflanzenöl
500 ml Rotwein
150 ml roter Portwein
800 ml Bratenfond
2 Lorbeerblätter

3 Pimentkörner
4 Stauden Chicorée
Salz, Pfeffer
Speisestärke, nach Belieben

Kotelett
4 Kalbskoteletts
2 EL Pflanzenöl
1 Zweig Rosmarin

Für die Portweinsauce den Traubensaft auf ca. 125 ml einkochen.

Die Zwiebeln schälen, fein hacken und in einem Topf in 1 EL heißem Öl anbraten. Mit dem Rotwein und dem Portwein ablöschen und einkochen, bis die Flüssigkeit nahezu verdunstet ist. Den Bratenfond zugießen, Lorbeerblätter und Piment zugeben und die Flüssigkeitsmenge auf zwei Drittel einkochen. Zum Schluss den reduzierten Traubensaft unterrühren.

Den Chicorée waschen und längs halbieren. Das restliche Öl in einer Pfanne erhitzen und die halbierten Stauden auf den Schnittflächen anbraten. Wenden, salzen, pfeffern, in die heiße Sauce legen und abgedeckt ca. 5–8 Minuten weich schmoren.

Den Chicorée herausnehmen und warm halten. Die Sauce durch ein feines Sieb passieren. Wieder in den Topf geben und mit in kaltem Wasser angerührter Speisestärke zur gewünschten Konsistenz binden. Zum Schluss mit Salz und Pfeffer abschmecken. Den Chicorée bis zum Anrichten darin warm halten.

Die Koteletts waschen und trocken tupfen. Von beiden Seiten mit Salz und Pfeffer würzen. Rosmarin waschen, trocken schütteln und den Zweig klein zupfen. Das Fleisch in einer Pfanne im heißen Öl von beiden Seiten grillen, dabei mehrmals wenden. Zum Schluss den Rosmarin zum Fleisch in die Pfanne geben.

Den Chicorée mit der Sauce zu den Kalbskoteletts servieren.

FILETSTEAK MIT KARTOFFELGRATIN UND SPECKBOHNEN

Für 4 Portionen

Kartoffelgratin
1 kg vorwiegend festkochende
Kartoffeln
Butter für die Form
1 Knoblauchzehe
1 Zweig Thymian
1 kleiner Zweig Rosmarin
250 ml Sahne
250 ml Milch
Salz, Pfeffer
Muskatnuss
100 g geriebener Gouda

Speckbohnen
600 g grüne Bohnen
1 TL getrocknetes Bohnenkraut
100 g Speckwürfel
2 EL Pflanzenöl

Steak
4 Filetsteaks (à ca. 180 g)
Pflanzenöl zum Braten
80 g Butter
2 Zweige Rosmarin
2 Zweige Thymian

Kartoffeln schälen, waschen und auf der Küchenreibe in dünne Scheiben hobeln. Eine kleine Auflaufform mit Butter einfetten und die Kartoffelscheiben darin dachziegelartig schichten.

Backofen auf 200 °C Umluft vorheizen.

Knoblauch schälen und halbieren. Thymian und Rosmarin waschen und trocken schütteln. Sahne und Milch zusammen mit Knoblauch und Kräutern aufkochen und kräftig mit Salz, Pfeffer sowie frisch geriebener Muskatnuss würzen. Sahne-Milch-Mischung durch ein Sieb über die Kartoffeln gießen. Im Backofen ca. 35–40 Minuten backen. Etwa 15 Minuten vor Ende der Garzeit mit dem Käse bestreuen und überbacken.

Bohnen putzen und waschen. Bohnenkraut in reichlich Salzwasser aufkochen, Bohnen zugeben und bei niedriger Temperatur abgedeckt ca. 4–6 Minuten garen. Herausnehmen, in Eiswasser abschrecken und abtropfen lassen. Speckwürfel in einer Pfanne oder Topf mit dem Öl knusprig braten. Die Bohnen zugeben und gut durchschwenken. Mit Salz und Pfeffer würzen.

Die Steaks in einer Pfanne in etwas heißem Öl von beiden Seiten scharf anbraten. Je nach gewünschtem Gargrad rosa braten (Kerntemperatur von ca. 50 °C). Die Butter sowie die gewaschenen und trocken geschüttelten Kräuterzweige zugeben, kurz darin schwenken und mit Salz und Pfeffer würzen. Außerhalb der Pfanne ca. 5 Minuten ruhen lassen, bis die gewünschte Kerntemperatur erreicht ist.

Die Steaks zusammen mit den Speckbohnen und dem Kartoffelgratin anrichten.

CÔTE DE BŒUF MIT GEBRATENEM FENCHEL UND SAUCE BÉARNAISE

Für 4 Portionen

Fenchel

3 Fenchelknollen
2 Zweige Thymian
2 EL Sonnenblumenöl
Saft von 1 Zitrone
Salz, Pfeffer
edelsüßes Paprikapulver

Sauce béarnaise

2 Schalotten
5 Stängel Estragon
20 g Butter
50 ml Weißweinessig
50 ml Weißwein
3 weiße Pfefferkörner
3 Eigelb
200 g geklärte flüssige Butter
Cayennepfeffer

Côte de Bœuf

2 Côtes de Bœuf (à ca. 800 g)
Pflanzenöl zum Braten
80 g Butter
2 Zweige Rosmarin
2 Zweige Thymian

Für das Gemüse den Fenchel putzen, waschen und in dünne Scheiben schneiden oder hobeln. Thymian waschen, trocken schütteln, Blättchen abzupfen und fein hacken.

Den Fenchel in einer Pfanne mit Sonnenblumenöl glasig anbraten, Thymian zugeben, kurz weiterbraten, mit der Hälfte des Zitronensafts ablöschen und bissfest schmoren. Mit Salz, Pfeffer und Paprikapulver abschmecken und bis zum Anrichten warm halten.

Für die Sauce béarnaise die Schalotten schälen und in feine Würfel schneiden. Estragon waschen, trocken schütteln, die Blättchen von den Stängeln zupfen und fein schneiden. Die Butter in einem Topf zerlassen und die Schalottenwürfel darin glasig dünsten. Mit Essig und Weißwein ablöschen und einmal aufkochen. Pfefferkörner mit einem Mörser zerstoßen, zur Schalotten-Weißwein-Mischung geben und die Sauce um die Hälfte reduzieren. In eine Metallschüssel umfüllen und etwas abkühlen lassen. Die Schüssel über ein heißes Wasserbad stellen. Eigelbe zugeben und mit dem Schneebesen zu einer cremigen Masse aufschlagen. Die geklärte Butter langsam unter ständigem Rühren einfließen lassen und den Estragon unter die Sauce rühren. Die Sauce béarnaise mit Salz, Pfeffer, Cayennepfeffer und dem restlichen Zitronensaft abschmecken und über dem Wasserbad warm halten.

Das Fleisch waschen und trocken tupfen. In einer Pfanne in heißem Öl von beiden Seiten scharf anbraten. Je nach gewünschtem Gargrad rosa braten (Kerntemperatur von ca. 50 °C). Die Butter sowie die gewaschenen Kräuterzweige zugeben, kurz darin schwenken und mit Salz und Pfeffer würzen. Außerhalb der Pfanne ca. 5 Minuten ruhen lassen, bis die gewünschte Kerntemperatur erreicht ist.

Das Côte de Bœuf mit der Sauce béarnaise und dem Fenchel anrichten.

GEGRILLTES KOTELETT VOM DUROC SCHWEIN MIT SELLERIEPÜREE UND VICHY-KAROTTEN

Für 4 Portionen

Kotelett
4 Koteletts vom Duroc Schwein
Salz, Pfeffer
1 Zweig Rosmarin
2 EL Pflanzenöl

Selleriepüree
500 g mehligkochende Kartoffeln
300 g Knollensellerie
100 ml Sahne
100 g Butter
Muskatnuss

Vichy-Karotten
siehe S. 235

Die Koteletts waschen und trocken tupfen. Von beiden Seiten mit Salz und Pfeffer würzen. Rosmarin waschen, trocken schütteln und den Zweig klein zupfen. Fleisch in einer Pfanne im heißen Öl von beiden Seiten braten, dabei mehrmals wenden. Zum Schluss den Rosmarin zum Fleisch geben.

Kartoffeln und Sellerie schälen, in grobe Stücke schneiden und in reichlich Salzwasser weich kochen. Kartoffeln zusammen mit dem Sellerie noch heiß durch eine Presse drücken oder zerstampfen. Die Sahne erwärmen, die Butter darin zerlassen und zum Püree geben. Mit Salz, Pfeffer und frisch geriebener Muskatnuss abschmecken.

Die Vichy-Karotten wie auf S. 235 beschrieben zubereiten und die Schweinekoteletts zusammen mit dem Selleriepüree und den Vichy-Karotten anrichten.

CHATEAUBRIAND

Für 2 Portionen

1 Rinderfiletmittelstück (ca. 300–400 g)
Salz, Pfeffer
2 EL Pflanzenöl
Meersalz

Den Backofen auf 120 °C Ober- und Unterhitze vorheizen.

Das Fleisch waschen, trocken tupfen und nach Belieben in Form binden. Mit Salz und Pfeffer würzen. Das Öl in einer Pfanne erhitzen und das Fleisch darin von allen Seiten kräftig anbraten.

Im Backofen je nach Dicke ca. 30–45 Minuten, bis zu einer Kerntemperatur von ca. 54 °C garen. Vor dem Aufschneiden das Chateaubriand ca. 5 Minuten ruhen lassen, das Küchengarn entfernen, in Scheiben aufschneiden und mit Meersalz würzen.

LAMMKOTELETT MIT PAPRIKA-ZUCCHINI-GEMÜSE UND SÜSSKARTOFFELPÜREE

Für 4 Portionen

Süßkartoffelpüree
1 kg Süßkartoffeln
250 ml Gemüsebrühe
Zitronensaft
Salz
Sahne oder Crème fraîche,
nach Belieben

Paprika-Zucchini-Gemüse
1 rote Paprikaschote
1 gelbe Paprikaschote
2 Zucchini
100 g Kirschtomaten
1 Zweig Rosmarin
2 Zweige Thymian
2 EL Olivenöl
Pfeffer

Kotelett
12 Lammkoteletts (à ca. 80 g)
2 Knoblauchzehen
1 Zweig Thymian
1 Zweig Rosmarin
2 EL Olivenöl

Den Backofen auf 180 °C Ober- und Unterhitze vorheizen.

Die Süßkartoffeln schälen, in ca. 2 cm große Würfel schneiden und mit der Gemüsebrühe in einen Topf geben. Abgedeckt aufkochen und bei niedriger Temperatur ca. 25–30 Minuten weich kochen. Dann abschütten. Die Würfel pürieren und das Püree mit Zitronensaft und Salz abschmecken. Für etwas mehr Cremigkeit noch einen Schuss Sahne oder etwas Crème fraîche unterrühren. Bis zum Anrichten warm halten.

Für das Gemüse die Paprikaschoten waschen, halbieren, Kerne sowie weiße Innenhäute entfernen und in mundgerechte Würfel schneiden. Zucchini putzen, waschen, längs halbieren und ebenfalls in Würfel schneiden. Die Kirschtomaten waschen und halbieren. Die Kräuterzweige waschen, trocken schütteln, Nadeln bzw. Blätter abzupfen und hacken.

Die Gemüsewürfel, bis auf die Kirschtomaten, mit den Kräutern, Olivenöl, Salz und Pfeffer mischen. In einer großen beschichteten Pfanne ca. 5–8 Minuten anschwitzen. Gegebenenfalls nochmals würzen, mit den Kirschtomaten in eine Auflaufform geben und in den Backofen schieben.

Die Lammkoteletts waschen, trocken tupfen und mit Salz und Pfeffer würzen. Knoblauch schälen und andrücken. Kräuterzweige waschen und trocken schütteln. Das Öl mit dem Knoblauch und den Kräuterzweigen in der Pfanne erhitzen und die Koteletts darin ca. 1 Minute von beiden Seiten scharf anbraten. Dann auf das Gemüse in den Backofen legen und darin ca. 6–8 Minuten fertig garen, sodass die Koteletts noch rosa sind.

Die Lammkoteletts zusammen mit dem Paprika-Zucchini-Gemüse sowie dem Süßkartoffelpüree anrichten.

RUMPSTEAK MIT GRÜNEM SPARGEL

Für 4 Portionen

Steak
4 Rumpsteaks (à ca. 200 g)
Pflanzenöl zum Braten
80 g Butter
2 Zweige Rosmarin
2 Zweige Thymian
Salz, Pfeffer

Grüner Spargel
1 kg grüner Spargel
20 g Butter, nach Bedarf
Zucker
½ Bund Kerbel

Die Steaks waschen und trocken tupfen. In einer Pfanne in heißem Öl von beiden Seiten scharf anbraten. Je nach gewünschtem Gargrad rosa braten (Kerntemperatur von ca. 50 °C). Die Butter sowie die gewaschenen Kräuterzweige zugeben, kurz darin schwenken und mit Salz und Pfeffer würzen. Außerhalb der Pfanne ca. 5 Minuten ruhen lassen, bis die gewünschte Kerntemperatur erreicht ist.

Die holzigen Enden vom Spargel abschneiden und schräg in Stücke schneiden. Die Spargelstücke in der Pfanne in der die Steaks gebraten wurden, unter mehrmaligem Wenden, bissfest braten. Nach Bedarf noch die Butter zugeben. Mit Salz, Pfeffer und Zucker würzen. Kerbel waschen, trocken schütteln, Blätter abzupfen und unter den Spargel mischen.

Die Steaks mit dem Spargel anrichten.

RUMPSTEAK MIT SPECKBOHNEN

Für 4 Portionen

Speckbohnen
600 g grüne Bohnen
1 TL getrocknetes Bohnenkraut
Salz
12 Scheiben Speck
2 EL Pflanzenöl

Steak
4 Rumpsteaks (à ca. 200 g)
Pflanzenöl zum Braten
80 g Butter
2 Zweige Rosmarin
2 Zweige Thymian
Pfeffer

Bohnen putzen und waschen. Bohnenkraut in reichlich Salzwasser aufkochen, Bohnen zugeben und bei niedriger Temperatur zugedeckt ca. 4–6 Minuten garen. Herausnehmen, in Eiswasser abschrecken und abtropfen lassen. Bohnen zu insgesamt 12 Bündeln legen und mit je einer Speckscheibe fest umwickeln. Die Speckbohnen in einer Pfanne mit Öl rundherum kross anbraten.

Die Rumpsteaks in einer Pfanne in etwas heißem Öl von beiden Seiten scharf anbraten. Je nach gewünschtem Gargrad rosa braten (Kerntemperatur von ca. 50 °C). Die Butter sowie die gewaschenen Kräuterzweige zugeben, kurz darin nachbraten und mit Salz und Pfeffer würzen. Außerhalb der Pfanne ca. 5 Minuten ruhen lassen, bis die gewünschte Kerntemperatur erreicht ist.

Die Rumpsteaks mit den Speckbohnen anrichten.

SCHWEINEKOTELETT MIT SERVIETTENKNÖDEL UND PFLAUMENJUS

Für 4 Portionen
(Standzeit ca. 1 Stunde)

Serviettenknödel
250 g Brötchen vom Vortag
200 ml Milch
50 g Zwiebeln
100 g Butter
3 Stängel Petersilie
2 Eier
Salz
Muskatnuss

Pflaumenjus
250 g getrocknete Pflaumen
1 EL Zucker
100 ml Rotwein
50 ml Portwein
50 ml Balsamicoessig
1 EL Honig
½ Zimtstange
1 cm Ingwerwurzel
1 Sternanis
Pfeffer
250 ml Bratenfond
Speisestärke, nach Belieben

Kotelett
4 Schweinekoteletts
2 Eier
2 EL Sahne
Weizenmehl zum Wenden
Semmelbrösel zum Wenden
Butterschmalz zum Braten

Für die Knödel Brötchen klein würfeln und in eine Schüssel geben. Die Milch in einem Topf erhitzen, über die Brötchenwürfel gießen und kurz quellen lassen. Die Zwiebeln schälen, in Würfel schneiden und in einer Pfanne in 50 g zerlassener Butter anschwitzen. Ebenfalls zu den Brötchen geben. Petersilie waschen, trocken schütteln und fein hacken. Mit den Eiern, 1 kräftigen Prise Salz sowie frisch geriebener Muskatnuss würzen und alles gut miteinander vermischen. Die Masse ca. 1 Stunde abgedeckt ruhen lassen.

Den Teig, je nach gewünschter Größe der Knödel, auf einen oder mehrere große Bögen Frischhaltefolie verteilen und zu Rollen formen (Ø ca. 6 cm). Dann die Enden der Klarsichtfolie schließen, die kompletten Rollen mit Aluminiumfolie fest ummanteln und die Enden ebenfalls gründlich verschließen.

Die Rollen in einem Dampfgarer bei 100 °C und 100 % Feuchtigkeit ca. 30 Minuten garen. Anschließend herausnehmen und gut auskühlen lassen. Zum Servieren in fingerdicke Scheiben schneiden. In einer Pfanne in der restlichen Butter von beiden Seiten goldbraun braten und erneut mit Salz abschmecken.

Für die Jus die Pflaumen vierteln. Den Zucker in einen Topf geben und karamellisieren. Nun Rotwein, Portwein, Balsamicoessig, Honig und Gewürze zufügen und alles aufkochen lassen. Dann die Pflaumen zugeben und auf die Hälfte einköcheln lassen. Den Herd ausschalten und bei geschlossenem Deckel nochmals 30 Minuten ziehen lassen. Die Sauce durch ein Sieb streichen, wieder erhitzen und mit Bratenfond aufgießen. Zur gewünschten Konsistenz einkochen oder mit Speisestärke binden.

Die Koteletts waschen und trocken tupfen. Das Fleisch von beiden Seiten salzen und pfeffern. Die Eier mit der Sahne verquirlen. Eier-Sahne-Mischung, Mehl und Semmelbrösel jeweils auf einen Teller geben. Die Schweinekoteletts erst in Mehl wenden, überschüssiges Mehl etwas abklopfen, dann durch die Eiersahne ziehen und in den Semmelbröseln wenden.

Ausreichend Butterschmalz in einer Pfanne erhitzen. Erst wenn das Schmalz richtig heiß ist, die Koteletts hineinlegen und bei mittlerer Temperatur von jeder Seite ca. 5 Minuten goldgelb braten. Dabei sollte man nicht am Fett sparen und das Bratgut schwimmend ausbacken. Zum Schluss auf Küchenpapier abtropfen lassen.

Die Koteletts mit der Pflaumenjus anrichten und die Serviettenknödel dazu servieren.

SCHWEINEKOTELETT MIT PFLAUMENJUS UND SCHWARZWURZEL

Für 4 Portionen

Pflaumenjus
siehe S. 248

Schwarzwurzelgemüse
1 kg Schwarzwurzeln
Saft von 1 Zitrone
Salz
2 EL Pflanzenöl
2 EL kalte Butter
Zucker
3 Stängel Petersilie

Kotelett
4 Schweinekoteletts
Pfeffer
2 Eier
2 EL Sahne
Weizenmehl zum Wenden
Semmelbrösel zum Wenden
Butterschmalz zum Braten

Die Jus wie auf S. 248 beschrieben zubereiten.

Schwarzwurzeln waschen, schälen und in Zitronenwasser einlegen, damit sie nicht braun werden. Die Schwarzwurzeln in 5 cm lange Stücke schneiden, in ausreichend Salzwasser ca. 5 Minuten kochen und anschließend in Eiswasser abschrecken und abtropfen lassen. Öl in einer Pfanne erhitzen, die Schwarzwurzeln hinzugeben und mit geschlossenem Deckel goldgelb anbraten. Zum Schluss die Butter darin zerlassen und mit Salz, Zucker sowie 1 Spritzer Zitronensaft abschmecken. Die Petersilie waschen, trocken schütteln, Blätter abzupfen und fein hacken.

Die Koteletts waschen und trocken tupfen. Das Fleisch von beiden Seiten salzen und pfeffern. Die Eier mit der Sahne verquirlen. Eier-Sahne-Mischung, Mehl und Semmelbrösel jeweils auf einen Teller geben. Die Schweinekoteletts erst in Mehl wenden, überschüssiges Mehl etwas abklopfen, dann durch die Eiersahne ziehen und in den Semmelbröseln wenden.

Ausreichend Butterschmalz in einer Pfanne erhitzen. Erst wenn das Schmalz richtig heiß ist, die Koteletts hineinlegen und bei mittlerer Temperatur von jeder Seite ca. 5 Minuten goldgelb braten. Dabei sollte man nicht am Fett sparen und das Bratgut schwimmend ausbacken. Zum Schluss auf Küchenpapier abtropfen lassen.

Die Koteletts mit der Pflaumenjus anrichten. Die Schwarzwurzeln mit Petersilie bestreut dazu servieren.

PANIERTES SCHWEINE-KOTELETT MIT TOMATEN-LAUCH-SALAT

Für 4 Portionen

Tomaten-Lauch-Salat

200 g halbierte, rote und gelbe Cherrytomaten

200 g in feine Ringe geschnittener Frühlingslauch

50 g in feine Streifen geschnittene rote Zwiebel

Salz, Pfeffer

Zucker

20 ml heller Balsamicoessig

40 ml Olivenöl

20 g grob gehackter Kerbel

Kotelett

4 Schweinekoteletts

2 Eier

2 EL Sahne

Weizenmehl und Semmelbrösel zum Wenden

Pflanzenöl oder Butterschmalz zum Braten

Für den Tomaten-Lauch-Salat die rohen Zutaten würzen und anschließend mit hellem Balsamicoessig und Öl marinieren, sowie den Kerbel unterheben.

Das Fleisch waschen und trocken tupfen. Anschließend salzen und pfeffern.

Die Eier mit der Sahne verquirlen. Die Koteletts erst in Mehl wenden, überschüssiges Mehl abklopfen, dann durch die Eier ziehen und zum Schluss in den Semmelbröseln panieren.

Eine große Pfanne mit ausreichend Fett erhitzen. Die Koteletts hineinlegen und unter leichten Ruckbewegungen an der Pfanne von beiden Seiten goldbraun braten. Dann herausnehmen, auf Küchenpapier abtropfen lassen und mit dem Tomaten-Lauch-Salat servieren.

T-BONE-STEAK

Für 2 Portionen

1 T-Bone-Steak (ca. 800 g)
1 EL Pflanzenöl
30 g Butter
1 Zweig Rosmarin
1 Zweig Thymian
1 geschälte Knoblauchzehe
Salz, Pfeffer

Das Steak in einer ofenfesten Pfanne oder Grillpfanne im heißen Öl von beiden Seiten scharf anbraten.

Im vorgeheizten Backofen bei 150 °C Ober- und Unterhitze je nach gewünschtem Gargrad (Kerntemperatur von ca. 50 °C) garen.

Herausnehmen, in einer Pfanne in der Butter mit den gewaschenen Kräuterzweigen sowie Knoblauch kurz nachbraten und mit Salz und Pfeffer würzen. Außerhalb der heißen Pfanne ca. 5 Minuten kurz ruhen lassen.

PORTERHOUSE-STEAK MIT BRATKARTOFFELN UND BLATTSPINAT

Für 4 Portionen

Bratkartoffeln und Spinat

800 g festkochende Kartoffeln
Salz
1 Zwiebel
250 g frischer Blattspinat
2 EL Butterschmalz
Pfeffer
Muskatnuss

Steak

2 Porterhouse-Steaks
Pflanzenöl zum Braten
100 g Butter
2 Zweige Rosmarin
2 Zweige Thymian

Für die Bratkartoffeln die Kartoffeln waschen und ungeschält in Salzwasser ca. 20–25 Minuten gar kochen. Abschütten, etwas abkühlen lassen und noch warm pellen. Dann vollständig auskühlen lassen und in Scheiben schneiden. Zwiebel schälen und klein würfeln. Spinat putzen, waschen und trocken schleudern.

Butterschmalz in einer Pfanne zerlassen. Kartoffelscheiben darin bei mittlerer Temperatur kross braten. Kurz vor Ende der Bratzeit Zwiebelwürfel zugeben und alles zusammen fertig braten. Zum Schluss den Blattspinat unterschwenken. Mit Salz, Pfeffer sowie frisch geriebener Muskatnuss abschmecken.

Die Steaks waschen und trocken tupfen. In einer Pfanne in etwas heißem Öl von beiden Seiten scharf anbraten. Je nach gewünschtem Gargrad rosa braten (Kerntemperatur von ca. 50 °C). Die Butter sowie die gewaschenen Kräuterzweige zugeben, kurz darin nachbraten und mit Salz und Pfeffer würzen. Außerhalb der Pfanne ca. 5 Minuten ruhen lassen, bis die gewünschte Kerntemperatur erreicht ist.

Die Steaks zusammen mit den Bratkartoffeln und dem Blattspinat servieren.

WAGYU-STEAK MIT KÜRBISSALAT

Für 4 Portionen

Kürbissalat

500 g Hokkaidokürbis
250 g Kirschtomaten
1 Apfel
1 Schalotte
1 walnussgroßes Stück Ingwer
½ Bund Rucola
1 unbehandelte Orange
1 Zitrone

6 EL Olivenöl
Salz, Pfeffer
1 Prise Zucker
2 EL Kürbiskerne

Steak

4 Wagyu-Steaks (à ca. 250 g)
Pflanzenöl zum Braten
80 g Butter
2 Zweige Rosmarin
2 Zweige Thymian

Den Kürbis waschen, halbieren, Kerne entfernen und das Fruchtfleisch auf einer Reibe grob raspeln. Kirschtomaten waschen und halbieren. Den Apfel waschen, schälen, vierteln, Kerne entfernen und in Würfel schneiden. Schalotte schälen und in kleine Würfel schneiden. Ingwer schälen und ebenfalls klein würfeln. Rucola putzen, waschen und trocken schleudern. Große Blätter gegebenenfalls klein zupfen. Die Orange heiß abwaschen, trocknen, die Schale fein abreiben und auspressen. Die Zitrone ebenfalls auspressen.

Orangen- und Zitronensaft mit Olivenöl, Salz, Pfeffer und Zucker zu einer Vinaigrette verrühren.

Alle vorbereiteten Zutaten miteinander vermischen und ziehen lassen. Kurz vor dem Anrichten den Salat noch einmal gut durchmischen, Kürbiskerne zugeben und nochmals abschmecken.

Die Steaks in einer Pfanne in etwas heißem Öl von beiden Seiten scharf anbraten. Je nach gewünschtem Gargrad rosa braten (Kerntemperatur von ca. 50 °C). Die Butter sowie die gewaschenen Kräuterzweige zugeben, kurz darin schwenken und mit Salz und Pfeffer würzen. Außerhalb der Pfanne ca. 5 Minuten ruhen lassen, bis die gewünschte Kerntemperatur erreicht ist.

Die Wagyu-Steaks mit dem Kürbissalat anrichten.

STEAK VOM WAGYU MIT SPECKBOHNEN

Für 4 Portionen

Speckbohnen
600 g grüne Bohnen
1 TL getrocknetes Bohnenkraut
Salz
100 g Speckwürfel
2 EL Pflanzenöl
Pfeffer

Steak
4 Wagyu-Steaks (à ca. 200 g)
Pflanzenöl zum Braten
80 g Butter
2 Zweige Rosmarin
2 Zweige Thymian

Bohnen putzen und waschen. Bohnenkraut in reichlich Salzwasser aufkochen, Bohnen zugeben und bei niedriger Temperatur abgedeckt ca. 4–6 Minuten garen. Herausnehmen und abtropfen lassen. Speckwürfel in einer Pfanne oder Topf mit dem Öl knusprig braten. Die Bohnen zugeben und gut durchschwenken. Mit Salz und Pfeffer würzen.

Die Steaks in einer Pfanne in etwas heißem Öl von beiden Seiten scharf anbraten. Je nach gewünschtem Gargrad rosa braten (Kerntemperatur von ca. 50 °C). Die Butter sowie die gewaschenen Kräuterzweige zugeben, kurz darin nachbraten und mit Salz und Pfeffer würzen. Außerhalb der Pfanne ca. 5 Minuten ruhen lassen, bis die gewünschte Kerntemperatur erreicht ist.

Die Wagyu-Steaks mit den Speckbohnen anrichten.

GEFÜLLTE CHAMPIGNONS

Für 12 Portionen

12 große Champignons
½ Bund Petersilie
250 g Bratwurst- oder Fleischkäsebrät
Butter für die Form
Salz, Pfeffer
2 Ziegenkäserollen (à ca. 150 g) oder 100 g geriebener Emmentaler
12 Scheiben Schinkenspeck

Den Backofen auf 180 °C Ober- und Unterhitze vorheizen.

Die Champignons säubern, die Stiele entfernen und diese würfeln. Die Petersilie waschen, trocken schütteln, die Blätter abzupfen und fein hacken. Das Brät mit den Würfeln und der Petersilie vermengen.

Eine Auflaufform mit Butter einfetten. Die Champignons innen leicht mit Salz und Pfeffer würzen und mit dem Brät füllen. Die Ziegenkäserollen in Scheiben schneiden und auf dem Brät verteilen. Alternativ geriebenen Emmentaler darauf verteilen. Jeweils eine Speckscheibe um die Champignons und den Käse wickeln.

Die Champignons in die Auflaufform setzen und ca. 20 Minuten garen.

BŒUF BOURGUIGNON MIT KRÄUTERSPÄTZLE

Für 6 Portionen

Bœuf Bourguignon

1 kg Rindfleisch (aus der Keule)
1 kg Zwiebeln
3 Knoblauchzehen
3 EL Butterschmalz
Salz, Pfeffer
edelsüßes Paprikapulver
Weizenmehl zum Bestäuben
1 EL Tomatenmark
1 EL Essig
500 ml Rotwein
1 l Rinderbrühe
1 Lorbeerblatt
1 Bund Karotten
1 TL unbehandelter Zitronenabrieb
2 EL Dijon-Senf
Kümmelpulver
getrockneter Majoran
Speisestärke, nach Belieben

Spätzle

500 g Weizen- oder Spätzlemehl
5 Eier
200 ml Wasser
1 Bund Schnittlauch
100 g Butter

Rindfleisch waschen, trocken tupfen und grob würfeln. Zwiebeln und Knoblauch schälen. Zwiebeln klein schneiden und Knoblauch fein hacken. 2 EL Butterschmalz in einem Schmortopf oder Bräter erhitzen und das Fleisch darin portionsweise anbraten. Kräftig mit Salz, Pfeffer und Paprikapulver würzen. Mit Mehl bestäuben und herausnehmen.

Restliches Butterschmalz erhitzen, Zwiebeln und Knoblauch zugeben und anschwitzen. Tomatenmark unterrühren, leicht anrösten, dann mit Essig ablöschen und mit Rotwein und Brühe auffüllen. Fleisch und Lorbeerblatt zugeben, aufkochen und zugedeckt bei niedriger Temperatur ca. 1½–2 Stunden schmoren, bis das Fleisch weich ist.

In der Zwischenzeit die Karotten putzen, schälen, in grobe Stücke schneiden und nach ca. 45 Minuten zum Fleisch geben. Nach Ende der Garzeit Lorbeerblatt und Karotten entfernen. Das Gulasch mit Salz, Pfeffer, Zitronenabrieb, Senf, Kümmel und Majoran abschmecken. Mit etwas in kaltem Wasser angerührter Speisestärke zur gewünschten Konsistenz binden.

Für die Spätzle das Mehl in eine Schüssel geben. Eier, 1 gestrichener TL Salz und das Wasser mit einem Kochlöffel oder mit einem Handrührgerät mit Knethaken unterschlagen, bis der Teig Blasen wirft und langsam und zäh vom Löffel fließt, ohne zu reißen. Den Teig ca. 15 Minuten ruhen lassen. Schnittlauch waschen, trocken schütteln, in feine Röllchen schneiden und beiseitestellen.

Ausreichend Salzwasser in einem großen Topf aufkochen und Spätzle mithilfe einer Spätzlereibe oder -presse herstellen. Die Spätzle, die auf dem Wasser schwimmen, mit einem Schaumlöffel herausholen und in eine Schüssel mit kaltem Wasser geben. Das Ganze so lange wiederholen, bis der ganze Teig aufgebraucht ist.

Zum Servieren die gut abgetropften Spätzle in 2 Pfannen mit etwas Butter nochmals kurz durchschwenken, erhitzen und Schnittlauchröllchen untermischen.

Zusammen mit dem Fleisch in tiefen Tellern anrichten und servieren.

SAUERBRATEN VOM REH MIT PREISELBEERSAUCE, SERVIETTENKNÖDEL UND VICHY-KAROTTEN

Für 4 Portionen
(Standzeit 3 Tage)

Marinade
800 g Lauch
1 Karotte
100 g Knollensellerie
3 Schalotten
2 Knoblauchzehen
1 Zweig Rosmarin
1 Zweig Thymian
1 Stängel Salbei
750 ml Flasche Rotwein
100 ml dunkler Portwein
100 ml Rotweinessig
200 ml Wasser
1 TL Wacholderbeeren
1 TL schwarze Pfefferkörner
2 Sternanis
1 TL Pimentkörner
2–3 EL Preiselbeeren

Sauerbraten
1 kg Rehbraten
Salz, Pfeffer
100 g Rosinen
100 ml Weinbrand
3 EL Pflanzenöl
1,5 l Fleischbrühe
1–2 EL Zuckerrübensirup

Serviettenknödel
siehe S. 248

Vichy-Karotten
siehe S. 235

Für die Marinade das Gemüse entsprechend putzen, waschen, gegebenenfalls schälen und in grobe Würfel schneiden. Schalotten und Knoblauch schälen und ebenfalls grob würfeln. Kräuter waschen und trocken schütteln. Die vorbereiteten Zutaten mit den Flüssigkeiten und Gewürzen vermengen. Das Rehfleisch darin gut bedeckt, mindestens 3 Tage kalt gestellt, marinieren.

Nach Ende der Marinierzeit das Fleisch aus der Marinade nehmen, trocken tupfen und mit Salz und Pfeffer würzen. Die Marinade absieben und die abgetropfte Flüssigkeit sowie das Gemüse aufbewahren.

Die Rosinen in Weinbrand einweichen. Das Fleisch in einem Bräter im heißen Öl von allen Seiten scharf anbraten, herausnehmen und beiseitestellen. Das Gemüse im Bräter scharf anrösten, mit etwas Marinade ablöschen und einkochen lassen. Diesen Vorgang mehrmals wiederholen, bis keine Marinade mehr übrig ist. Fleischbrühe zugießen, aufkochen lassen und nach Belieben Preiselbeeren zugeben. Das Fleisch in den Bräter geben, abdecken und im vorgeheizten Backofen bei 150 °C Ober- und Unterhitze ca. 90 Minuten schmoren, bis das Fleisch weich ist. Nach Ende der Garzeit das Fleisch herausnehmen und abgedeckt warm halten, damit es nicht austrocknet. Die Sauce passieren und bei mittlerer Temperatur zur gewünschten Konsistenz einkochen. Die abgetropften Rosinen sowie den Rübensirup zugeben und mit Salz und Pfeffer abschmecken.

Die Serviettenknödel wie auf S. 248 beschrieben zubereiten. Die Vichy-Karotten wie auf S. 235 beschrieben zubereiten.

Das Fleisch entsprechend portionieren, mit der Sauce anrichten und mit den Serviettenknödeln und den Vichy-Karotten servieren.

ENTE MIT ORANGEN, SAUCE CUMBERLAND UND KARTOFFELSTAMPF

Für 2 Portionen

Ente
1 küchenfertige Ente
Salz
weißer Pfeffer
2 unbehandelte Orangen
2 kleine Zwiebeln
1 TL fein gehackter Beifuß

Sauce
1 Schalotte
1 unbehandelte Orangen
3 EL Rotwein
120 g schwarzes Johannisbeergelee
2 TL scharfer Senf
2 EL Portwein

Kartoffelstampf
1 kg mehligkochende Kartoffeln
300 ml lauwarme Milch
2 EL Butter
Pfeffer
Muskatnuss

Backofen auf 180 °C Ober- und Unterhitze vorheizen.

Falls vorhanden, den Innereiensack aus der Ente entfernen. Die Ente waschen, trocken tupfen und mit Salz und Pfeffer einreiben. Orangen waschen und in Würfel schneiden. Zwiebeln schälen und in Würfel schneiden. Orangenstücke, Zwiebeln und Beifuß in die Enten füllen und mit Küchengarn zubinden.

Die Ente im Backofen ca. 30 Minuten garen und immer wieder mit Bratenfett begießen. Die Temperatur auf 150 °C reduzieren und weitere 30 Minuten garen. Die letzten 5 Minuten die Ente bei 220 °C knusprig braten.

Für die Sauce die Schalotte in dünne Ringe schneiden. Orange waschen und trocken reiben. Die Hälfte der Orangenschale mit einem scharfen Küchenmesser sehr dünn, ohne die weiße Haut, abschälen. Orangensaft auspressen. Wein und 6 EL Orangensaft mit Schalottenringen und Orangenschale kurz aufkochen. Bei milder Temperatur 5 Minuten köcheln lassen. Dann durch ein Sieb in eine Schüssel gießen.

Johannisbeergelee, Senf und Portwein zugeben und zu einer glatten Sauce verrühren. Mit etwas Salz abschmecken.

Für den Kartoffelstampf die Kartoffeln schälen, waschen und in grobe Würfel schneiden. Dann in Salzwasser ca. 20 Minuten gar kochen, abschütten und leicht ausdampfen lassen.

Durch eine Kartoffelpresse drücken oder stampfen und anschließend mit Milch und Butter verrühren. Mit Salz, Pfeffer und frisch geriebener Muskatnuss abschmecken.

Ente mit Sauce Cumberland und Kartoffelstampf servieren.

COQ AU VIN

Für 6 Portionen

1,5 kg Hähnchenteile (z. B. Hähnchenkeulen)
Salz, Pfeffer
Weizenmehl zum Wenden
2 Zwiebeln
150 g Knollensellerie
150 g Karotten
125 g Speck
1 Stängel Estragon
1 Zweig Rosmarin
5 Zweige Thymian
5 Stängel Petersilie
2 EL Sonnenblumenöl
3 EL Weinbrand
500 ml Rotwein
500 ml Geflügelfond
1 Knoblauchzehe
Speisestärke, nach Belieben
1 Baguette

Die Hähnchenteile waschen, trocken tupfen, ganze Keulen gegebenenfalls am Gelenk in 2 Teile schneiden und von allen Seiten mit Salz und Pfeffer würzen, anschließend in Mehl wenden. Zwiebeln schälen und in Würfel schneiden. Knollensellerie und Karotten putzen, schälen und in Würfel schneiden. Speck in kleine Würfel schneiden. Kräuter waschen, trocken schütteln und zu einem Sträußchen binden.

Das Öl in einem Bräter erhitzen und die Hähnchenteile von allen Seiten kräftig darin anbraten. Zwiebeln, Sellerie, Karotten und Speck nacheinander zugeben und anbraten. Weinbrand, Rotwein und Geflügelfond zugießen und aufkochen lassen. Knoblauchzehe schälen und mit dem Kräutersträußchen zufügen. Bei mittlerer Temperatur ca. 1 Stunde schmoren.

Geflügel aus dem Bräter nehmen, auf einer Platte anrichten und im Backofen warm stellen. Die Sauce aus dem Bräter durch ein Sieb in einen Topf gießen, nochmals aufkochen, mit Salz und Pfeffer würzen und abschmecken. Mit etwas in kaltem Wasser angerührter Speisestärke zur gewünschten Konsistenz binden.

Das Geflügel mit der Sauce anrichten und dazu Baguette servieren.

BLUTWURST-GRÖSTL MIT QUITTENMUS

Für 4 Portionen

Quittenmus
500 g Quitten
Saft von 1 unbehandelten Zitrone
100 g Zucker
250 ml Wasser oder Orangensaft

Blutwurst-Gröstl
700 g festkochende Kartoffeln
Salz
2 Zwiebeln
400 g Blutwurst
Weizenmehl zum Wenden
4 Stängel Petersilie
2 EL Butterschmalz
Pfeffer

Für das Quittenmus die Quitten schälen, entkernen und klein schneiden. Sofort mit Zitronensaft mischen. Den Zucker in einem Topf bei mittlerer Temperatur schmelzen lassen. Wasser oder Saft zugießen. Quittenstücke zugeben und darin abgedeckt ca. 45 Minuten weich schmoren. Dann mit einem Stampfer zu Mus zerdrücken oder mit einem Stabmixer pürieren.

Für die Blutwurst-Gröstl die Kartoffeln in ausreichend Salzwasser weich kochen. Abschütten und abkühlen lassen. Warm pellen und in nicht zu dünne Scheiben schneiden. Zwiebeln schälen, halbieren und in Streifen schneiden. Blutwurst häuten und schräg in nicht zu dünne Scheiben schneiden. Die Blutwurstscheiben in Mehl wenden, sodass sie leicht davon überzogen sind und das überschüssige Mehl abklopfen. Die Petersilie waschen, trocken schütteln, Blätter abzupfen und fein hacken.

Das Butterschmalz in einer großen Pfanne erhitzen, die Blutwurstscheiben darin knusprig braten, herausnehmen und gegebenenfalls auf Küchenpapier abtropfen lassen. Anschließend das restliche Butterschmalz zerlassen und Kartoffelscheiben sowie Zwiebelstreifen darin knusprig braten. Die Blutwurst nochmals in die Pfanne geben, heiß werden lassen und alles kräftig mit Salz und Pfeffer würzen. Zum Schluss mit Petersilie bestreuen.

Das Blutwurst-Gröstl mit dem Quittenmus servieren.

RHEINISCHER SAUERBRATEN

Für 4 Portionen
(Standzeit 5 Tage)

Marinade
800 g Lauch
1 Karotte
100 g Knollensellerie
2 Zwiebeln
2 Knoblauchzehen
1 Zweig Rosmarin
1 Zweig Thymian
1 Stängel Salbei
750 ml Rotwein
100 ml dunkler Portwein
100 ml Balsamicoessig
200 ml Wasser
1 TL Wacholderbeeren
1 TL schwarze Pfefferkörner
2 Sternanis
1 TL Pimentkörner
3 Nelken
2 Lorbeerblätter

Sauerbraten
1 kg Rindfleisch
(Schaufelstück/Mittelbugstück)
Salz, Pfeffer
100 g Rosinen
100 ml Weinbrand
3 EL Pflanzenöl
1,5 l Fleischbrühe
1–2 EL Zuckerrübensirup

Speckknödel
250 g Brötchen vom Vortag
200 ml Milch
1 Zwiebel
1 Knoblauchzehe
½ Bund Petersilie
1 TL Butter
100 g Speckwürfel
2 Eier
Muskatnuss

Für die Marinade das Gemüse entsprechend putzen, waschen, gegebenenfalls schälen und in grobe Würfel schneiden. Zwiebeln und Knoblauch schälen und ebenfalls grob würfeln. Kräuter waschen und trocken schütteln. Die vorbereiteten Zutaten mit den Flüssigkeiten und Gewürzen vermengen. Das Rindfleisch darin gut bedeckt mindestens 5 Tage kalt gestellt marinieren.

Nach Ende der Marinierzeit das Fleisch aus der Marinade nehmen, trocken tupfen und mit Salz und Pfeffer würzen. Die Marinade absieben und die abgetropfte Flüssigkeit sowie das Gemüse aufbewahren.

Die Rosinen im Weinbrand einweichen. Das Fleisch in einem Bräter im heißen Öl von allen Seiten scharf anbraten, herausnehmen und beiseitestellen. Das Gemüse im Bräter scharf anrösten und mit etwas Marinade ablöschen und einkochen lassen. Diesen Vorgang mehrmals wiederholen, bis keine Marinade mehr übrig ist. Fleischbrühe zugießen und aufkochen lassen. Das Fleisch wieder zugeben, den Bräter abdecken und im vorgeheizten Backofen bei 150 °C Ober- und Unterhitze ca. 90 Minuten schmoren, bis das Fleisch weich ist.

Nach Ende der Garzeit das Fleisch herausnehmen und abgedeckt warm halten, damit es nicht austrocknet. Die Sauce passieren und bei mittlerer Temperatur zur gewünschten Konsistenz einkochen. Die abgetropften Rosinen sowie den Rübensirup zugeben und mit Salz und Pfeffer abschmecken.

Für die Knödel die Brötchen vom Vortag klein würfeln und in eine Schüssel geben. Milch erwärmen und über die Brötchenwürfel gießen. Zwiebel und Knoblauch schälen und fein würfeln. Petersilie waschen, trocken schütteln, Blätter abzupfen und fein hacken. Butter in einem Topf zerlassen, Zwiebel und Knoblauch darin anschwitzen. Speckwürfel zugeben und mit anschwitzen. Zum Schluss die Petersilie untermischen und von der Kochstelle nehmen. Die Eier und die Zwiebel-Speck-Masse mit den Brötchenwürfeln vermengen. Kräftig mit Salz, Pfeffer und frisch geriebener Muskatnuss würzen. Aus der Masse gleich große Knödel formen.

Einen ausreichend großen Topf mit reichlich Salzwasser zum Kochen bringen. Knödel zugeben und in dem leicht siedenden Wasser ca. 10–15 Minuten ziehen lassen. Sobald die Knödel an der Oberfläche schwimmen, sind sie gar. Mit einem Schaumlöffel herausnehmen und abtropfen lassen.

Das Fleisch entsprechend portionieren, mit der Sauce und den Knödeln anrichten.

HIRSCH-SAUERBRATEN MIT SPECK-ROSENKOHL

Für 6 Portionen
(Standzeit 5 Tage)

Sauerbraten
2 Karotten
1 Stange Lauch
1 kleiner Knollensellerie
2 Zwiebeln
10 Pfefferkörner
5 Nelken
5 Lorbeerblätter
10 Wacholderbeeren
1 l Rotwein
150 ml Rotweinessig
2 l Wasser
ca. 2 kg Hirschfleisch (aus der Keule)
Salz, Pfeffer
2 EL Sonnenblumenöl
2 EL Tomatenmark
dunkler Saucenbinder, nach Belieben

Speck-Rosenkohl
1,5 kg Rosenkohl
1 Zwiebel
150 g Speckwürfel
2 EL Butterschmalz
Muskatnuss

Für die Marinade Karotten, Lauch, Sellerie und Zwiebeln putzen, waschen, gegebenenfalls schälen und grob in Würfel schneiden. Die Gewürze in einen Teefilter geben und mit Küchengarn binden. Einen Sud aus Rotwein, Essig, Wasser, dem Gewürzsäckchen und dem Gemüse herstellen. Das Fleisch darin abgedeckt 5 Tage im Kühlschrank marinieren.

Den Backofen auf 200 °C Ober- und Unterhitze vorheizen.

Das Fleisch aus dem Sud nehmen, das Gemüse absieben und den Sud aufkochen, damit das Fleischeiweiß stockt. Die großen Fleischeiweißstücke mit einer Schaumkelle entfernen, dann den Sud durch ein feines Sieb gießen. Das Fleisch trocken tupfen, mit Salz und Pfeffer würzen und in einem Bräter mit Deckel im heißen Öl von beiden Seiten gut anbraten. Das Gemüse zugeben und mit anbraten. Wenn das Gemüse schön gebräunt ist, das Tomatenmark zugeben und mit anrösten. Zum Schluss den Sud angießen. Mit dem Deckel verschließen und im Backofen ca. 1 ¾ Stunden schmoren.

Nach Ende der Garzeit das Fleisch herausnehmen und warm halten.
Den Sud durch ein Sieb in einen Topf gießen. Nach Belieben aufkochen und anschließend einkochen oder mit Saucenbinder zur gewünschten Konsistenz binden. Zum Schluss mit Salz und Pfeffer abschmecken.

Den Braten in Scheiben schneiden und bis zum Servieren in der Sauce warm halten.

Den Rosenkohl waschen und putzen. In reichlich Salzwasser ca. 8–10 Minuten gar kochen, abgießen, abschrecken und abtropfen lassen. Große Röschen halbieren. Die Zwiebel schälen und fein würfeln. Zusammen mit den Speckwürfeln in heißem Butterschmalz ca. 2–3 Minuten goldbraun anschwitzen. Den Rosenkohl unterschwenken und ca. 1–2 Minuten heiß werden lassen. Mit Salz, Pfeffer und frisch geriebener Muskatnuss abschmecken und servieren.

Den Hirsch-Sauerbraten mit dem Speck-Rosenkohl anrichten.

KOHLROULADEN

Für 8 Stück

18 große Weißkohlblätter
Salz
1 Zwiebel
2 Knoblauchzehen
2 Brötchen vom Vortrag
1 kg gemischtes Hackfleisch
1 EL mittelscharfer Senf
Pfeffer
edelsüßes Paprikapulver
1 TL getrockneter Majoran
1 Ei
Pflanzenöl zum Braten
500 ml Fleischbrühe
Speisestärke, nach Belieben

Die Weißkohlblätter in reichlich kochendem Salzwasser kurz weich kochen. Dann herausnehmen, in Eiswasser abschrecken und auf sauberen Küchenhandtüchern ausbreiten und trocken tupfen.

Für die Füllung Zwiebel und Knoblauch schälen und hacken. Die Brötchen in Wasser einweichen und anschließend gut ausdrücken und zerpflücken. Mit Salz, Zwiebel, Knoblauch, Hackfleisch, Senf, Pfeffer, Paprikapulver, Majoran und Ei vermengen.

Zwei Kohlblätter in feine Streifen schneiden und untermengen. Je zwei Kohlblätter leicht überlappend aufeinanderlegen, etwas Hackfleischteig darauf verteilen und zusammenrollen. Dabei die Seiten so einklappen, dass keine Fleischmasse austreten kann. Mit Küchengarn festbinden oder mit Zahnstochern feststecken.

Das Öl in einer Pfanne heiß werden lassen, die Kohlrouladen von allen Seiten kräftig anbraten, bis sie schön braun sind. Mit heißer Brühe ablöschen und abgedeckt bei mittlerer Temperatur ca. 30 Minuten schmoren.

Für die Sauce eventuell etwas Brühe nachgießen und nach Belieben mit angerührter Speisestärke binden.

GEFÜLLTE KALBSROULADEN MIT PILZRAHMSAUCE UND TAGLIATELLE

Für 4 Portionen

Kalbsrouladen
4 Kalbsschnitzel (à ca. 180 g)
Salz, Pfeffer
1 Kugel Mozzarella
2 Stängel Salbei
4 Scheiben Parmaschinken
12 getrocknete Soft-Tomaten

Pilzrahmsauce
300 g gemischte Pilze
3 Schalotten
5 Stängel Petersilie
2 EL Butterschmalz
200 ml trockener Weißwein
200 ml Fleischbrühe
200 ml Sahne
Speisestärke, nach Belieben

Tagliatelle
500 g Tagliatelle

Für die Rouladen die Kalbsschnitzel waschen, trocken tupfen und mit Salz und Pfeffer würzen. Mozzarella abtropfen lassen und vierteln. Salbei waschen, trocken schütteln und 8 große Blätter abzupfen.

Auf die Kalbsschnitzel je eine Scheibe Parmaschinken, 3 Soft-Tomaten und 2 Salbeiblätter verteilen. Das Mozzarellaviertel an den Anfang des Schnitzels legen, die Seiten zur Mitte hin einschlagen und zu Rouladen aufrollen. Mit Zahnstochern feststecken.

Die Pilze säubern und in Scheiben schneiden. Schalotten schälen und klein würfeln. Petersilie waschen, trocken schütteln, die Blätter von den Stängeln zupfen und hacken.

Butterschmalz in einer Pfanne zerlassen und die Kalbsrouladen bei hoher Temperatur von allen Seiten scharf anbraten. Die Rouladen herausnehmen und warm halten.

Schalottenwürfel in die Pfanne geben und im verbliebenen Bratfett anschwitzen. Die Pilze zufügen, mit anschwitzen und salzen und pfeffern. Wein, Brühe sowie Sahne in die Pfanne gießen und aufkochen. Die Kalbsrouladen in die Sauce legen und bei geschlossenem Deckel ca. 20 Minuten bei mittlerer Temperatur garen. Die Rouladen herausnehmen und warm stellen, mit in Wasser angerührter Speisestärke die Pilzrahmsauce zur gewünschten Konsistenz binden. Nochmals abschmecken und mit Petersilie bestreuen.

Die Tagliatelle in reichlich Salzwasser nach Packungsangabe bissfest kochen und zu den Kalbsrouladen mit Pilzrahmsauce servieren.

WIRSINGROULADEN

Für 8 Stück

Wirsingrouladen
8 große Wirsingblätter
Salz
2 Zwiebeln
2 Knoblauchzehen
½ Bund glatte Petersilie
1 kg gemischtes Hackfleisch
2 Eier
100 g Semmelbrösel
Pfeffer
edelsüßes Paprikapulver
1 EL Butterschmalz
100 ml Weißwein
200 ml Gemüsebrühe
1 gehäufter EL Speisestärke
100 ml Sahne
200 g passierte Tomaten

Petersilienkartoffeln
siehe S. 206

Die Wirsingblätter von dem harten Strunk befreien. Die Blätter in reichlich Salzwasser weich kochen, herausnehmen, in Eiswasser abschrecken, auf sauberen Küchenhandtüchern ausbreiten und abtropfen lassen. Zwiebeln schälen und fein würfeln. Knoblauch schälen und fein hacken. Petersilie waschen, trocken schütteln, Blätter abzupfen und hacken.

Das Hackfleisch mit Zwiebeln, Knoblauch, Petersilie und Eiern vermischen. Kräftig mit Salz, Pfeffer und Paprikapulver würzen. Die Hackfleischmasse gleichmäßig auf die Wirsingblätter verteilen, die Ränder einschlagen, zu Rouladen aufrollen und mit Küchengarn binden.

Das Butterschmalz in einem Bräter erhitzen, die Wirsingrouladen von allen Seiten anbraten, Weißwein und Gemüsebrühe zugießen und abgedeckt bei niedriger Temperatur ca. 30 Minuten schmoren. Danach die Rouladen herausnehmen und warm stellen. Die Speisestärke in der Sahne anrühren, mit den passierten Tomaten zur Sauce geben, aufkochen und zur gewünschten Konsistenz binden. Die Sauce mit Salz und Pfeffer abschmecken.

Petersilienkartoffeln wie auf S. 206 beschrieben zubereiten und zusammen mit den Wirsingrouladen und der Sauce anrichten.

RINDERROULADEN MIT ROTKOHL UND KLÖSSEN

Für 4 Portionen

Rouladen

1 große Zwiebel
2–3 Gewürzgurken, je nach Größe
100 g Bauchspeck
2 EL mittelscharfer Senf
4 Rinderrouladen (à ca. 180 g)
Salz, Pfeffer

Sauce

1 Zwiebel
1 Bund Suppengrün (Karotte, Lauch,
Knollensellerie, Petersilie)
3 EL Pflanzenöl
2 Lorbeerblätter
½ TL Senfkörner
5 Wacholderbeeren
10 schwarze Pfefferkörner
1 EL Tomatenmark
200 ml Rotwein
600 ml Fleischbrühe
Speisestärke, nach Bedarf

Rotkohl

1,5 kg Rotkohl
1 Zwiebel
1 kleiner Apfel
75 g Zucker
600 ml Apfelsaft
400 ml Orangensaft
300 ml Rotwein
200 ml dunkler Portwein
5 Wacholderbeeren
2 Nelken
10 weiße Pfefferkörner
2 Lorbeerblätter
5 Pimentkörner
1 Sternanis
2 EL Butterschmalz

Klöße

1,2 kg mehligkochende Kartoffeln
1 Eigelb
150 g Kartoffelstärke
Muskatnuss

Für die Rouladen die Zwiebel schälen und in feine Würfel schneiden. Gewürzgurken und Speck ebenfalls fein würfeln. Alles mit dem Senf vermischen. Das Rouladenfleisch waschen, trocken tupfen, gegebenenfalls zwischen einem aufgeschnittenen Gefrierbeutel plattieren und mit Salz sowie Pfeffer würzen. Gleichmäßig mit der Füllung bestreichen und einrollen. Mit Küchengarn binden oder mit Zahnstochern feststecken.

Den Backofen auf 160 °C Ober- und Unterhitze vorheizen.

Für die Sauce die Zwiebel schälen und klein schneiden. Suppengrün putzen, waschen, gegebenenfalls schälen und alles klein schneiden. Petersilie waschen und trocken schütteln. Das Öl in einem Schmortopf mit Deckel erhitzen. Die Rouladen darin rundherum scharf anbraten und herausnehmen. Zwiebel und Suppengrün, außer Petersilie, in den Topf geben und anrösten. Salz, Pfeffer, Lorbeerblätter, Petersilie und die restlichen Gewürze zugeben. Tomatenmark einrühren und mitrösten. Die Hälfte vom Rotwein zugießen und verdunsten lassen. Den restlichen Rotwein zugießen, erneut verdunsten lassen und mit der Fleischbrühe aufgießen. Die Rouladen zugeben, alles aufkochen und abgedeckt im Backofen ca. 90 Minuten schmoren, bis das Fleisch weich ist. Nach Ende der Garzeit die Rouladen herausnehmen. Die Sauce durch ein Sieb gießen, aufkochen und reduzieren oder mit etwas in Wasser angerührter Speisestärke zur gewünschten Konsistenz binden. Dann nochmals abschmecken. Die Rouladen wieder in die Sauce geben und heiß werden lassen.

Den Rotkohl vom Strunk befreien und in gleichmäßig feine Streifen schneiden. Die Zwiebel schälen, halbieren und in feine Streifen schneiden. Den Apfel schälen, vierteln, entkernen und in feine Streifen schneiden.

Den Zucker in einem großen Topf leicht karamellisieren und mit der Hälfte der Fruchtsäfte ablöschen. Die Hälfte des Rot- und Portweins zugießen. Kohl, Zwiebel sowie Apfel zufügen und alles gut vermischen. Gewürze in einen Teefilter geben und hineingeben, kräftig salzen und aufkochen. Abgedeckt bei niedriger Temperatur ca. 3–4 Stunden leicht köcheln und gar ziehen lassen.

Während des Garvorgangs nach und nach mit den restlichen Flüssigkeiten aufgießen sowie das Schmalz zugeben. Am Ende sollte eine schöne Bindung entstehen und der Kohl weich gekocht sein. Gewürzsäckchen entfernen und nochmals abschmecken.

Für die Klöße die Kartoffeln schälen und in gleich große Würfel schneiden. In ausreichend Salzwasser weich kochen. Anschließend das Wasser abschütten und die Kartoffeln ausdampfen lassen.

Dann durch eine Kartoffelpresse in eine Schüssel drücken. Mit Eigelb und Stärke zu einem geschmeidigen Teig verarbeiten. Mit Salz und frisch geriebener Muskatnuss würzen. Klöße in gewünschter Größe formen und in reichlich siedendem Salzwasser ca. 20 Minuten gar ziehen lassen, bis sie an der Oberfläche schwimmen. Dann herausnehmen und mit den Rouladen, dem Rotkohl und der Sauce servieren.

LAMMGULASCH MIT SPÄTZLE UND MARKTGEMÜSE

FLEISCH

Für 4 Portionen

Lammgulasch
1 kg Lammgulasch
750 g Zwiebeln
2 Knoblauchzehen
3 EL Butterschmalz oder Pflanzenöl
Salz, Pfeffer
edelsüßes Paprikapulver
Weizenmehl zum Bestäuben
1 EL Tomatenmark
1 EL Essig
1,5 l Fleischbrühe
1 Lorbeerblatt
1 Bund Suppengrün (Karotte, Lauch, Knollensellerie, Petersilie)
1 TL Abrieb einer unbehandelten Zitrone
Kümmelpulver
getrockneter Majoran
Speisestärke, nach Belieben

Spätzle
6 Eier
250 g Weizenmehl
Muskatnuss
20 g Butter

Marktgemüse
siehe S. 236

Für das Lammgulasch das Fleisch waschen und trocken tupfen. Zwiebeln und Knoblauch schälen. Zwiebeln klein schneiden, Knoblauch fein würfeln. 2 EL Butterschmalz oder Öl in einem Topf oder Bräter erhitzen und das Gulasch darin portionsweise anbraten. Kräftig mit Salz, Pfeffer und Paprikapulver würzen, mit Mehl bestäuben und herausnehmen.

Restliches Butterschmalz in den bereits verwendeten Topf geben und erhitzen, Zwiebeln und Knoblauch zugeben und anschwitzen. Tomatenmark unterrühren, leicht anrösten, dann mit Essig ablöschen und mit Brühe auffüllen. Fleisch und Lorbeerblatt zugeben, aufkochen und zugedeckt bei niedriger Temperatur ca. 1½–2 Stunden schmoren, bis das Fleisch weich ist.

In der Zwischenzeit das Suppengrün putzen, waschen, gegebenenfalls schälen, zusammenbinden und nach ca. 45 Minuten zum Fleisch geben. Nach Ende der Kochzeit Suppengrün und Lorbeerblatt entfernen. Das Gulasch mit Salz, Pfeffer, Zitronenabrieb, Kümmel und Majoran abschmecken. Mit angerührter Speisestärke zur gewünschten Konsistenz binden.

Für die Spätzle zuerst aus Eiern, Mehl, Salz und frisch geriebener Muskatnuss einen Teig schlagen, bis dieser Blasen wirft. In einem großen Topf reichlich Salzwasser zum Kochen bringen. Den Spätzleteig mithilfe einer Spätzlepresse in das kochende Wasser drücken und einmal aufkochen lassen. Nach ca. 30–60 Sekunden die Spätzle mit einer Schaumkelle herausnehmen, in Eiswasser abschrecken und gut abtropfen lassen. Anschließend die Butter in einer beschichteten Pfanne zerlassen. Die Spätzle darin schwenken, gegebenenfalls nochmals salzen sowie mit frisch geriebener Muskatnuss abschmecken und bis zum Servieren abgedeckt warm halten.

Das Marktgemüse wie auf S. 236 beschrieben zubereiten.

Lammgulasch mit Spätzle und Marktgemüse servieren.

ENTENBRATEN

Für 4 Portionen

1 Ente (ca. 2 kg)
70 g Salz

Den Backofen auf 150 °C Ober- und Unterhitze vorheizen.

Die Ente vorbereiten, das bedeutet, Innereien entfernen, Flügel stutzen (am 1. Gelenk durchtrennen) und Fettstücke am Hals entfernen. Das Innere mit Salz würzen. Mithilfe von Küchengarn die Ente so binden, dass die Keulen nah am Körper in gerader gleichförmiger Linie anliegen. Dann rundherum mit Salz würzen.

Auf einem Rost mit darunter befindlichem Backblech im Backofen ca. 90 Minuten garen. Herausnehmen und auskühlen lassen. Alternativ in einem Dampfgarer bei 150 °C und 25 % Feuchtigkeit ca. 90 Minuten garen.

Nach Ende der Garzeit herausnehmen, Brüste und Keulen auslösen und sofort servieren.

GÄNSEBRATEN

Für 6 Portionen

1 Gans (ca. 4,2 kg)
100 g Salz

Den Backofen auf 150 °C Ober- und Unterhitze vorheizen.

Die Gans vorbereiten, das bedeutet, Innereien entfernen, Flügel stutzen (am 1. Gelenk durchtrennen) und Fettstücke am Hals entfernen. Das Innere mit Salz würzen. Mithilfe von Küchengarn die Gans so binden, dass die Keulen nah am Körper in gerader gleichförmiger Linie anliegen. Dann rundherum mit Salz würzen.

Auf einem Rost mit darunter befindlichem Backblech im Backofen ca. 150 Minuten garen. Herausnehmen und auskühlen lassen. Alternativ in einem Dampfgarer bei 150 °C und 25 % Feuchtigkeit ca. 150 Minuten garen.

Nach Ende der Garzeit herausnehmen, Brüste und Keulen auslösen und sofort servieren.

FLEISCH

GRILLHÄHNCHEN

Für 4 Portionen

1 küchenfertiges Hähnchen (ca. 1,5 kg)
6 EL Olivenöl
2 TL Salz
2 TL edelsüßes Paprikapulver

Den Backofen auf 180 °C Umluft vorheizen.

Das Hähnchen innen und außen gründlich waschen und trocken tupfen. Die Flügelspitzen, Halsknochen und die Bürzeldrüse mit einem scharfen Messer oder einer Geflügelschere abschneiden.

Mithilfe von Küchengarn das Hähnchen so binden, dass die Keulen nah am Körper in gerader gleichförmiger Linie anliegen. Olivenöl mit Salz und Paprikapulver verrühren und das Hähnchen rundherum damit einpinseln. Auf ein Backblech legen und im Backofen im unteren Drittel ca. 1½ Stunden braten. Alle 20 Minuten mit dem restlichen Paprikaöl bestreichen.

GRÜNER SPARGEL MIT PARMASCHINKEN

Für 2 Portionen

	500 g grüner Spargel
200 g neue Kartoffeln	50 g Butter, nach Belieben
Salz	100 g Parmaschinken

Die Kartoffeln waschen und ungeschält in ausreichend Salzwasser garen. Dann abschütten, pellen und warm stellen. Den Spargel gegebenenfalls im unteren Drittel schälen und das untere Ende abschneiden.

In einem Topf reichlich Salzwasser zum Kochen bringen. Den Spargel zugeben und darin je nach Dicke der Stangen ca. 10 Minuten bissfest kochen. Herausnehmen, in Eiswasser abschrecken und abtropfen lassen.

Die abgetropften Spargelstangen in zerlassener aufgeschäumter Butter schwenken. Den Spargel zusammen mit dem Parmaschinken und den Kartoffeln dekorativ anrichten.

GÄNSEKEULE MIT KARTOFFEL-KLÖSSEN UND ROTKOHL

Für 4 Portionen

Gänsekeule
4 Gänsekeulen
Salz
4 EL Sonnenblumenöl
Pfeffer

Rotkohl
1 Rotkohl (ca. 1,2 kg)
1 Zimtstange
2 Gewürznelken
1 Lorbeerblatt
2 Wacholderbeeren
10 weiße Pfefferkörner
100 g Apfelmus
2 EL flüssiger Honig
50 ml Weißweinessig
200 ml Rotwein
2 Zwiebeln
1 EL Butterschmalz
2 kleine Äpfel

Klöße
siehe S. 275

Die Gänsekeulen waschen und trocken tupfen. Dann in einen großen Topf mit reichlich Salzwasser geben, aufkochen lassen und die Keulen darin ca. 30 Minuten bei mittlerer Temperatur köcheln.

In der Zwischenzeit den Rotkohl vierteln, die äußeren Blätter und den Strunk entfernen, in feine Streifen hobeln oder schneiden. Gewürze in einen Teefilter geben und mit Küchengarn zubinden. Rotkohl mit Apfelmus, Honig, Essig und Rotwein mischen und zusammen mit dem Gewürzbeutel zugeben. Den Rotkohl abgedeckt ca. 30 Minuten ziehen lassen.

Dann den Rotkohl in einem Sieb abtropfen lassen. Den Sud dabei auffangen. Die Zwiebeln schälen und fein würfeln. Butterschmalz in einem großen Topf erhitzen und die Zwiebelwürfel darin andünsten. Rotkohl zu den Zwiebeln geben und mitdünsten. Mit dem Sud aufgießen und mit 1 TL Salz würzen. Den Rotkohl einmal aufkochen lassen und abgedeckt bei niedriger Temperatur ca. 30 Minuten schmoren. Die Äpfel waschen, schälen, das Kerngehäuse entfernen und das Fruchtfleisch grob würfeln. Apfelwürfel zugeben und gut mit dem Rotkohl mischen. Dann offen 15 Minuten weiterköcheln, damit der Sud einkocht. Den Gewürzbeutel entfernen und den Rotkohl mit Salz und Pfeffer abschmecken.

Den Backofen auf 180 °C Ober- und Unterhitze vorheizen.

Die vorgegarten Gänsekeulen abtropfen lassen und auf ein mit Backpapier ausgelegtes Backblech legen, mit Öl bepinseln und mit Salz sowie Pfeffer würzen. Im Backofen ca. 30 Minuten braten. Sollte die Haut zwischenzeitlich zu dunkel werden, die Temperatur auf 160 °C reduzieren.

Die Kartoffelklöße wie auf S. 275 beschrieben zubereiten.

Jeweils eine Gänsekeule mit Rotkohl und Kartoffelklößen anrichten.

GANS MIT HACKFLEISCH, MARONEN UND ÄPFELN

Für 6 Portionen

1 TK-Gans (ca. 5 kg)
Salz, Pfeffer
1 Zwiebel
2 Äpfel
150 g gekochte Maronen
1 Zweig Rosmarin
2 Zweige Thymian
1 EL Butter
300 g gemischtes Hackfleisch
50 ml Apfelsaft
1 Ei
400 ml Geflügelfond
80 ml Portwein
dunkler Saucenbinder, nach Belieben

Gans am besten über Nacht auftauen lassen, waschen und trocken tupfen. Gegebenenfalls noch vorhandene Federkiele und Bürzeldrüse entfernen. Innereien aus der Bauchhöhle nehmen und die Bauchhöhle mit Salz und Pfeffer würzen.

Die Zwiebel schälen und fein würfeln. Die Äpfel waschen, schälen, Kerngehäuse entfernen und würfeln. Maronen mit einer Gabel zerdrücken. Kräuter waschen, trocken schütteln, Nadeln bzw. Blättchen abzupfen und hacken. Die Butter in einer Pfanne zerlassen. Zwiebel- und Apfelwürfel sowie zerdrückte Maronen darin anbraten. Hackfleisch zugeben und braten. Kräuter zugeben und mit Apfelsaft ablöschen. Kräftig mit Salz und Pfeffer würzen und abkühlen lassen. Das Ei unter die abgekühlte Masse mischen.

Den Backofen auf 180 °C Ober- und Unterhitze vorheizen.

Die Gans mit der Masse füllen. Mit Küchengarn zunähen und die Keulen zusammenbinden. Außen mit Salz und Pfeffer würzen. Eine Fettpfanne in die unterste Schiene des Backofens schieben und mit heißem Wasser füllen. Die Gans auf dem Rost direkt darüber hineinschieben. Nachdem die Gans nach ca. 2 ½–3 Stunden Farbe angenommen hat, die Temperatur auf 125 °C reduzieren. Die Garzeit beträgt insgesamt ca. 3 ½–4 Stunden. Während der Garzeit die Gans ab und an mit dem heruntergetropften Bratfett übergießen. Nach Ende der Garzeit die Gans im Backofen bei ca. 90 °C warm halten.

Die Fettpfanne herausnehmen und den Bratensatz mit etwas heißem Geflügelfond lösen und durch ein Sieb in einen Topf gießen. Das ausgebratene Fett von der Oberfläche schöpfen und entfernen. Die Sauce mit dem restlichen Geflügelfond aufgießen und mit dem Portwein verfeinern. Nach Belieben bis zur gewünschten Konsistenz einkochen oder mit dunklem Saucenbinder binden. Zum Schluss nochmals abschmecken.

Die Gans mit der Sauce anrichten.

FLEISCH

HALBE HÄHNCHEN MIT APFEL-KRAUTSALAT

Für 4 Portionen

Apfel-Krautsalat
600 g Weißkohl
1 kleine Knoblauchzehe
1 EL Zucker
50 ml Olivenöl
Saft von 1 ½ Limetten
Salz
2 Äpfel (z. B. Braeburn)

Halbe Hähnchen
2 küchenfertige Hähnchen (à ca. 1,2 kg)
6 EL Olivenöl
2 TL edelsüßes Paprikapulver

Für den Salat den Weißkohl putzen, Strunk entfernen und in feine Streifen schneiden oder hobeln. Knoblauch schälen und fein hacken. Beides mit Zucker, Öl, Limettensaft und 1 ½ TL Salz vermengen und kräftig durchkneten. Äpfel schälen, vierteln, Kerngehäuse entfernen und grob reiben. Zum Schluss untermengen und den Salat ca. 1 Stunde ziehen lassen.

Für die Hähnchen den Backofen auf 180 °C Umluft vorheizen.

Die Hähnchen innen und außen gründlich waschen und trocken tupfen. Die Flügelspitzen, Halsknochen und die Bürzeldrüse mit einem scharfen Messer oder einer Geflügelschere abschneiden. Die Hähnchen halbieren, sodass 4 Hälften entstehen.

Olivenöl mit 2 TL Salz und Paprikapulver verrühren und die Hähnchenhälften damit einpinseln. Auf ein Backblech legen und im Backofen im unteren Drittel ca. 1 Stunde braten.
Alle 20 Minuten mit dem restlichen Paprikaöl bestreichen.

Herausnehmen und sofort mit dem Apfel-Krautsalat servieren.

HÄHNCHENSCHENKEL MIT GURKENSALAT

Für 4 Portionen

Gurkensalat
500 g Salatgurken
Salz
4 Stängel Dill
200 g Naturjoghurt
100 g Schmand
½ TL weißer Pfeffer
1 gehäufter TL Zucker

Hähnchenschenkel
4 Hähnchenschenkel (à ca. 200 g)
2 EL Pflanzenöl
½ TL rosenscharfes Paprikapulver
Pfeffer

Für den Salat die Gurken putzen, waschen und in sehr dünne Scheiben schneiden oder hobeln. Die Scheiben in ein Abtropfsieb geben und mit ca. 1 EL Salz vermengen. Dann kurz ziehen lassen.

Dill waschen, trocken schütteln, Spitzen abzupfen und fein hacken. Mit Joghurt und Schmand verrühren. Die abgetropften Gurkenscheiben zur Dill-Joghurt-Sauce geben und mit Salz, Pfeffer und Zucker abschmecken.

Für die Schenkel den Backofen auf 180 °C Umluft vorheizen.

Hähnchenschenkel waschen und trocken tupfen. Aus Öl, Paprikapulver, Salz und Pfeffer eine Marinade rühren. Die Hähnchenschenkel damit von allen Seiten einstreichen und auf ein Backblech legen. Im Backofen ca. 40–45 Minuten backen, währenddessen immer wieder mit Marinade bestreichen.

Die Hähnchenschenkel mit dem Gurkensalat anrichten.

TANDOORI-HÄHNCHENSCHENKEL MIT COUSCOUS-SALAT

Für 4 Portionen

Couscous-Salat
200 g Couscous
400 ml Gemüsebrühe
1 Bund Koriander
1 Bund Minze
1 Knoblauchzehe
75 ml Zitronensaft
75 ml Olivenöl
3 Tomaten
½ Bund Frühlingszwiebeln
½ Salatgurke
1 rote Paprikaschote
Salz, Pfeffer

Hähnchenschenkel
4 Hähnchenschenkel (à ca. 200 g)
2 EL Pflanzenöl
½ TL Tandoori Gewürzmischung

Minzjoghurt
5 Stängel Minze
200 g Naturjoghurt
1 TL Limettensaft

Für den Salat den Couscous in ein Sieb geben, mit kaltem Wasser abspülen und zusammen mit der Gemüsebrühe in einen Topf geben. Aufkochen lassen, vom Herd ziehen und im Topf 10 Minuten quellen lassen, mit einer Gabel auflockern und in eine Schüssel geben.

Koriander und Minze waschen, trocken schütteln, Blätter abzupfen und fein schneiden. Knoblauch schälen und fein würfeln. Knoblauch, Zitronensaft und Öl verrühren. Mit Couscous und gehackten Kräutern gut mischen und ca. 1 Stunde durchziehen lassen.

Tomaten waschen und Strünke entfernen. Frühlingszwiebeln putzen, waschen und in Ringe schneiden. Gurke waschen, längs halbieren und Kerne mit einem Löffel herauskratzen. Paprika waschen, Kerne und weiße Innenhäute entfernen. Das Gemüse fein würfeln. Das vorbereitete Gemüse unter den Couscous mischen und den Salat mit Salz und Pfeffer kräftig abschmecken.

Für die Schenkel den Backofen auf 180 °C Heißluft vorheizen.

Hähnchenschenkel waschen und trocken tupfen. Aus Öl, Tandoori, Salz und Pfeffer eine Marinade rühren. Die Hähnchenschenkel damit von allen Seiten einstreichen und auf ein Backblech legen. Im vorgeheizten Backofen ca. 40–45 Minuten backen, währenddessen immer wieder mit Marinade bestreichen.

Für den Joghurt die Minze waschen, trocken schütteln, Blätter abzupfen und fein schneiden. Unter den Joghurt rühren und mit Limettensaft und Salz abschmecken. Die Hähnchenschenkel mit dem Couscous-Salat und dem Minzjoghurt anrichten.

HÜHNERFRIKASSEE MIT REIS

Für 4 Portionen

Hühnerfrikassee

1 Suppenhuhn (ca. 1,4 kg)
1 Zwiebel
2 Nelken
1 Lorbeerblatt
1 Bund Suppengrün (Karotte, Lauch,
Knollensellerie, Petersilie)
Salz
250 g Karotten
3 EL Butter
1 EL Weizenmehl
200 ml Sahne
500 ml Hühnerbrühe
150 g TK-Erbsen
Pfeffer
Saft von ½ Zitrone
1 TL Honig
2 TL Sahnemeerrettich

Reis

250 g Reis

Das Huhn waschen und trocken tupfen. Zwiebel schälen und mit Nelken sowie Lorbeerblatt spicken. Das Huhn zusammen mit der gespickten Zwiebel in einen großen Topf geben. Dann das Suppengrün putzen, waschen, gegebenenfalls schälen, alles in Stücke schneiden und ebenfalls hinzufügen. Den Topf mit Wasser auffüllen, sodass das Huhn gut bedeckt ist, salzen und langsam aufkochen. Alles abgedeckt bei niedriger Temperatur ca. 1½ Stunden köcheln lassen.

Anschließend die Brühe durch ein Sieb gießen, auffangen und beiseitestellen. Das ausgekochte Gemüse entfernen. Das Huhn abkühlen lassen, die Haut abziehen, das Fleisch von den Knochen lösen und klein schneiden.

Karotten putzen, schälen und in Würfel schneiden. 1 EL Butter zerlassen und die Karotten darin unter Rühren andünsten und herausnehmen. Die restliche Butter zugeben, zerlassen und das Mehl zügig einrühren. Mit Sahne sowie Hühnerbrühe auffüllen und unter Rühren aufkochen. Die Karotten und die Erbsen zugeben und bei niedriger Temperatur ca. 10 Minuten köcheln lassen. Das Hühnerfleisch zugeben und heiß werden lassen. Mit Salz, Pfeffer, Zitronensaft, Honig und Meerrettich abschmecken.

Den Reis nach Packungsangabe zubereiten und zum Hühnerfrikassee servieren.

GEFÜLLTE PAPRIKASCHOTEN

Für 4 Portionen

4 rote Paprikaschoten
1 Zwiebel
1 Knoblauchzehe
½ Bund Petersilie
3 Zweige Thymian
1 Zweig Rosmarin
4 EL Olivenöl
250 gemischtes oder Rinderhackfleisch
1 Dose stückige Tomaten (425 g)
edelsüßes Paprikapulver
100 g gekochter Reis
Salz, Pfeffer

Den Backofen auf 180 °C Ober- und Unterhitze vorheizen.

Die Paprikaschoten waschen, die Oberseiten als Deckel abschneiden und Kerne sowie weiße Innenhäute entfernen. Zwiebel und Knoblauchzehe schälen und fein würfeln. Petersilie, Thymian sowie Rosmarin waschen, trocken schütteln, Blättchen bzw. Nadeln abzupfen und hacken.

2 EL Olivenöl in einer Pfanne heiß werden lassen. Zwiebel- und Knoblauchwürfel darin andünsten. Hackfleisch zugeben und braten.

Stückige Tomaten, Paprikapulver, Kräuter und den gekochten Reis zugeben. Kräftig mit Salz und Pfeffer würzen, dann in die Paprikaschoten füllen.

Die gefüllten Paprikaschoten in eine Auflaufform setzen und den abgeschnittenen Deckel auflegen. Mit dem restlichen Olivenöl einpinseln und mit Salz und Pfeffer würzen. Im Backofen auf dem Rost im unteren Drittel ca. 50 Minuten garen. Falls die Paprikaschoten zu dunkel werden, einfach mit Backpapier abdecken.

Herausnehmen und sofort servieren.

GEGRILLTES KOTELETT VOM DUROC SCHWEIN MIT GEBRATENEM ROSENKOHL UND KARTOFFEL-KAROTTEN-STAMPF

Für 4 Portionen

Kartoffel-Karotten-Stampf
1 Zwiebel
400 g Karotten
600 g mehligkochende Kartoffeln
2 EL Öl
250 ml Gemüsebrühe
Salz, Pfeffer
Muskatnuss

Rosenkohl
500 g Rosenkohl
1 kleine Zwiebel
20 g Butter

Kotelett
4 Koteletts vom Duroc Schwein
1 Zweig Rosmarin
2 EL Pflanzenöl

Für den Stampf die Zwiebel schälen, Karotten und Kartoffeln putzen, schälen, waschen und alles in ca. 1 cm große Würfel schneiden. Öl in einem Topf erhitzen und das Gemüse kurz darin anschwitzen. Gemüsebrühe zugießen, aufkochen und bei niedriger Temperatur ca. 10–15 Minuten gar kochen. Anschließend Zwiebel-, Karotten- sowie Kartoffelwürfel abschütten und dabei die Brühe auffangen. Gemüse mit einem Stampfer zerdrücken und falls nötig noch etwas Brühe zugeben. Mit Salz, Pfeffer und frisch geriebener Muskatnuss abschmecken. Bis zum Anrichten warm halten.

Den Rosenkohl putzen und waschen. Die Zwiebel schälen und in sehr feine Würfel schneiden. In einem Topf reichlich Salzwasser aufkochen und den Rosenkohl darin bissfest kochen. Herausnehmen, in Eiswasser abschrecken und abtropfen lassen. Die Röschen nach Belieben halbieren oder ganz lassen. Die Butter in einer Pfanne zerlassen und den Rosenkohl zusammen mit den Zwiebelwürfeln unter mehrmaligem Schwenken braten. Zum Schluss mit Salz, Pfeffer und frisch geriebener Muskatnuss würzen.

Die Koteletts waschen und trocken tupfen. Von beiden Seiten mit Salz und Pfeffer würzen. Rosmarin waschen, trocken schütteln und den Zweig klein zupfen. Fleisch und Rosmarin in einer Pfanne im heißen Öl von beiden Seiten braten, dabei mehrmals wenden.

Die Schweinekoteletts zusammen mit dem Rosenkohl und dem Kartoffel-Karotten-Stampf anrichten.

GESCHMORTE OCHSENBACKE MIT GERÖSTETEN PASTINAKENSTICKS UND KARTOFFELPÜREE

Für 4 Portionen

Ochsenbacken

2 Ochsenbacken (à ca. 800 g)
Salz, Pfeffer
300 g Knollensellerie
300 g Karotten
300 g Zwiebeln
2 Knoblauchzehen
3 EL Pflanzenöl
500 ml Rotwein
1 l Fleischbrühe
2 Zweige Rosmarin
2 Zweige Thymian
2 Lorbeerblätter
3 Wacholderbeeren
2 Pimentkörner

Pastinakensticks

500 g Pastinaken
3 Zweige Thymian
2 EL Pflanzenöl

Kartoffelpüree

1 kg mehligkochende Kartoffeln
300 ml lauwarme Milch
2 EL Butter
Muskatnuss

Zuerst die Ochsenbacken von Fett und Sehnen befreien, dann waschen und trocken tupfen. Anschließend in 4 gleich große Stücke portionieren. Mit Salz und Pfeffer würzen. Knollensellerie, Karotten und Zwiebeln putzen, schälen und in Würfel schneiden. Knoblauch schälen und fein hacken.

Das Fleisch in einem Topf mit Öl rundherum scharf anbraten und herausnehmen. Das Gemüse zugeben und ebenfalls gründlich anbraten. Mit etwas Rotwein ablöschen und verdunsten lassen, diesen Vorgang mehrmals wiederholen, bis der Rotwein aufgebraucht ist.

Dann mit der Brühe aufgießen. Gewaschene Kräuterzweige und Gewürze zugeben und einmal aufkochen lassen. Die Ochsenbacken hineinlegen und abgedeckt bei niedriger Temperatur ca. 2–3 Stunden schmoren. Die Backen sind dann gar, wenn sie sich problemlos mit einem Löffel teilen lassen. Herausnehmen und warm halten.

Die Sauce durch ein Sieb passieren und in einem Topf zur gewünschten Konsistenz einkochen lassen. Die Sauce nochmals abschmecken und die Ochsenbacken darin wieder heiß werden lassen.

Für die Sticks den Backofen auf 160 °C Ober- und Unterhitze vorheizen.

Die Pastinaken putzen, schälen und längs vierteln. Thymian waschen, trocken schütteln und die Blätter abzupfen. Die Sticks in einer Schüssel mit Öl, Thymianblättchen, Salz und Pfeffer vermischen und auf ein mit Backpapier ausgelegtes Backblech verteilen. Im Backofen auf der mittleren Schiene ca. 20 Minuten garen.

Für das Püree die Kartoffeln schälen, waschen und in Würfel schneiden. Dann in Salzwasser ca. 20 Minuten gar kochen, abschütten und leicht ausdampfen lassen.

Durch eine Kartoffelpresse drücken oder stampfen und anschließend mit Milch und Butter verrühren. Mit Salz, Pfeffer und frisch geriebener Muskatnuss abschmecken.

Die Ochsenbacken mit etwas Sauce, den Pastinakensticks und dem Kartoffelpüree anrichten.

KALBSLEBER BERLINER ART MIT KARTOFFELPÜREE

Für 4 Portionen

Röstzwiebeln und Äpfel

2 Zwiebeln
80 g Weizenmehl
Salz
edelsüßes Paprikapulver
Pflanzenöl zum Frittieren
1 Zitrone
2 Äpfel
1 EL Zucker
30 g Butter

Kalbsleber

8 Scheiben Kalbsleber
(à ca. 80 g, küchenfertig geputzt)
Weizenmehl zum Wenden
60 g Butter
2 EL Öl
Pfeffer

Kartoffelpüree

1 kg mehligkochende Kartoffeln
300 ml lauwarme Milch
2 EL Butter
Muskatnuss

Zwiebeln schälen und in Ringe hobeln. In einer Schüssel Mehl, 1 kräftige Prise Salz und Paprikapulver mischen. Das Öl zum Frittieren erhitzen, die Zwiebeln kurz vor dem Fritieren in 2–3 Portionen aufteilen und gut mit dem Mehl mischen. Dann in einem Sieb abschütteln, dabei das überschüssige Mehl entfernen. Zwiebeln portionsweise im heißen Fett knusprig ausbacken. Dann mit einer Schaumkelle herausnehmen und auf Küchenpapier abtropfen lassen.

Die Zitrone halbieren und den Saft auspressen. Die Äpfel schälen, entkernen und jeden Apfel in 8 Spalten schneiden. Die Spalten in einer Schüssel mit dem Zitronensaft mischen. Zucker in einer großen beschichteten Pfanne erhitzen, bis er hellbraun karamellisiert. Butter und Äpfel dazugeben und darin bei nicht zu starker Temperatur ca. 2 Minuten braten. Die Apfelspalten warm halten.

Leber im Mehl wenden, das überschüssige Mehl abklopfen. Butter und Öl in einer großen beschichteten Pfanne erhitzen. Leber darin bei nicht zu starker Temperatur ca. 3–4 Minuten braten, dabei mehrmals wenden. Zum Schluss mit Salz und Pfeffer würzen.

Für das Püree die Kartoffeln schälen, waschen und in Würfel schneiden. Dann in Salzwasser ca. 20 Minuten gar kochen, abschütten und leicht ausdampfen lassen. Durch eine Kartoffelpresse drücken oder stampfen und anschließend mit Milch und Butter verrühren. Mit Salz, Pfeffer und frisch geriebener Muskatnuss abschmecken.

Kalbsleber mit Kartoffelpüree, Apfelspalten und Zwiebeln servieren.

KALBSTAFELSPITZ MIT GESCHMORTEM WURZELGEMÜSE, MEERRETTICHSAUCE UND SALZKARTOFFELN

Für 4 Portionen

Tafelspitz
1 kg Kalbstafelspitz
3 l Wasser
1 Bund Suppengrün (Karotten, Lauch,
Knollensellerie, Petersilie)
1 Zwiebel
1 Lorbeerblatt
5 Pfefferkörner
2 Nelken

Meerrettichsauce
2 EL Butter
2 EL Weizenmehl
250 ml Tafelspitzbrühe
250 ml Milch
1–2 EL frisch geriebener Meerrettich
Salz, Pfeffer
Cayennepfeffer
Muskatnuss
1 Spritzer Zitronensaft
1 EL gehackte glatte Petersilie

Kartoffeln
1 kg festkochende Kartoffeln

Wurzelgemüse
400 g Karotten
1 kleiner Knollensellerie
1 Stange Lauch
5 EL Tafelspitzbrühe
2 EL gehackte Petersilie

Den Tafelspitz in einem Topf mit Wasser aufkochen und ca. 2 ½ Stunden bei niedriger Temperatur köcheln lassen. Dabei den Schaum immer wieder abschöpfen. Das Suppengrün putzen, waschen, gegebenenfalls schälen und klein schneiden. Die Zwiebel mit der Schale halbieren. Gemüse, Zwiebel, Lorbeerblatt, Pfefferkörner und Nelken nach ca. 1 Stunde zum Fleisch geben. 3 Stängel Petersilie waschen, trocken tupfen und nach ca. 2 Stunden zum Tafelspitz geben.

Für die Meerrettichsauce die Butter in einem Topf zerlassen und das Mehl zügig einrühren, bis eine Mehlschwitze entsteht. Mit Tafelspitzbrühe und Milch ablöschen und unter Rühren zu einer sämigen Sauce kochen. Den Meerrettich einrühren und die Sauce bei niedriger Temperatur ca. 15 Minuten köcheln lassen. Nach Belieben die fertige Sauce durch ein feines Sieb streichen und mit Salz, Pfeffer, Cayennepfeffer, frisch geriebener Muskatnuss und Zitronensaft abschmecken und warm halten.

Die Kartoffeln schälen, waschen, vierteln und in reichlich Salzwasser garen. Dann abgießen und warm halten.

Für das Wurzelgemüse den Backofen auf 160 °C Ober- und Unterhitze vorheizen.

Karotten und Knollensellerie putzen, schälen und in mundgerechte Würfel schneiden. Lauch putzen, längs halbieren, waschen und in Streifen schneiden. Das Gemüse mit Salz und Pfeffer würzen und mit der Tafelspitzbrühe mischen. Dann in eine Auflaufform geben und im Backofen ca. 25 Minuten schmoren. Zum Schluss mit der Petersilie mischen und mit Salz und Pfeffer abschmecken.

Den Tafelspitz in Scheiben schneiden. Mit der Sauce, Wurzelgemüse und Kartoffeln anrichten. Nach Belieben die Sauce noch mit frischer Petersilie bestreuen und servieren.

KÖNIGSBERGER KLOPSE

Für 4 Portionen

Klopse	**Sauce**
1 Zwiebel	100 g Champignons
1 Knoblauchzehe	1 Schalotte
1 EL Butter	1 EL Butter
2 Sardellenfilets	50 ml Weißwein
500 g gemischtes Hackfleisch	250 ml Rinderbrühe
1 Ei	1 EL Kapern
1 EL gehackte glatte Petersilie	1 TL Senf
2 EL Semmelbrösel	100 ml Sahne
Salz, Pfeffer	
Cayennepfeffer	**Reis**
50 g gekochte Nudeln	250 g Reis
(Rohgewicht)	

Zwiebel und Knoblauch schälen, in feine Würfel schneiden und in der Butter glasig dünsten. Die Sardellenfilets fein hacken.

Das Hackfleisch mit Sardellenfilets, Ei, Petersilie und Semmelbrösel vermischen, mit Salz, Pfeffer und Cayennepfeffer würzen. Zwiebel, Knoblauch und gekochte Nudeln durch eine Kartoffelpresse drücken und gut mit dem Hackfleisch vermischen. Aus der Hackfleischmasse mit feuchten Händen Klopse formen und in siedendem Salzwasser ca. 5 Minuten ziehen lassen.

Für die Sauce die Champignons putzen und in Würfel schneiden. Die Schalotte schälen und in feine Würfel schneiden. Champignons und Schalottenwürfel in der Butter glasig dünsten, mit Weißwein ablöschen und fast vollständig einkochen lassen. Mit der Rinderbrühe aufgießen, heiß werden lassen und mit Kapern, Senf, Salz und Cayennepfeffer abschmecken. Die Sahne schlagen und kurz vor dem Servieren unter die Sauce ziehen.

Reis nach Packungsangabe zubereiten und mit den Königsberger Klopsen und der Sauce auf Tellern anrichten.

WEISSER SPARGEL MIT SCHINKEN UND PETERSILIENKARTOFFELN

Für 2 Portionen

200 g festkochende Kartoffeln
Salz
100 g Butter
½ Bund Petersilie
500 g weißer Spargel
Pfeffer
Saft einer ½ Zitrone
150 g gekochter Schinken (in Scheiben)

Die Kartoffeln waschen und in der Schale in ausreichend Salzwasser garen. Dann Wasser abschütten. Kartoffeln noch warm pellen und kurz vor dem Anrichten in 25 g zerlassener Butter schwenken. Petersilie waschen, trocken schütteln, Blätter abzupfen und fein hacken. Zum Anrichten über die Kartoffeln streuen.

Den Spargel schälen und die unteren Enden abschneiden. In einem Topf reichlich Wasser zum Kochen bringen. Das Wasser kräftig mit Salz, Pfeffer und einem guten Schuss Zitronensaft würzen. Den Spargel zugeben und darin je nach Dicke der Stangen ca. 10 Minuten bissfest kochen. Herausnehmen und abtropfen lassen.

Nach Belieben die restliche Butter zerlassen und leicht bräunen. Den Spargel zusammen mit dem Schinken und den Petersilienkartoffeln dekorativ anrichten. Den Spargel mit der gebräunten Butter beträufeln.

KRUSTENBRATEN VOM SCHWEIN MIT APFEL-KRAUTSALAT

Für 6 Portionen
(Standzeit 8–10 Stunden)

Krustenbraten

1,5 kg Schweinekrustenbraten
2 Knoblauchzehen
1 TL gemahlener Kümmel
Salz
2 Karotten
¼ Knollensellerie
2 Zwiebeln
1 Stange Lauch
5 Zweige Thymian
1 l dunkles Bier
Speisestärke, nach Belieben
1 TL mittelscharfer Senf
Pfeffer

Apfel-Krautsalat

600 g Weißkohl
½ Knoblauchzehe
1 EL Zucker
50 ml Olivenöl
Saft von 1½ Limetten
2 Äpfel (z. B. Elstar)

Fleisch waschen und trocken tupfen. Die Schwarte mit einem sehr scharfen Messer im Abstand von 1 cm einritzen. Vorsicht, nicht das Fleisch einschneiden! Die Schwarte mit Küchenpapier gut trocken tupfen. Knoblauchzehen schälen und durch die Knoblauchpresse drücken. Die Schwarte mit dem Knoblauch, Kümmel und besonders gründlich mit Salz einreiben, so wird sie krosser. Über Nacht im Kühlschrank ruhen lassen.

Den Backofen auf 230 °C Ober- und Unterhitze vorheizen.

Karotten, Knollensellerie sowie Zwiebeln schälen und in grobe Würfel schneiden. Lauch putzen, waschen und in Ringe schneiden. Thymian waschen und trocken schütteln. Zusammen mit dem Gemüse in einem entsprechend großen Bräter verteilen. Den Braten mit der Kruste nach oben hineinlegen und mit Bier angießen. Im Backofen auf dem Rost auf der mittleren Schiene ca. 20 Minuten braten, dann die Temperatur auf 180 °C reduzieren und weitere 2 ½ Stunden garen. Alle 30 Minuten den Braten mit der Flüssigkeit übergießen, damit eine schöne dunkle Kruste entsteht. Den Braten herausnehmen, warm stellen und ruhen lassen. Den Sud durch ein Sieb gießen, nach Belieben mit in etwas kaltem Wasser angerührter Speisestärke zur gewünschten Konsistenz binden. Mit Senf verfeinern und mit Salz und Pfeffer abschmecken.

Für den Apfel-Krautsalat den Weißkohl putzen, Strunk entfernen und in feine Streifen schneiden oder hobeln. Knoblauch schälen und fein hacken. Beides mit Zucker, Öl, Limettensaft und 1 ½ TL Salz vermengen und kräftig durchkneten. Äpfel schälen, vierteln, Kerngehäuse entfernen und grob reiben. Zum Schluss untermengen und den Salat ca. 1 Stunde ziehen lassen.

Den Krustenbraten in Scheiben schneiden und zusammen mit dem Apfel-Krautsalat servieren.

KRUSTENBRATEN VOM SCHWEIN MIT RAHMWIRSING UND SERVIETTENKNÖDELN

Für 6 Portionen
(Standzeit 8–10 Stunden)

Krustenbraten

1,5 kg Schweinekrustenbraten
2 Knoblauchzehen
1 TL gemahlener Kümmel
Salz
2 Karotten
¼ Knollensellerie
2 Zwiebeln
1 Stange Lauch
5 Zweige Thymian
1 l dunkles Bier
1–2 TL Speisestärke, nach Belieben
1 TL mittelscharfer Senf
Pfeffer

Rahmwirsing

1 kg Wirsing
½ Bund Petersilie
2 EL Butter
1 gehäufter EL Weizenmehl
200 ml Sahne
100 ml Gemüsebrühe
1–2 TL Kümmelsaat, nach Belieben
2 Spritzer Zitronensaft

Serviettenknödel

siehe S. 248

Fleisch waschen und trocken tupfen. Die Schwarte mit einem sehr scharfen Messer im Abstand von 1 cm einritzen. Vorsicht, nicht das Fleisch einschneiden! Die Schwarte mit Küchenpapier gut trocken tupfen. Knoblauch schälen und durch die Knoblauchpresse drücken. Die Schwarte mit dem Knoblauch, Kümmel und besonders gründlich mit Salz einreiben, so wird sie krosser. Den Braten über Nacht im Kühlschrank ruhen lassen.

Den Backofen auf 230 °C Ober- und Unterhitze vorheizen.

Karotten, Knollensellerie sowie Zwiebeln schälen und in grobe Würfel schneiden. Lauch putzen, waschen und in Ringe schneiden. Thymian waschen und trocken schütteln. Zusammen mit dem Gemüse in einem entsprechend großen Bräter verteilen, den Braten mit der Kruste nach oben hineinlegen und mit Bier angießen. Im Backofen auf dem Rost auf der mittleren Schiene ca. 20 Minuten braten, dann die Temperatur auf 180 °C schalten und weitere 2 ½ Stunden garen. Alle 30 Minuten den Braten mit der Flüssigkeit übergießen, damit eine schöne dunkle Kruste entsteht.

Den Braten herausnehmen, warm stellen und ruhen lassen. Den Sud durch ein Sieb gießen, nach Belieben mit in etwas kaltem Wasser angerührter Speisestärke zur gewünschten Konsistenz binden. Mit Senf verfeinern und mit Salz und Pfeffer abschmecken.

Wirsing putzen und den Strunk herausschneiden. Blätter in ca. 2 cm große Stücke schneiden. Den Kohl in kochendem Salzwasser ca. 3–4 Min. garen, abgießen, mit kaltem Wasser abschrecken und abtropfen lassen. Petersilie waschen, trocken schütteln, Blätter abzupfen und fein hacken.

Die Butter in einem Topf erhitzen, das Mehl zugeben und unter Rühren anschwitzen. Sahne und Brühe zugießen, mit dem Schneebesen verrühren und 5 Minuten kochen. Nach Belieben Wirsing, Petersilie und Kümmel zugeben. Bei mittlerer Temperatur 5 Minuten garen. Mit Salz, Pfeffer und Zitronensaft abschmecken.

Die Serviettenknödel wie auf S. 248 beschrieben zubereiten.

Den Krustenbraten in Scheiben schneiden, mit den Knödeln, dem Wirsing und der Sauce servieren.

LAMMKARREE MIT RATATOUILLE AUS DEM OFEN

Für 4 Portionen

Ratatouille
1 rote Paprikaschote
1 gelbe Paprikaschote
1 Zucchini
1 Aubergine
200 g Kirschtomaten
1 Zwiebel
2 Knoblauchzehen
2 Zweige Rosmarin

4 Zweige Thymian
3 EL Olivenöl
Salz, Pfeffer

Lammkarree
2 Lammkarrees
2 Knoblauchzehen
1 Zweig Thymian
1 Zweig Rosmarin
2 EL Olivenöl

Den Backofen auf 180 °C Ober- und Unterhitze vorheizen.

Für das Gemüse die Paprikaschoten waschen, halbieren, Kerne und weiße Innenhäute entfernen und in mundgerechte Würfel schneiden. Zucchini und Aubergine putzen, waschen und in Würfel schneiden. Die Kirschtomaten waschen und halbieren. Zwiebel und Knoblauch schälen und fein hacken. Die Kräuter waschen, trocken schütteln, Nadeln bzw. Blätter abzupfen und hacken.

Die Gemüsestücke, bis auf die Kirschtomaten, mit den Kräutern, 2 EL Olivenöl, Salz und Pfeffer mischen. Das restliche Öl in einer großen beschichteten Pfanne erhitzen, Zwiebel und Knoblauch anschwitzen. Gemüse zugeben und alles ca. 5–8 Minuten mit anschwitzen. Gegebenenfalls nochmals würzen, mit den Kirschtomaten in eine Auflaufform geben und in den Backofen schieben.

Die Lammkarrees waschen, trocken tupfen und mit Salz und Pfeffer würzen. Knoblauch schälen und andrücken. Kräuterzweige waschen und trocken schütteln. Das Öl mit dem Knoblauch und den Kräuterzweigen in der Pfanne erhitzen und die Karrees darin ca. 3 Minuten von allen Seiten scharf anbraten. Dann auf das Ratatouille in den Backofen legen und darin ca. 6–8 Minuten fertig garen, sodass das Innere noch rosa ist.

GEBRATENE ENTENBRUST MIT ERDBEER-SPARGEL-SALAT

Für 4 Portionen

Dressing
50 ml Geflügelfond
½ Vanilleschote
2 TL Zucker
Salz, Pfeffer
3 EL Sherryessig
6 EL Olivenöl

Salat
2 Bund grüner Spargel
Zucker
Saft von 1 Zitrone
500 g Erdbeeren
3 Stängel Basilikum
25 g geröstete Pinienkerne

Entenbrust
3 Entenbrüste (à ca. 250 g)
2 EL Pflanzenöl

Geflügelfond erwärmen. Die Vanilleschote mit einem scharfen Messer der Länge nach halbieren und das Mark herauskratzen, mit Zucker vermischen und zum Geflügelfond geben. Mit Salz und Pfeffer abschmecken. Essig dazugeben und gut verrühren. Das Öl langsam unter ständigem Rühren einlaufen lassen.

Den Spargel gegebenenfalls im unteren Drittel schälen und die Enden abschneiden. Die Stangen in reichlich kochendem Wasser mit je 1 kräftigen Prise Salz und Zucker sowie Zitronensaft ca. 3 Minuten, je nach Dicke der Stangen, bissfest kochen. Den gegarten Spargel in Eiswasser abschrecken und abtropfen lassen. Die Erdbeeren waschen, putzen und je nach Größe halbieren oder vierteln. Basilikum waschen, trocken schütteln und die Blätter abzupfen.
Spargel in Stücke schneiden, mit Erdbeeren, Basilikumblättern und dem Dressing vermischen. Den Salat während der Zubereitung der Entenbrüste ziehen lassen.

In der Zwischenzeit die Entenbrüste waschen, trocken tupfen, die Haut kreuzförmig einschneiden, mit Salz und Pfeffer würzen. Das Öl in einer Pfanne erhitzen und die Entenbrüste mit der Hautseite nach unten ca. 5 Minuten braten, dann wenden und weitere 10 Minuten bei mittlerer Wärmezufuhr fertig garen. Dabei gelegentlich wenden. Vor dem Servieren die Entenbrüste abgedeckt ca. 5 Minuten ruhen lassen.

Zum Anrichten die Entenbrüste aufschneiden und den Erdbeer-Spargel-Salat danebenplatzieren. Den Salat mit Pinienkernen bestreuen und servieren.

LAMMRAGOUT MIT GRÜNEN BOHNEN UND SPÄTZLE

Für 4 Portionen

Lammragout

1 kg Lammgulasch (aus der Keule)
Weizenmehl zum Bestäuben
Salz, Pfeffer
3 Zwiebeln
2 Knoblauchzehen
2 Karotten
4 Zweige Thymian
1 Zweig Rosmarin
8 Stängel Petersilie
2 EL Olivenöl
2 EL Butter
1 EL Tomatenmark
4 Nelken
2 Lorbeerblätter
250 g grüne Bohnen
(z. B. Bobbybohnen)
5 Stängel Bohnenkraut
150 g geräucherter Bauchspeck
100 g Cocktailtomaten

Spätzle
siehe S. 276

Den Backofen auf 160 °C Ober- und Unterhitze vorheizen.

Das Lammgulasch waschen und trocken tupfen. Mit Mehl bestäuben und mit Salz und Pfeffer einreiben. 2 Zwiebeln und den Knoblauch schälen und in Würfel schneiden. Die Karotten putzen, schälen und in Würfel schneiden. Die Kräuter waschen, trocken schütteln und zu einem Kräutersträußchen binden. Das Lammgulasch in einem Bräter im heißen Olivenöl von allen Seiten gleichmäßig anbraten, herausnehmen und beiseitestellen. In dem gleichen Bräter 1 EL Butter schmelzen lassen. Zwiebeln und Knoblauch darin glasig dünsten. Das Tomatenmark einrühren und anrösten. Mit 200 ml Wasser ablöschen. Das Lammfleisch zurück in den Bräter geben, Kräutersträußchen und die mit Nelken gespickten Lorbeerblättern zufügen und abgedeckt im Backofen ca. 1½ Stunden schmoren. Weitere 200 ml Wasser nach und nach dazugießen. Die Bohnen putzen, waschen und in 3 cm lange Stücke schneiden. In reichlich Salzwasser mit 3 Stängeln Bohnenkraut ca. 5–8 Minuten bissfest kochen, herausnehmen und unter kaltem Wasser abschrecken.

In der Zwischenzeit die Spätzle wie auf S. 276 beschrieben zubereiten. Das fertig gegarte Lammfleisch aus dem Bräter nehmen. Die Sauce durch ein Sieb streichen. Das Fleisch wieder in die Sauce zurückgeben und mit Salz und Pfeffer würzen. Den Bauchspeck in Würfel schneiden. Die restliche Zwiebel schälen und in Würfel schneiden. Cocktailtomaten waschen und halbieren. Zwiebel und Speck in einer Pfanne mit der restlichen Butter braten. Bohnen und Cocktailtomaten dazugeben, kurz durchschwenken, mit Salz sowie Pfeffer abschmecken und unter das Lammragout mischen. Kurz aufkochen lassen.

Zusammen mit den Spätzle sofort servieren.

PAELLA

Für 4 Portionen

400 g Hähnchenbrustfilet
2 Zwiebeln
2 Knoblauchzehen
2 Tomaten
1 rote Paprikaschote
1 gelbe Paprikaschote
150 g Kenia-Bohnen
100 g TK-Erbsen
3 EL Sonnenblumenöl
300 g Risottoreis
1 Döschen Safranfäden
300 ml Fischfond
400 ml Gemüsebrühe
300 g Miesmuscheln
Salz, Pfeffer
rosenscharfes Paprikapulver

Hähnchenbrustfilets waschen, trocken tupfen und in mundgerechte Würfel schneiden. Zwiebeln und Knoblauchzehen
schälen und in kleine Würfel schneiden. Tomaten mit kochendem Wasser überbrühen, Strunk herausschneiden, häuten
und würfeln. Paprika putzen, waschen, halbieren, Kerne entfernen und in kleine Würfel schneiden. Kenia-Bohnen putzen,
waschen und dann halbieren. Erbsen in eine Schüssel geben
und antauen lassen.

Das Öl in einer großen Pfanne erhitzen. Das Hähnchenfleisch
darin anbraten, Zwiebeln, Knoblauch, Tomatenwürfel, Paprikawürfel, Kenia-Bohnen und den Reis zugeben. Safranfäden in
den Fischfond rühren und zusammen mit der Gemüsebrühe
zugießen und aufkochen. Abgedeckt bei niedriger Temperatur
ca. 15 Minuten garen.

In der Zwischenzeit die Miesmuscheln gründlich waschen,
bürsten und den Bart entfernen. Geöffnete Muscheln aussortieren. Dann Muscheln und Erbsen zugeben und weitere
5 Minuten abgedeckt garen. Geschlossene Muscheln aussortieren und vor dem Servieren mit Salz, Pfeffer und Paprikapulver abschmecken.

RINDERCARPACCIO MIT PFIFFERLINGEN UND PARMESAN

Für 4 Portionen

200 g Rinderfilet
250 g Pfifferlinge
2 Frühlingszwiebeln
Olivenöl
Salz, Pfeffer
30 g geröstete Pinienkerne
50 g marinierter Pflücksalat
50 g frisch gehobelter Parmesan

Das Rinderfilet waschen, trocken tupfen und in dünne Scheiben schneiden. Diese zwischen einem Gefrierbeutel sehr flach klopfen.

Pfifferlinge mit einem Pinsel und Tuch säubern, die großen Pfifferlinge halbieren. Die Frühlingszwiebeln putzen, waschen, trocken schütteln und in dünne Ringe schneiden.

1 EL Olivenöl in einer Pfanne erhitzen, die Pfifferlinge darin anbraten und die Frühlingswiebeln nach 2 Minuten zugeben. Vom Herd ziehen, mit Salz und Pfeffer würzen und 2 Minuten abkühlen bevor die Pfifferlinge auf das Rindercarpaccio verteilt werden.

4 flache Teller mit Olivenöl einpinseln und die Rinderfiletscheiben darauflegen, mit Salz und Pfeffer würzen. Jeweils in die Mitte etwas marinierten Pflücksalat anhäufen. Die angebratenen Pfifferlinge darauf verteilen, mit Olivenöl beträufeln und mit Parmesanspänen und Pinienkernen bestreuen.

RINDERFILET WELLINGTON MIT MARKTGEMÜSE

Für 4 Portionen

Rinderfilet

800 g Rinderfilet
Salz, Pfeffer
250 g Champignons
2 Schalotten
5 Stängel glatte Petersilie
2 EL Pflanzenöl
300 g Fleischfarce
(z. B. Fleischkäsebrät)
1 Packung Blätterteig
(aus dem Kühlregal)
1 Ei
1 EL Sahne

Marktgemüse

400 g Brokkoli
400 g Karotten
3 Frühlingszwiebeln
100 g Kirschtomaten
2 EL Olivenöl

Backofen auf 180 °C Ober- und Unterhitze vorheizen.

Rinderfilet waschen, trocken tupfen, mit Salz und Pfeffer würzen. Champignons putzen, Schalotten schälen und beides in kleine Würfel schneiden. Petersilie waschen, trocken schütteln, Blätter abzupfen und fein hacken. Das Öl in einer Pfanne erhitzen und das Filet von allen Seiten gut anbraten und herausnehmen. Die Schalotten in der Pfanne glasig anschwitzen, die Champignons hinzugeben und mit anschwitzen. Salzen, pfeffern, auf einen Teller geben und auskühlen lassen. Die Fleischfarce mit den kalten Champignons und der Petersilie vermischen, den Blätterteig ausbreiten und die Farce darauf dünn verteilen. Dabei einen Rand von ca. 5 cm freilassen. Das Rinderfilet in die Mitte legen, den Blätterteig über das Rinderfilet schlagen und die Ränder fest andrücken. Ei mit Sahne verquirlen und den Blätterteig damit einpinseln, den Blätterteig mit einer Gabel mehrfach einstechen und im Backofen ca. 25 Minuten backen.

Brokkoli putzen, waschen und in Röschen teilen. Karotten putzen, schälen und in Scheiben schneiden. Frühlingszwiebeln putzen, waschen, trocknen und in Ringe schneiden. Kirschtomaten waschen.

In einem Topf reichlich Salzwasser zum Kochen bringen, zuerst den Brokkoli, dann die Karotten darin bissfest garen. Herausnehmen und in kaltem Wasser abschrecken, dann gut abtropfen lassen. Das Olivenöl in einer Pfanne erhitzen, Karotten und Frühlingszwiebeln darin schwenken. Brokkoli und Kirschtomaten zugeben, gut untermischen und heiß werden lassen. Mit Salz und Pfeffer abschmecken.

Das Rinderfilet herausnehmen, in Scheiben schneiden und mit dem Marktgemüse servieren.

RINDERGULASCH MIT SPÄTZLE

Für 4 Portionen

Rindergulasch
1 kg Rindergulasch
750 g Zwiebeln
3 Knoblauchzehen
3 EL Butterschmalz oder
Pflanzenöl
Salz, Pfeffer
edelsüßes Paprikapulver
Weizenmehl zum Bestäuben
1 EL Tomatenmark
1 EL Essig

1,5 l Fleischbrühe
1 Lorbeerblatt
1 Bund Suppengrün
(Karotte, Lauch, Knollen-
sellerie, Petersilie)
1 TL Abrieb von einer
unbehandelten Zitrone
Kümmelpulver
getrockneter Majoran
Speisestärke
4 TL Crème fraîche

Spätzle
siehe S. 276

Rindergulasch waschen und trocken tupfen. Zwiebeln und Knoblauch schälen. Zwiebeln klein schneiden und Knoblauch fein würfeln.

2 EL Butterschmalz oder Öl in einem Topf oder Bräter erhitzen und das Gulasch darin portionsweise anbraten. Kräftig mit Salz, Pfeffer und Paprikapulver würzen, mit Mehl bestäuben und herausnehmen.

Restliches Butterschmalz erhitzen, Zwiebeln und Knoblauch zugeben und anschwitzen. Tomatenmark unterrühren, leicht anrösten, dann mit Essig ablöschen und mit Brühe auffüllen. Fleisch und Lorbeerblatt zugeben, aufkochen und zugedeckt bei niedriger Temperatur ca. 1½–2 Stunden schmoren, bis das Fleisch weich ist.

In der Zwischenzeit das Suppengrün putzen, waschen, gegebenenfalls schälen, zusammenbinden und nach ca. 45 Minuten zum Fleisch geben. Nach Ende der Kochzeit Suppengrün und Lorbeerblatt entfernen. Das Gulasch mit Salz, Pfeffer, Zitronenabrieb, Kümmel und Majoran abschmecken. Mit angerührter Speisestärke zur gewünschten Konsistenz binden.

Spätzle wie auf S. 276 beschrieben zubereiten, mit dem Rindergulasch anrichten und Crème fraîche darauf verteilen.

ROASTBEEF MIT BRAT- KARTOFFELN UND REMOULADENSAUCE

Für 4 Portionen

Bratkartoffeln
800 g festkochende Kartoffeln
Salz
1 Zwiebel
2 EL Butterschmalz
75 g Speckwürfel
Pfeffer
edelsüßes Paprikapulver

Remoulade
3 Eier
2 Schalotten
12 Cornichons
3 TL Kapern
6 EL Mayonnaise
250 g saure Sahne
1 Bund Schnittlauch

Anrichten
600 g Roastbeef-Aufschnitt

Für die Bratkartoffeln die Kartoffeln waschen und ungeschält in Salzwasser ca. 20–25 Minuten gar kochen. Abschütten, etwas abkühlen lassen und noch warm pellen. Dann vollständig auskühlen lassen und in Scheiben schneiden. Zwiebel schälen und klein würfeln.

Butterschmalz in einer Pfanne zerlassen, Speckwürfel und Kartoffelscheiben darin bei mittlerer Temperatur kross braten. Kurz vor Ende der Bratzeit Zwiebelwürfel zugeben, alles zusammen fertig braten und mit Salz, Pfeffer sowie Paprikapulver abschmecken.

Für die Remoulade die Eier hart kochen, abschrecken und abkühlen lassen. Dann schälen und fein hacken. Schalotten schälen und in kleine Würfel schneiden. Cornichons und Kapern abtropfen lassen und ebenfalls klein schneiden. Mayonnaise und saure Sahne verrühren. Eier, Schalotten, Cornichons und Kapern unterrühren. Schnittlauch waschen, trocken schütteln, in feine Röllchen schneiden und unter die Remoulade heben. Mit Salz und Pfeffer abschmecken.

Roastbeef mit Bratkartoffeln und Remouladensauce servieren.

SCHINKENBAGUETTE

Für 1 Portion

1 Baguette
100 g Remoulade
4 Blätter Lollo Bionda
2 Eier in Scheiben geschnitten
1 Tomate in Scheiben geschnitten
150 g Salatgurke in Scheiben geschnitten
100 g Kochschinken

Das Baguette der Länge nach aufschneiden und beide Hälften mit der Remoulade bestreichen. Die Salatblätter auf der unteren Hälfte verteilen und abwechselnd mit Ei, Tomate und Gurke belegen. Den Kochschinken darauf verteilen, die obere Baguettehälfte auflegen und servieren.

SALTIMBOCCA VOM KALB

Für 4 Portionen

4 Kalbsschnitzel von der Oberschale
Salz, Pfeffer
16 mittelgroße Salbeiblätter
8 Scheiben Parmaschinken
Rapsöl zum Braten

Die Kalbsschnitzel waschen, trocken tupfen und plattieren. Dann halbieren und mit Salz sowie Pfeffer würzen. Die Salbeiblätter waschen und ebenfalls trocken tupfen. Jedes Schnitzel mit 2 Salbeiblättern belegen, zusammenklappen und in eine Scheibe Parmaschinken einwickeln.

In einer Pfanne in ausreichend Öl auf beiden Seiten bei mittlerer Temperatur knusprig anbraten.

Aus der Pfanne nehmen, auf einem Blech im vorgeheizten Backofen bei 130 °C Ober- und Unterhitze ca. 15 Minuten fertig braten.

SCHNITZELBRÖTCHEN

Für 4 Stück

4 Kalbsschnitzel (à ca. 120 g)
Salz, Pfeffer
1 Ei
2 EL Sahne
Weizenmehl zum Wenden
Semmelbrösel zum Wenden
Butterschmalz zum Braten
4 Brötchen
4 EL Remouladensauce
4 Blätter Lollo Bionda

Die Schnitzel waschen, trocken tupfen, zwischen einen aufgeschnittenen Gefrierbeutel legen und mit einem Fleischklopfer
oder dem Boden einer Bratpfanne flach klopfen. Das Fleisch
von beiden Seiten salzen und pfeffern.

Das Ei mit der Sahne verquirlen. Ei-Sahne-Mischung, Mehl
und Semmelbrösel jeweils auf einen Teller geben. Die Kalbsschnitzel erst in Mehl wenden, überschüssiges Mehl etwas
abklopfen, dann durch die Eiersahne ziehen und in den Semmelbröseln wenden.

Ausreichend Butterschmalz in einer Pfanne erhitzen. Erst
wenn das Schmalz richtig heiß ist, die Schnitzel hineinlegen
und bei mittlerer Temperatur von jeder Seite ca. 3–4 Min.
goldgelb braten. Dabei sollte man nicht am Fett sparen und
das Bratgut schwimmend ausbacken. Zum Schluss einfach
auf Küchenpapier abtropfen lassen.

Brötchen aufschneiden, die Schnittflächen mit Remouladensauce bestreichen, mit Lollo Bionda und Schnitzel belegen,
zuklappen und genießen.

Für 4 Portionen

Speckknödel
siehe S. 267

Sauce
800 g Champignons
2 Schalotten
1 Knoblauchzehe
40 g Butter
1 TL edelsüßes Paprikapulver
4 EL Weißwein
Salz, Pfeffer
400 ml Fleischbrühe
100 ml Sahne
½ TL Zitronensaft
1 Msp. Kümmelpulver
Speisestärke, nach Belieben
2 EL fein gehackte Petersilie
1 EL Schnittlauchröllchen

SPECKKNÖDEL MIT CHAMPIGNON-RAHMSAUCE

Die Speckknödel wie auf S. 267 beschrieben zubereiten.

Für die Sauce die Pilze säubern, größere gegebenenfalls klein schneiden. Schalotten und Knoblauch schälen und beides fein hacken. In einem Topf Butter erhitzen, Schalotten und Knoblauch darin andünsten. Pilze zugeben, mit Paprikapulver bestäuben und kurz mitdünsten. Mit dem Weißwein ablöschen, salzen, pfeffern und abgedeckt ca. 5 Minuten köcheln lassen.

Die Fleischbrühe sowie die Sahne zugießen, aufkochen lassen und die Sauce mit Zitronensaft und Kümmel verfeinern. Nach Belieben mit in etwas Wasser angerührter Speisestärke zur gewünschten Konsistenz binden. Nochmals abschmecken und die Kräuter unterheben.

Die Speckknödel zusammen mit der Champignonrahmsauce servieren.

Für 2 Portionen

Pilzrahmsauce

300 g Pilze (z. B. Champignons)
1 Zwiebel
2 Stängel Petersilie
1 EL Butter
50 ml Weißwein
150 ml Sahne
Salz, Pfeffer
edelsüßes Paprikapulver
1 Schuss Cognac
1 Spritzer Zitronensaft
Speisestärke, nach Belieben

Schweinemedaillons

400 g Schweinefilet
2 EL Pflanzenöl

Speckbohnen

siehe S. 247

SCHWEINEFILETPFÄNNCHEN MIT SPECKBOHNEN

Für die Sauce die Pilze putzen und vierteln. Zwiebel schälen und in kleine Würfel schneiden. Petersilie waschen, trocken schütteln, Blätter abzupfen und fein hacken. Butter in einer Pfanne zerlassen und Pilze sowie Zwiebelwürfel darin ca. 3 Minuten anschwitzen. Mit Weißwein ablöschen und mit Sahne aufgießen. Kurz aufkochen, mit Salz, Pfeffer und Paprika würzen. Anschließend noch mit Cognac und Zitronensaft verfeinern. Nach Belieben mit angerührter Speisestärke zur gewünschten Konsistenz binden. Nochmals abschmecken und die gehackte Petersilie unterrühren.

Das Schweinefilet von Häuten und Sehnen befreien, dann waschen, trocken tupfen und in gleich große Medaillons schneiden. Diese jeweils auf ihre Schnittfläche legen, mit dem Handballen etwas flach drücken und mit Salz sowie Pfeffer würzen. Butterschmalz in einer Pfanne zerlassen und die Medaillons darin von beiden Seiten ca. 5–6 Minuten braten. Vor dem Essen erneut mit Salz und Pfeffer bestreuen.

Die Speckbohnen wie auf S. 247 beschrieben zubereiten.

Die Schweinmedaillons mit der Sauce und den Speckbohnen servieren.

FLEISCH

315

SCHWEINEMEDAILLONS MIT WALNUSSKRUSTE UND ROSENKOHL

FLEISCH

Für 4 Portionen

Rosenkohl

1 kg Rosenkohl
Salz
1 Zwiebel
30 g Butter
150 ml Gemüsebrühe
150 ml Sahne
Pfeffer
Muskatnuss

Medaillons mit Nusskruste

1 Schweinefilet (ca. 600 g)
100 g Walnusskerne
75 g Weißbrot oder Baguette
100 g Butter
1 Eigelb
2 EL Pflanzenöl

Den Rosenkohl putzen, waschen und den Strunk kreuzweise einschneiden. In einem Topf in reichlich kochendem Salzwasser ca. 6–8 Minuten bissfest kochen, herausnehmen, in kaltem Wasser abschrecken und abtropfen lassen.

Die Zwiebel schälen und fein würfeln. Die Butter in einem Topf zerlassen, Zwiebelwürfel darin glasig dünsten. Brühe und Sahne zugießen und das Ganze cremig einkochen. Mit Salz, Pfeffer und frisch geriebener Muskatnuss abschmecken. Den Rosenkohl zugeben und heiß werden lassen, bis zum Anrichten warm halten.

Für die Medaillons den Backofen auf 200 °C Ober- und Unterhitze vorheizen.

Schweinefilet waschen, trocken tupfen und in 8 gleich große Medaillons schneiden. Mit Salz und Pfeffer würzen. Walnusskerne grob hacken, in einer Pfanne ohne Zugabe von Fett rösten und herausnehmen. Das Brot entrinden und nur die Krume in Würfel schneiden. Mit Nüssen, Butter, Eigelb und 1 kräftigen Prise Salz in einem Mixer zerkleinern und zu einer Masse verarbeiten.

Das Öl in einer Pfanne erhitzen. Die Medaillons darin von beiden Seiten braten. Herausnehmen und auf ein mit Backpapier belegtes Backblech legen. Die Kruste gleichmäßig auf den Medaillons verteilen und im Backofen ca. 5–6 Minuten, je nach Dicke der Medaillons, gratinieren.

Die Medaillons mit dem Rosenkohl servieren.

SCHWEINEMEDAILLONS MIT VICHY-KAROTTEN UND RÖSTI

Für 4 Portionen

Rösti
siehe S. 326

Vichy-Karotten
siehe S. 235

Medaillons
1 Schweinefilet (ca. 600 g)
Salz, Pfeffer
3 EL Sonnenblumenöl

Die Rösti wie auf S. 326 beschrieben zubereiten. Die Vichy-Karotten wie auf S. 235 beschrieben zubereiten.

Das Schweinefilet waschen, trocken tupfen und in 8 gleich große Medaillons schneiden. Von beiden Seiten salzen und pfeffern. In einer beschichteten Pfanne das Sonnenblumenöl erhitzen und die Schweinemedaillons darin rundherum ca. 8–10 Minuten braten.

Alles zusammen anrichten und servieren.

SPARERIBS MIT MARKTHALLEN GEWÜRZMISCHUNG UND SÜSSKARTOFFELPOMMES

Für 4 Portionen

Spareribs
1,5 kg Spareribs, am Stück
12 EL BBQ Sauce
2 TL BBQ Gewürzmischung
6 EL Olivenöl
2 EL Zucker
3 EL Obstessig
4 EL Sojasauce
Salz

Süßkartoffelpommes
siehe S. 84

Die Spareribs gut waschen, trocken tupfen und in Vierer-Rippenstücke teilen.

In einem kleinen Topf die BBQ Sauce mit der BBQ Gewürzmischung, Olivenöl, Zucker, Essig und Sojasauce gut verrühren und auf dem Herd kurz aufkochen lassen.

Die Spareribs kräftig salzen und mit der Knochenseite nach oben auf den heißen Grill legen. Den Deckel des Kugelgrills schließen. Unter die Spareribs eine Auffangschale stellen, da Fett und Bratensäfte austreten. Die Ribs nach ca. 30 Minuten wenden. Deckel wieder schließen und weitere 25 Minuten grillen. Nun die Spareribs großzügig überall mit der Marinade bepinseln und nochmals einige Minuten grillen. Die Sauce sollte auf den Rippchen etwas karamellisiert sein.

Die Süßkartoffelpommes wie auf S. 84 beschrieben zubereiten und mit den Spareribs servieren.

SPECKPFANNKUCHEN

Für 2 Portionen

4 Eier
120 g Weizenmehl
Salz
100 ml Milch
100 ml Sahne
2 Frühlingszwiebeln
2 TL Pflanzenöl
100 g Bacon
Pfeffer

Eier schaumig aufschlagen. Mehl und 1 Prise Salz in eine Schüssel geben, nach und nach die aufgeschlagenen Eier, Milch und Sahne unterrühren. Den Pfannkuchenteig ca. 10 Minuten ruhen lassen. Frühlingszwiebeln putzen, waschen, trocken schütteln und in dünne Ringe schneiden.

1 TL Pflanzenöl in einer beschichteten Pfanne erhitzen. Die Hälfte des Bacons darin kross braten, jeweils die Hälfte der Zwiebeln dazugeben. Die Hälfte des Teigs darüber gießen, bei mittlerer Temperatur von jeder Seite ca. 3 Minuten braten. Aus den restlichen Zutaten wie oben beschrieben einen zweiten Pfannkuchen backen. Mit frisch gemahlenem Pfeffer bestreuen.

SCHWEINEFILET IN PARMESANHÜLLE

Für 4 Portionen

500 g Schweinefilet
4 Eier
300 g frisch geriebener Parmesan
1 Zweig Rosmarin
Salz, Pfeffer
Weizenmehl zum Wenden
6 EL Pflanzenöl

Die Schweinefilets in 1 cm dicke Scheiben schneiden und zwischen 2 Lagen Klarsichtfolie oder einem aufgeschnittenen Gefrierbeutel mit dem Boden einer Pfanne flach klopfen. Die Eier mit dem Parmesan mischen. Rosmarin waschen, trocken tupfen, die Nadeln abzupfen und fein hacken. Die Schweinefilets mit Salz und Pfeffer würzen, mit Rosmarin bestreuen, von beiden Seiten im Mehl wenden und durch die Ei-Parmesan-Masse ziehen.

Das Öl in einer Pfanne erhitzen und die Schweinefilets darin von beiden Seiten goldbraun braten.

WOK MIT SCHWEINEFILET

Für 4 Portionen

2 Schalotten
1 Knoblauchzehe
2 cm Ingwer
1 rote Chilischote
600 g gemischtes Gemüse (z. B. Lauch, Zuckerschoten, Karotten, Paprikaschote)
250 g Schweinefilet
2 EL Sesamöl
50–100 ml Asia-Sauce, nach Geschmack
25 g Chinamorcheln
25 g Sojabohnensprossen
25 g Bambussprossen
150 g Mie Nudeln
½ TL rosenscharfes Paprikapulver
½ TL Cayennepfeffer
1 TL Currypulver
½ Bund gehackter Koriander

Schalotten, Knoblauch sowie Ingwer schälen und fein hacken. Chili waschen, putzen, längs halbieren, entkernen und ebenfalls fein hacken. Das Gemüse entsprechend putzen, waschen, schälen und in feine Streifen schneiden. Schweinefilet waschen, trocken tupfen und in Streifen schneiden.

Die Filetstreifen in einem Wok in 1 EL heißem Sesamöl scharf anbraten und herausnehmen. Das restliche Öl zugeben. Schalotten, Knoblauch und Ingwer darin anschwitzen. Die Gemüsestreifen der Garzeit entsprechend zugeben und mit anschwitzen. Die Sauce zufügen und das Gemüse sowie Morcheln und Sprossen unterrühren. Aufkochen lassen und die Nudeln, das Fleisch sowie die restlichen Gewürze zugeben und alles heiß werden lassen. Kurz vor dem Servieren den Koriander unterheben.

RIBEYE MIT SPECKBOHNEN, POMMES UND KRÄUTERBUTTER

Für 4 Portionen

Ribeye

4 Ribeye-Steaks
Pflanzenöl zum Braten
100 g Butter
2 Zweige Rosmarin
2 Zweige Thymian
Salz, Pfeffer

Kräuterbutter

125 g weiche Butter
1 Handvoll Basilikumblätter
1 Handvoll glatte Petersilienblätter
1 EL frische Thymianblätter
1 EL frische Rosmarinnadeln
1 TL flüssiger Honig

Speckbohnen

600 g grüne Bohnen
1 TL getrocknetes Bohnenkraut
Salz
12 Scheiben Speck
2 EL Pflanzenöl

Pommes frites

siehe S. 84

Die Steaks in einer Pfanne in etwas heißem Öl von beiden Seiten scharf anbraten. Je nach gewünschtem Gargrad rosa braten (Kerntemperatur von ca. 50 °C). Die Butter sowie die gewaschenen Kräuterzweige zugeben, kurz darin schwenken und mit Salz und Pfeffer würzen. Außerhalb der Pfanne ca. 5 Minuten ruhen lassen, bis die gewünschte Kerntemperatur erreicht ist.

Die Butter in eine passende Schüssel legen. Kräuter mit einem großen Messer fein hacken und gut vermengen. Gehackte Kräuter, Honig, 1 große Prise Salz und Pfeffer zur Butter geben und gut durchmischen. Die Kräuterbutter mithilfe von Frischhaltefolie zu einer längeren Rolle formen, darin einwickeln und bis zum Gebrauch im Kühlschrank aufbewahren.

Bohnen putzen und waschen. Bohnenkraut in reichlich Salzwasser aufkochen, Bohnen zugeben und bei niedriger Temperatur zugedeckt ca. 4–6 Minuten garen. Herausnehmen, in Eiswasser abschrecken und abtropfen lassen. Bohnen zu insgesamt 12 Bündeln legen und mit je einer Speckscheibe fest umwickeln. Die Speckbohnen in einer Pfanne mit Öl rundherum kross anbraten.

Die Pommes frites wie auf S. 84 beschrieben zubereiten.

Die Steaks mit Speckbohnen, Kräuterbutter und Pommes frites servieren.

VARIATION VOM LAMM MIT RATATOUILLE UND ROSMARINKARTOFFELN

Für 4 Portionen

Lammkeule
1 küchenfertige Lammkeule
½ Bund Thymian
Salz, Pfeffer
3–4 Knoblauchzehen
10 kleine Schalotten
5 EL Olivenöl
250 ml Fleischbrühe
250 ml Lammfond
1 EL Tomatenmark

Rosmarinkartoffeln
800 g kleine festkochende Kartoffeln
1–2 Zweige Rosmarin
3–4 EL Olivenöl

Ratatouille
1 rote Paprikaschote
1 gelbe Paprikaschote
1 Zucchini
1 Aubergine
200 g Kirschtomaten
1 Zwiebel
2 Knoblauchzehen
2 Zweige Rosmarin
4 Zweige Thymian
3 EL Olivenöl

Lammkarree
2 Lammkarrees
2 Knoblauchzehen
1 Zweig Thymian
1 Zweig Rosmarin
2 EL Olivenöl

Die Lammkeule vom Metzger für einen Rollbraten vorbereiten lassen. Den Thymian waschen, trocken schütteln, die Blättchen abzupfen und klein hacken. Das Fleisch von allen Seiten mit Salz, Pfeffer und etwas Thymian würzen und mit der Außenseite nach unten auf einem Brett ausbreiten.

Den Backofen auf 200 °C Ober- und Unterhitze vorheizen.

Die Knoblauchzehen schälen, eine Zehe in dünne Scheiben schneiden und auf dem Fleisch verteilen, die restlichen Zehen grob hacken. Das Fleisch zusammenrollen und mit Küchengarn zu einem Rollbraten binden. Die Schalotten schälen. Das Öl in einem Bräter erhitzen, dann den Rollbraten von allen Seiten 5–6 Minuten scharf anbraten. Knoblauch und Schalotten zugeben und weitere 4–5 Minuten braten. Mit Fleischbrühe und dem Lammfond ablöschen, das Tomatenmark und den restlichen Thymian einrühren und den Bräter mit Deckel für ca. 90 Minuten in den Backofen schieben. Den Braten nach ca. 30 Minuten wenden. Nach Ende der Garzeit den Bräter herausnehmen und den Braten im abgedeckten Bräter ca. 10 Minuten ruhen lassen.

Die Kartoffeln waschen, trocknen, schälen und halbieren. Rosmarin waschen, trocken schütteln, die Nadeln abzupfen und klein hacken. In einer Schüssel zusammen mit Kartoffeln, Olivenöl und Salz gut mischen. Auf ein mit Backpapier ausgelegtes Backblech legen und ca. 25–30 Minuten im Backofen backen.

Für das Gemüse die Paprikaschoten waschen, halbieren, Kerne und weiße Innenhäute entfernen und in mundgerechte Würfel schneiden. Zucchini und Aubergine putzen, waschen und in Würfel schneiden. Die Kirschtomaten waschen und halbieren. Zwiebel und Knoblauch schälen und fein hacken. Die Kräuter waschen, trocken schütteln, Nadeln bzw. Blätter abzupfen und hacken. Die Gemüsestücke, bis auf die Kirschtomaten, mit den Kräutern, 2 EL Olivenöl, Salz und Pfeffer mischen. Das restliche Öl in einer großen beschichteten Pfanne erhitzen, Zwiebel und Knoblauch darin anschwitzen. Gemüse zugeben und braten, bis das Gemüse bissfest ist. Gegebenenfalls nochmals würzen und Kirschtomaten zugeben.

Die Lammkarrees waschen, trocken tupfen und mit Salz und Pfeffer würzen. Knoblauch schälen und andrücken. Kräuterzweige waschen und trocken schütteln. Das Öl mit dem Knoblauch und den Kräuterzweigen in der Pfanne erhitzen und die Karrees darin ca. 3 Minuten von allen Seiten scharf anbraten. Dann auf das Ratatouille legen und darin ca. 6–8 Minuten fertig garen, sodass das Innere noch rosa ist.

Ratatouille, Kartoffeln und Lammkarrees in den Bräter zu der Lammkeule geben und sofort servieren.

ZÜRCHER GESCHNETZELTES MIT RÖSTI

Für 4 Portionen

Geschnetzeltes
300 g braune Champignons
3 Schalotten
5 Stängel Petersilie
500 g Geschnetzeltes vom Kalb
2 EL Sonnenblumenöl
Salz, Pfeffer

100 ml trockener Weißwein
200 ml Kalbsfond
100 ml Sahne
Speisestärke, nach Belieben

Rösti
500 g festkochende Kartoffeln
2 Zwiebeln
Muskatnuss
Sonnenblumenöl zum Ausbacken

Champignons putzen und in Scheiben schneiden. Schalotten schälen und klein würfeln. Petersilie waschen, trocken schütteln, die Blätter abzupfen und hacken.

Öl in einer Pfanne heiß werden lassen und das Kalbsgeschnetzelte bei hoher Temperatur unter Rühren ca. 3–4 Minuten rundherum braten. Dann mit Salz und Pfeffer würzen, herausnehmen und warm halten. Schalottenwürfel in die Pfanne geben und anschwitzen. Champignons hinzufügen und mit anschwitzen. Salzen, pfeffern und herausnehmen. Wein, Brühe und Sahne in die Pfanne gießen, aufkochen und anschließend einkochen – oder nach Belieben mit angerührter Speisestärke zur gewünschten Konsistenz abbinden. Champignons und Kalbsgeschnetzeltes wieder in die Sauce geben und heiß werden lassen. Mit Salz und Pfeffer abschmecken, mit Petersilie bestreuen und warm halten.

Für die Rösti den Backofen auf 100 °C Ober- und Unterhitze vorheizen.

Kartoffeln schälen, waschen und grob raspeln. Zwiebeln schälen und in kleine Würfel schneiden oder ebenfalls raspeln. Kartoffeln und Zwiebeln mischen. Kräftig mit Salz, Pfeffer sowie frisch geriebener Muskatnuss würzen.

2 EL Öl in einer kleinen beschichteten Pfanne erhitzen. Ein Viertel der Kartoffelmasse hineingeben, flach drücken und von beiden Seiten goldgelb ausbacken. Dann im Backofen warm halten. Erneut etwas Öl in die Pfanne geben und aus der restlichen Kartoffelmasse auf die gleiche Weise drei weitere Rösti ausbacken.

Das Rösti auf Teller geben und das Geschnetzelte darauf anrichten.

ZWIEBELKUCHEN

Für 1 Blech

Zwiebelfüllung
1,5 kg Zwiebeln
3 EL Sonnenblumenöl
150 g Crème fraîche
3 Eier
25 g Speisestärke
100 g Schinkenwürfel
Salz, Pfeffer

Quark-Öl-Teig
300 g Weizenmehl
½ Päckchen Backpulver
1 TL Salz
180 g Magerquark
100 ml Milch
75 ml Sonnenblumenöl
Weizenmehl zum Bearbeiten
Butter für die Form

Den Backofen auf 180 °C Ober- und Unterhitze vorheizen. Ein Backblech mit Butter einfetten.

Für die Füllung die Zwiebeln schälen, halbieren und klein schneiden. Das Öl in einer Pfanne heiß werden lassen und die Zwiebeln darin glasig dünsten. Crème fraîche, Eier und Speisestärke in einer Rührschüssel verrühren und unter die Zwiebelstreifen heben. Schinken unterrühren und mit Salz und Pfeffer würzen.

Für den Quark-Öl-Teig das Mehl mit dem Backpulver mischen. Restliche Zutaten zufügen und mit einem Rührgerät mit Knethaken oder einer Küchenmaschine erst auf niedrigster, dann auf höchster Stufe kurz zu einem glatten Teig verarbeiten (nicht zu lange kneten, da der Teig sonst klebt).

Den Teig auf einer leicht bemehlten Arbeitsfläche passend für das Blech ausrollen. Die Zwiebelfüllung auf dem Boden verteilen und auf mittlerer Schiene im vorgeheizten Ofen ca. 50 Minuten backen.

Den Zwiebelkuchen noch ca. 10 Minuten stehen lassen, dann erst aus der Form lösen und anschneiden.

HIMMEL UND ÄD

Für 4 Portionen

Kartoffelpüree

1 kg mehligkochende
Kartoffeln
Salz
300 ml warme Milch
2 EL Butter
Pfeffer
Muskatnuss

Apfelpüree

500 g Äpfel
(z. B. Boskoop oder Elstar)
½ Vanilleschote
50 ml trockener Weißwein
50 ml Wasser
1 Zimtstange
Zucker, nach Geschmack

Blutwurst

1 Zwiebel
250 g rheinische Blutwurst
Weizenmehl zum Wenden
2 EL Pflanzenöl

Für das Kartoffelpüree die Kartoffeln schälen, waschen und
in Würfel schneiden. Dann in Salzwasser ca. 20 Minuten
gar kochen, abschütten und leicht ausdampfen lassen.
Durch eine Kartoffelpresse drücken oder stampfen und
anschließend mit Milch und Butter verrühren. Mit Salz,
Pfeffer und frisch geriebener Muskatnuss abschmecken.

Für das Apfelpüree die Äpfel schälen, vierteln und dabei
das Kerngehäuse entfernen. Die Vanilleschote längs halbie-
ren und das Mark herauskratzen. Die Äpfel mit Weißwein,
Wasser, Zimtstange und Vanillemark in einen Topf geben.
Bei niedriger Temperatur ca. 10–15 Minuten weich kochen.
Die Zimtstange entfernen, die Äpfel pürieren und nach
Geschmack mit Zucker süßen.

Für die Blutwurst die Zwiebel schälen und in Ringe schneiden. Die Blutwurst in Scheiben schneiden, in Mehl wenden
und in einer Pfanne im heißen Öl von beiden Seiten braten.
Die Blutwurstscheiben herausnehmen, auf Küchenpapier
abtropfen lassen und warm stellen. Die Zwiebelringe ebenfalls in Mehl wenden, im verbliebenen Bratfett knusprig
braten und nach Geschmack salzen.

Kartoffel- und Apfelpüree jeweils zur Hälfte in tiefen Tellern
anrichten. Die Blutwurstscheiben darauf verteilen und mit
Zwiebelringen garniert servieren.

KASSELER MIT SAUERKRAUT UND KARTOFFELPÜREE

Für 4 Portionen

Kartoffelpüree

1 kg mehligkochende Kartoffeln
Salz
300 ml lauwarme Milch
2 EL Butter
Pfeffer
Muskatnuss

Kasseler und Kraut

1 Dose Sauerkraut (350 g Abtropfgewicht)
1 Zwiebel
2 EL Sonnenblumenöl
1 Lorbeerblatt
3 Nelken
5 Wacholderbeeren
4 Scheiben Kasseler (à ca. 180 g)
Zucker

Für das Kartoffelpüree die Kartoffeln schälen, waschen und in Würfel schneiden. Dann in Salzwasser ca. 20 Minuten gar kochen, abschütten und leicht ausdampfen lassen. Durch eine Kartoffelpresse drücken oder stampfen und anschließend mit Milch und Butter verrühren. Mit Salz, Pfeffer und frisch geriebener Muskatnuss abschmecken.

Das Sauerkraut etwas lockern. Zwiebel schälen, halbieren und in feine Streifen schneiden.
Das Öl in einem Topf erhitzen und die Zwiebelstreifen darin andünsten. Sauerkraut, Lorbeerblatt, Nelken und Wacholderbeeren zugeben. Gegebenenfalls noch etwas Wasser zugießen. Aufkochen und abgedeckt bei mittlerer Temperatur ca. 10 Minuten kochen.

Die Kasselerscheiben darauflegen und ca. 10 Minuten heiß werden lassen. Nach Ende der Garzeit das Sauerkraut mit Salz, Pfeffer und Zucker abschmecken.

Das Kasseler mit dem Sauerkraut und dem Püree anrichten.

HAXE MIT SAUERKRAUT UND KLÖSSEN

Für 4 Portionen

Haxen
3 EL Pflanzenöl
Salz, Pfeffer
1 TL Kümmelpulver
4 Schweinehaxen
200 ml Bier

Sauerkraut
1 Zwiebel
1 EL Pflanzenöl
1 kg Sauerkraut
2 Lorbeerblätter
150 ml Weißwein
Zucker

Klöße
siehe S. 275

Für die Haxen den Backofen auf 200 °C Ober- und Unterhitze vorheizen.

Das Öl mit Salz, Pfeffer und Kümmel zu einer Marinade verrühren. Die Haxen waschen, trocken tupfen, in einen Topf mit Salzwasser legen und 20 Minuten köcheln lassen. Die Haxen herausnehmen und mit der Marinade einpinseln. Auf ein mit Backpapier ausgelegtes Blech legen und im Backofen ca. 50–60 Minuten garen. Mit dem Bier die Haxen während des Garvorgangs mehrmals einstreichen.

Die Zwiebel schälen und in feine Würfel schneiden. Das Öl in einem Topf erhitzen und die Zwiebelwürfel darin andünsten. Sauerkraut und Lorbeerblätter hinzugeben und Weißwein zugießen. Aufkochen und bei niedriger Temperatur abgedeckt nach Packungsangabe köcheln lassen. Mit Salz und Zucker abschmecken.

Die Klöße wie auf S. 275 zubereiten und mit den Haxen und dem Sauerkraut anrichten.

FLEISCHKÄSE
MIT HAUSGEMACHTEM
APFEL-KRAUTSALAT

Für 4 Portionen

Apfel-Krautsalat
600 g Weißkohl
1 kleine Knoblauchzehe
1 EL Zucker
50 ml Olivenöl
Saft von 1½ Limetten
1½ TL Salz
2 Äpfel (z. B. Braeburn)

Fleischkäse
4 Scheiben Fleischkäse
Pflanzenöl zum Braten

Für den Salat den Weißkohl putzen, Strunk entfernen und in
feine Streifen schneiden oder hobeln. Knoblauch schälen und
fein hacken. Beides mit Zucker, Öl, Limettensaft und Salz vermengen und kräftig durchkneten.
Äpfel schälen, vierteln, Kerngehäuse entfernen und grob
reiben. Zum Schluss untermengen und den Salat ca. 1 Stunde
ziehen lassen.

Die Fleischkäsescheiben in einer Pfanne in etwas heißem Öl
von beiden Seiten bis zur gewünschten Bräune backen.

Den Apfel-Krautsalat mit dem Fleischkäse anrichten.

RACLETTE

Für 4 Portionen

1 kg kleine Kartoffeln
600 g Raclette-Käse
200 g Feta
250 g Hähnchenbrust
1 EL Sonnenblumenöl
75 g roher Schinken
75 g Lachsschinken
1 Glas Mixed Pickles
1 Glas Cornichons
1 Glas Senfgurken
1 Glas Maiskolben
1 Glas eingelegter Kürbis
Pfeffer

Kartoffeln waschen, in der Schale kochen, schälen und in einer
Schüssel anrichten. Raclette-Käse auf einem Teller anrichten.
Feta in Würfel schneiden.

Hähnchenbrust waschen, trocken tupfen, in dünne Scheiben
schneiden, in einer Pfanne mit dem Öl anbraten und auf einem
Teller anrichten.

Schinken, Mixed Pickles, Cornichons, Senfgurken, Maiskolben
und Kürbis dekorativ in Schälchen anrichten.

Kartoffeln und Käse portionsweise in Raclette-Pfännchen
geben und unter dem Grill schmelzen lassen.

Auf einem Teller anrichten, mit Pfeffer bestreuen und die Zutaten nach Wahl dazu servieren.

DREIERLEI BRATWURST

Für 6 Würste

2 Salsiccia aus Italien
2 Merguez aus Frankreich
2 Fränkische Bratwürste aus Deutschland
2 EL Pflanzenöl zum Braten

Die Bratwürste eine halbe Stunde vor dem Braten aus dem Kühlschrank nehmen, damit sie Zimmertemperatur haben. Öl in einer beschichteten Pfanne erhitzen und die Würste hineinlegen. Von allen Seiten ca. 3–4 Minuten bei mittlerer Temperatur anbraten, bis sie überall schön gebräunt sind, dabei alle mehrmals umdrehen.

WEISSWÜRSTE

Für 1 Portion

2 Weißwürste (à ca. 80 g)
2 EL süßer Senf
1 Laugenbrezel

Weißwürste im siedenden Wasser erhitzen (ca. 85 °C Wassertemperatur). Nicht kochen, sonst platzen die Würste.

Zusammen mit dem Senf und der Brezel servieren.

WIESNPFANNE – FLEISCH-KÄSE MIT SPIEGELEI UND BRATKARTOFFELN

Für 4 Portionen

Bratkartoffeln
800 g festkochende Kartoffeln
Salz
1 Zwiebel
2 EL Butterschmalz
75 g Speckwürfel
Pfeffer
edelsüßes Paprikapulver
½ Bund Schnittlauch

Fleischkäse und Spiegelei
1 EL Butterschmalz
4 Scheiben Fleischkäse
1 EL Butter
4 Eier

Für die Bratkartoffeln die Kartoffeln waschen und ungeschält in Salzwasser ca. 20–25 Minuten gar kochen. Abschütten, etwas abkühlen lassen und noch heiß pellen. Dann vollständig auskühlen lassen und in Scheiben schneiden. Zwiebel schälen und klein würfeln.

Butterschmalz in einer Pfanne zerlassen, Speckwürfel und Kartoffelscheiben darin bei mittlerer Temperatur kross braten. Kurz vor Ende der Bratzeit die Zwiebelwürfel zugeben, alles zusammen fertig braten und mit Salz, Pfeffer sowie Paprikapulver abschmecken.

Den Schnittlauch waschen, trocken schütteln, in feine Röllchen schneiden und zum Schluss über die Bratkartoffeln streuen.

Für den Fleischkäse das Butterschmalz in einer beschichteten Pfanne zerlassen und die Scheiben darin bei mittlerer Temperatur von beiden Seiten goldbraun braten.

Anschließend herausnehmen und warm halten. Jetzt Butter in die Pfanne geben, schmelzen lassen und die Spiegeleier darin braten. Mit etwas Salz bestreuen und auf den Fleischkäsescheiben anrichten.

FRIKADELLEN MIT KARTOFFELSALAT

Für 4 Portionen

Kartoffelsalat

800 g vorwiegend festkochende Kartoffeln
Salz
100 g Zwiebeln
100 g Speckwürfel
3 Stängel Majoran
125 ml Gemüse- oder Fleischbrühe
2 EL Weißweinessig
50 g mittelscharfer Senf
4 EL Sonnenblumenöl

Frikadellen

140 g Zwiebeln
Pflanzenöl zum Braten
900 g gemischtes Hackfleisch
2 Eier
50 g mittelscharfer Senf
25 g gehackte Petersilie
30 g BBQ Sauce
10 g Salz
2 g Pfeffer
60 g Paniermehl

Für den Salat die Kartoffeln in reichlich Salzwasser kochen, noch heiß pellen und in Scheiben schneiden. Zwiebeln schälen und in kleine Würfel schneiden. Die Speckwürfel in einer Pfanne anbraten. Zwiebelwürfel zugeben und beides knusprig braten. Die Speck-Zwiebel-Mischung zu den Kartoffeln geben. Majoran waschen, trocken schütteln, Blätter abzupfen und hacken. Brühe und Essig in die heiße Pfanne geben und erwärmen. Senf und Öl einrühren. Die heiße Vinaigrette über die Kartoffeln gießen, Majoran zugeben und alles gut vermengen. Mit 1 gehäuften TL Salz abschmecken. Vor dem Servieren etwas ziehen lassen.

Für die Frikadellen die Zwiebeln schälen und in feine Würfel schneiden. In einer Pfanne in heißem Öl glasig schwitzen und anschließend auskühlen lassen.

Die restlichen Zutaten zusammen mit den Zwiebeln zu einer homogenen Masse vermischen. Daraus 8 gleich große Frikadellen formen und portionsweise in einer Pfanne in heißem Öl von beiden Seiten scharf anbraten. Dann im vorgeheizten Backofen bei 180 °C Ober- und Unterhitze bis zu einer Kerntemperatur von 75 °C fertig garen.

Frikadellen zusammen mit dem Kartoffelsalat anrichten.

CURRYWURST MIT POMMES

Für 4 Portionen

Currywurst
400 ml Cola
1 große rote Zwiebel
50 ml Olivenöl
scharfes Currypulver
edelsüßes Paprikapulver
300 ml Fleischbrühe
1 l Tomatenketchup
1 EL mittelscharfer Senf

1 Msp. Sambal Oelek
Salz, Pfeffer
Pflanzenöl zum Braten
4 Bratwürste

Pommes frites
1 kg festkochende Kartoffeln
Pflanzenöl zum Frittieren
Salz, Pfeffer
edelsüßes Paprikapulver

Für die Sauce zuerst die Cola auf die Hälfte einkochen. Die Zwiebel schälen, in feine Würfel schneiden und in Öl anschwitzen. Anschließend mit Curry- und Paprikapulver bestäuben und leicht anschwitzen.

Mit der Brühe ablöschen und auf die Hälfte einkochen lassen. Reduzierte Cola, Ketchup, Senf und Sambal Oelek einrühren. Salz und Pfeffer zufügen und einmal aufkochen lassen. Dann durch ein Sieb passieren und gegebenenfalls nochmals abschmecken.

Das Öl in einer Pfanne erhitzen und die Bratwürste darin von allen Seiten braten. Anschließend in Scheiben schneiden, die Currysauce großzügig darüber verteilen und mit etwas Currypulver bestreuen.

Kartoffeln schälen und in gleichmäßige Balken schneiden, waschen und gut trocken tupfen. Öl in einer Fritteuse oder – falls nicht vorhanden – in einem hohen Topf erhitzen. Um zu testen, ob das Öl zum Frittieren heiß genug ist, einen Holzlöffel hineinhalten. Bilden sich kleine Bläschen am Stiel, ist die notwendige Temperatur erreicht.

Die Pommes frites ca. 2–3 Minuten in dem heißen Öl vorfrittieren und herausnehmen. Das Öl wieder heiß genug werden lassen und die Pommes darin portionsweise goldgelb frittieren. Auf Küchenpapier abtropfen lassen und mit Salz, Pfeffer sowie Paprikapulver würzen.

Zusammen mit der Currywurst servieren.

SAUERKRAUT-SCHUPFNUDEL-PFANNE

Für 2 Portionen

1 Dose Sauerkraut (350 g Abtropfgewicht)
1 Zwiebel
3 EL Pflanzenöl
400 g Schupfnudeln aus dem Kühlregal
Salz
75 g Schinkenwürfel
3 Wacholderbeeren
1 Lorbeerblatt
Pfeffer
Zucker
edelsüßes Paprikapulver

Sauerkraut abtropfen lassen. Zwiebel schälen und fein würfeln.

2 EL Öl erhitzen in einer Pfanne erhitzen und die Schupfnudeln darin knusprig braten, salzen und herausnehmen. Das restliche Öl erhitzen, die Schinkenwürfel in der Pfanne braten. Zwiebelwürfel zugeben und mitbraten. Dann das Sauerkraut sowie die Wacholderbeeren und das Lorbeerblatt zugeben und das Sauerkraut nach Packungsangabe zubereiten.

Die Schupfnudeln zugeben, untermischen und heiß werden lassen. Alles mit Salz, Pfeffer, Zucker und Paprikapulver abschmecken.

Vor dem Servieren Wacholderbeeren und Lorbeerblatt entfernen und die Sauerkraut-Schupfnudel-Pfanne servieren.

FLEISCH-FONDUE

Für 6 Portionen

400 g gewürfeltes Rindfleisch (z. B. Hüfte)
400 g gewürfeltes Schweinefleisch (z. B. Oberschale)
400 g gewürfeltes Kalbfleisch (z. B. Hüfte)
400 g gemischtes Hackfleisch
1 Glas Mixed Pickles
1 Glas Cornichons
1 Glas eingelegter Kürbis
1 Glas Silberzwiebeln
ca. 3 l Fleischbrühe
1 Flasche Knoblauchsauce
1 Flasche Currysauce
1 Flasche Steaksauce
250 g Kräuterquark

Für das Fondue die Fleischwürfel waschen und trocken tupfen.
Hackfleisch zu festen Bällchen formen.

Mixed Pickles, Cornichons, Kürbis und Silberzwiebeln abtropfen lassen und separat in Schälchen füllen.

Die Fleischbrühe in einem Topf aufkochen. Einen Fondue-
topf gut zur Hälfte mit dem Fond füllen und auf das Rechaud
stellen. Der Fond soll während des gesamten Essens leicht
kochen. Da der Fond nach und nach verdampft, sollte nach
Bedarf nachgegossen werden. Fleisch mithilfe von Fondue-
gabeln oder -sieben in dem Fond garen und mit den Saucen
und dem Quark genießen.

BEEREN-SMOOTHIE

Für 4 Gläser

250 g Heidelbeeren
250 g Brombeeren
250 g Himbeeren
300 ml Orangensaft
Saft von ½ Zitrone
200 g Crushed Ice

Die Beeren verlesen und gegebenenfalls waschen. Alle Zutaten in einen Hochleistungsmixer geben und zur gewünschten Konsistenz pürieren.

Den Smoothie in gekühlten Gläsern anrichten.

ERDBEER-RHABARBER-SMOOTHIE

Für 4 Gläser

500 g Erdbeeren
300 g Rhabarber
1 Banane
1 EL Zitronensaft
2 EL flüssiger Honig
400 g Crushed Ice

Erdbeeren waschen und putzen. Rhabarber putzen, waschen und in Stücke schneiden. Die Banane schälen.

Alle Zutaten in einen Hochleistungsmixer geben und zur gewünschten Konsistenz pürieren.

Den Smoothie in gekühlten Gläsern anrichten.

BEEREN-ANANAS-SMOOTHIE

Für 4 Gläser

500 g Ananasfruchtfleisch
300 g Wassermelonenfruchtfleisch
200 g Heidelbeeren
200 g Brombeeren
250 g Himbeeren
100 g Crushed Ice

Das Ananas- und Melonenfruchtfleisch grob würfeln. Die Beeren verlesen, waschen und trocknen.

Alle Zutaten in einen Hochleistungsmixer geben und zur gewünschten Konsistenz pürieren.

Den Smoothie in gekühlten Gläsern anrichten.

PFIRSICH-HIMBEER-WASSER

Für 500 ml

3 Pfirsichspalten
3 Himbeeren
3 Minzblätter
450 ml gekühltes stilles Wasser

Alle Zutaten in eine dekorative Flasche füllen und mit dem Wasser auffüllen. Gekühlt ziehen lassen.

ANANAS-MANGO-SMOOTHIE

Für 4 Gläser

500 g Ananasfruchtfleisch
400 g Mangofruchtfleisch
150 g Bananen
200 ml Orangensaft
250 g Crushed Ice

Das Fruchtfleisch grob in Stücke schneiden. Die Bananen schälen und halbieren.

Alle Zutaten in einen Hochleistungsmixer geben und bis zur gewünschten Konsistenz pürieren.

Den Smoothie in gekühlten Gläsern anrichten.

BROMBEER-APFEL-SMOOTHIE

Für 4 Gläser

600 g Äpfel
200 g Brombeeren
Saft von 2 Limetten
1–2 EL flüssiger Honig
200 g Crushed Ice
Minzblätter zum Dekorieren

Äpfel waschen, nach Belieben schälen, vierteln und das Kerngehäuse entfernen.

Alle Zutaten in einen Hochleistungsmixer geben und zur gewünschten Konsistenz pürieren.

Den Smoothie in gekühlten Gläsern anrichten und mit Minzblättern dekorieren.

MELONENMIX-SMOOTHIE

Für 4 Gläser

400 g Wassermelonenfruchtfleisch
400 g Honigmelonenfruchtfleisch
400 g Galiamelonenfruchtfleisch
Saft von 1 Limette
250 g Crushed Ice

Das Melonenfruchtfleisch grob würfeln. Die Melonenwürfel mit den restlichen Zutaten in einen Hochleistungsmixer geben und zur gewünschten Konsistenz pürieren. Den Smoothie in gekühlten Gläsern anrichten.

GREEN SMOOTHIE MIT APFEL, SELLERIE UND SPINAT

Für 4 Gläser

500 g Granny-Smith-Äpfel
200 g Staudensellerie
20 g Babyspinat
Saft von 1 Zitrone
200 ml gekühlter Apfelsaft
150 g Crushed Ice

Zunächst die Äpfel waschen, vierteln und entkernen. Den Staudensellerie putzen, waschen und grob klein schneiden. Den Babyspinat putzen, waschen und trocken schleudern. Zusammen mit dem Eis, dem Zitronen- und Apfelsaft in einen Hochleistungsmixer geben und zur gewünschten Konsistenz pürieren. Den Smoothie in gekühlten Gläsern anrichten.

PAPAYA-ORANGEN-SMOOTHIE

Für 4 Gläser

400 g Papaya
1 Stängel Zitronenmelisse
300 ml frisch gepresster Orangensaft
1–2 EL flüssiger Honig
200 g Crushed Ice

Die Papaya schälen, halbieren, Kerne entfernen und in grobe Würfel schneiden. Zitronenmelisse waschen, trocken schütteln und die Blätter abzupfen.

Alle Zutaten in einen Hochleistungsmixer geben und zur gewünschten Konsistenz pürieren.

Den Smoothie in gekühlten Gläsern anrichten.

MANDELDRINK-ORANGEN-SMOOTHIE

Für 4 Gläser

3 Orangen
1 Banane
200 g Honigmelonenfruchtfleisch
400 ml Mandeldrink
50 g entsteinte Datteln
150 g Crushed Ice

Orangen samt der weißen Haut schälen und vierteln. Banane schälen und klein schneiden. Melonenfruchtfleisch ebenfalls klein schneiden. Zusammen mit den restlichen Zutaten in einen Hochleistungsmixer geben und bis zur gewünschten Konsistenz mixen.

Den Smoothie in gekühlten Gläsern anrichten.

KAROTTEN-ANANAS-SAFT

Für 4 Gläser

400 g Ananas
300 ml frisch gepresster Karottensaft
2 EL Rapsöl
1 Prise Salz
200 g Crushed Ice

Die Ananas schälen, vierteln, Strunk entfernen und in Würfel schneiden.

Alle Zutaten in einen Hochleistungsmixer geben und zur gewünschten Konsistenz pürieren.

Den Smoothie in gekühlten Gläsern anrichten.

KAROTTEN-ORANGEN-INGWER-SAFT

Für ca. 4 Gläser

400 g Karotten
1 walnussgroßes Stück Ingwer
4 Orangen
1–2 EL flüssiger Honig
2 EL frisch gepresster Zitronensaft
2 EL Olivenöl

Die Karotten, den Ingwer und die Orangen schälen und in einem Entsafter zu Saft verarbeiten. Zusammen mit Honig, Zitronensaft und Olivenöl in einen Hochleistungsmixer geben und alles gut durchmixen, bis die gewünschte Konsistenz entsteht.

PASSIONSFRUCHT-ANANAS-MANGO-SMOOTHIE

Für ca. 4 Gläser

500 g Ananasfruchtfleisch
300 g Mangofruchtfleisch
2 Passionsfrüchte
1 EL Zitronensaft
2 EL flüssiger Honig
100 g Crushed Ice

Das Ananas- und Mangofruchtfleisch grob in Stücke schneiden. Die Passionsfrüchte halbieren und das Fruchtmark mit den Kernen herausschaben.

Alle Zutaten in einen Hochleistungsmixer geben und bis zur gewünschten Konsistenz pürieren.

Den Smoothie in gekühlten Gläsern anrichten.

CRÈME BRÛLÉE

Für 6 Portionen

200 ml Milch
400 ml Sahne
1 Vanilleschote
50 g Puderzucker
4 Eigelb
6 TL brauner Zucker

Den Backofen auf 100 °C Ober- und Unterhitze vorheizen.

Die Milch und Sahne in einem Topf erwärmen. Die Vanilleschote der Länge nach aufschneiden und das Mark herauskratzen. Das Vanillemark unter die Sahne-Milch-Mischung rühren. Den Puderzucker mit den Eigelben verquirlen und ebenfalls unterrühren. Achtung, die Flüssigkeit darf nicht kochen!

Die Sahne-Mischung durch ein feines Sieb gießen und in 6 ofenfeste Förmchen füllen. Die Förmchen nebeneinander in eine Auflaufform stellen und diese zur Hälfte mit heißem Wasser füllen. Im Backofen ca. 45–50 Minuten stocken lassen. Aus dem Ofen nehmen und abkühlen lassen.

Die abgekühlte Crème brûlée mit jeweils 1 TL braunen Zucker bestreuen und mit einem Bunsenbrenner flambieren, bis die Zuckeroberfläche karamellisiert und schön knusprig ist. Sofort servieren!

MILCHREIS MIT GESCHMORTEN PFIRSICHEN

Für 2 Portionen

Milchreis
500 ml Milch
Salz
100 ml Sahne
1 unbehandelte Zitrone
30 g Zucker
125 g Rundkornreis

Pfirsiche
400 g Pfirsiche
30 g Zucker
150 ml Apfelsaft
½ Vanillestange
25 g Butter

Zunächst die Milch mit 1 Prise Salz und der Sahne in einen Topf gegeben.

Anschließend die Zitrone heiß abwaschen, die Schale dünn abschälen und zur Sahne-Milch-Mischung geben. Nach Beigabe von Zucker die Milch zum Kochen bringen. Sobald die Milch kocht, den Rundkornreis zugeben.

Wenn die Mischung unter Rühren kurz aufgekocht ist, den Herd auf die niedrigste Temperatur runterschalten, einen Deckel aufsetzen und 40 Minuten quellen lassen.

In der Zwischenzeit die Pfirsiche waschen, halbieren, Kerne entfernen und die Hälften nochmals vierteln. Zucker in einer Pfanne zu einem hellen Karamell schmelzen lassen, mit Apfelsaft ablöschen, Vanillestange halbieren, das Mark herauskratzen, Mark und Vanillestange zum Karamell geben. Pfirsiche und Butter unterrühren und bei niedriger Temperatur langsam schmoren, bis die Pfirsiche weich sind.

Die Zitronenschale aus dem Milchreis entfernen. Den Milchreis mit den Pfirsichen in tiefe Teller verteilen und genießen.

MOUSSE AU CHOCOLAT

Für 4 Portionen
(Standzeit 6 Stunden)

200 g Zartbitterschokolade (66 % Kakaoanteil)
5 Eier
150 g Zucker
Salz
150 ml Sahne

Die Schokolade grob hacken. In einer Schüssel über einem heißen Wasserbad schmelzen, herausnehmen und etwas auskühlen lassen. Die Schokolade darf nicht zu heiß sein, da die Eier sonst gerinnen.

Die Eier trennen. Das Eiweiß mit einem Handrührgerät steif schlagen, dabei 100 g Zucker sowie 1 Prise Salz langsam einrieseln lassen. Ebenso die Sahne steif schlagen, dabei nicht zu lange schlagen.

Eigelbe mit 50 g Zucker und 2 EL heißem Wasser in einer Schüssel über dem Wasserbad schaumig schlagen, bis der Zucker vollständig aufgelöst ist. Vom Wasserbad nehmen und nach und nach mit der flüssigen Schokolade zu einer glatten Creme verrühren. Zunächst den Eischnee, dann die geschlagene Sahne vorsichtig unterheben.

Die Schokomousse in 4 Förmchen oder in eine große Schüssel umfüllen und ca. 6 Stunden kalt stellen.

SCHOKOLADEN-MANDEL-DESSERT

Für 4 Portionen

100 g Amaretti (ital. Mandelkekse)
30 g gehackte Mandeln
450 g Zartbitter-Schokolade
5 EL Amaretto (Mandellikör)
5 EL Ahornsirup
500 g Crème double

Amaretti mit einer Küchenmaschine oder in einem Plastikbeutel mit einem Nudelholz zerkrümeln.

Die Mandeln ohne Zugabe von Fett in einer Pfanne anrösten. Schokolade grob zerkleinern und im Wasserbad zusammen mit dem Likör und dem Sirup schmelzen, dabei gelegentlich rühren.

Crème double aufschlagen und vorsichtig unter die Schokolade heben.

Zerbröselte Amaretti und Schokoladencreme abwechselnd in Förmchen oder Gläser schichten und zum Schluss mit den gerösteten Mandeln bestreuen. Über Nacht im Kühlschrank durchkühlen lassen.

HIMBEER-MOUSSE

Für 4 Portionen

500 g Himbeeren
(frisch oder TK)
Zucker, nach Belieben

6 Blatt Gelatine
4–5 Eiweiß
200 ml Sahne
1 TL geraspelte Schokolade

Tiefgefrorene Früchte langsam auftauen lassen. Die aufge-
tauten oder frischen Himbeeren im Mixer pürieren und durch
ein Haarsieb streichen, mit Zucker nach Geschmack süßen.

Gelatine in kaltem Wasser einweichen. Ausgedrückte Gelatine in einem kleinen Topf bei niedriger Temperatur flüssig
werden lassen. Ein Drittel des Fruchtpürees hinzugeben und
vermischen. Kurz warm werden lassen und zügig unter das
restliche Püree rühren.

Eiweiße und Sahne in zwei Schüsseln getrennt mit etwas
Zucker steif schlagen. 4 EL der geschlagenen Sahne zum Garnieren beiseitestellen. Fruchtmousse, Eischnee und restliche
Schlagsahne ganz vorsichtig vermischen. In Schälchen füllen,
mit der Sahne und den Schokoladenraspeln dekorieren und
bis zum Servieren kühlen.

BESCHWIPSTER HIMBEER-AUFLAUF

Für 4 Portionen

250 g Himbeeren
(frisch oder TK)
1 Ei

2 Eigelb
150 g Puderzucker
1 EL Weizenmehl
250 g Crème double
1–2 EL Himbeergeist

Die Himbeeren verlesen, kurz waschen und abtropfen (oder
auftauen) lassen.

Den Backofen auf 200 °C Ober- und Unterhitze vorheizen.

In einer Schüssel das Ei mit den Eigelben und dem Puderzucker schaumig schlagen. Das Mehl und die Crème double
zugeben und glatt rühren.

Die Himbeeren in Portionsförmchen (flache Auflaufförmchen)
verteilen und mit Himbeergeist beträufeln. Den Teig vorsichtig
darüber gießen.

Die Förmchen in den Ofen schieben und 20–30 Minuten
backen, bis der Teig goldbraun und fest ist. Heiß servieren.

ROTE GRÜTZE

Für 4 Portionen

2 EL Speisestärke
250 ml Kirschsaft
250 ml Rotwein
100 g Zucker
1 Päckchen Vanillezucker
600 g TK-Beerenmischung

Speisestärke mit 50 ml Kirschsaft anrühren. Restlichen Kirschsaft mit Rotwein, Zucker und Vanillezucker aufkochen, die angerührte Speisestärke einrühren, die Flüssigkeit damit binden und bei niedriger Temperatur ca. 5 Minuten köcheln lassen. Die Beerenmischung zugeben, nochmals aufkochen und in Gläser füllen.

VANILLESAUCE

Für 4 Portionen

4 Eier
1 Vanilleschote
400 ml Milch
2–3 EL Zucker

Die Eier trennen, die Eiweiße für ein anderes Rezept verwenden.

Vanilleschote längs halbieren und das Mark mit einem Messerrücken herauskratzen. Milch mit Zucker, Vanillemark und -schote in einem Topf aufkochen.

Eigelbe nacheinander mit einem Schneebesen in die heiße Milch einrühren und kräftig aufschlagen.

Nach Bedarf die Vanillesauce durch ein Sieb streichen. Etwas abkühlen oder ganz erkalten lassen, dabei ab und zu umrühren, damit sich keine Haut bildet.

APFEL-BROT-AUFLAUF

Für 6 Portionen

200 g Brötchen vom Vortag
150 ml kalte Milch
3 Eier mittlerer Größe
6 EL Zucker
2 säuerliche Äpfel (z. B. Boskoop)
Mark von 1 Vanilleschote
50 g grob gehackte Walnüsse
Abrieb von 1 unbehandelten Zitrone
1 Msp. Zimtpulver
Butter zum Einfetten
3 EL Semmelbrösel
3 EL Butterflocken

Den Backofen auf 200 °C Ober- und Unterhitze vorheizen.

Die Brötchen in Würfel schneiden, mit der Milch übergießen und 10 Minuten quellen lassen. Die Eier trennen. Die Eigelbe mit 3 EL Zucker aufschlagen, bis sich der Zucker gelöst hat.

Die Äpfel schälen, Kerngehäuse entfernen, achteln und in feine Scheiben schneiden. Das Vanillemark von 1 Schote, die grob gehackten Walnüsse, die abgeriebene Zitronenschale und den Zimt zu den Äpfeln geben und verrühren.

Die gequollenen Brötchen, die Eigelbmasse und die Äpfel gut miteinander vermischen. 3 EL Zucker zu den Eiweißen geben und steif schlagen. Vorsichtig unter die Brötchen-Äpfel-Masse heben.

In eine gefettete Auflaufform geben und mit Semmelbröseln und Butterflocken bestreuen. Im vorgeheizten Backofen 35 Minuten backen. Herausnehmen und sofort servieren.

MOKKA-ZIMT-PARFAIT

Für 6 Portionen
(Standzeit 4 Stunden)

4 Eier
175 g Zucker
1 EL Zimtpulver
250 ml gut gekühlte Sahne
4 Eiweiß
2 Gläschen Mokkalikör

Eier mit Zucker und Zimt über dem heißen Wasserbad bei niedriger Temperatur etwa 10 Minuten schaumig schlagen. Den Eierschaum abkühlen lassen.

Die Sahne und die Eiweiße getrennt steif schlagen. Wenn der Eierschaum abgekühlt ist, den Mokkalikör einrühren und den Schaum noch 3 Minuten schlagen. Die Schlagsahne und den Eischnee unterheben, die Masse in eine Kastenform oder eine Glasschüssel füllen und ins Tiefkühlfach stellen.

Die Masse 3–4 Stunden gefrieren lassen, bis das Parfait fest, aber nicht zu hart ist. Zum Servieren aus der Form stürzen und in Scheiben schneiden.

PANCAKES MIT PUDERZUCKER

Für 20 Stück

2 Eier
40 g Zucker
Mark von 1 Vanilleschote
500 g Weizenmehl
2 TL Backpulver
500 ml Milch
Pflanzenöl zum Ausbacken
Puderzucker zum Bestäuben

Die Eier trennen und die Eiweiße in einer separaten Schüssel steif schlagen. Eigelbe mit dem Zucker und dem Vanillemark cremig aufschlagen, das Mehl mit dem Backpulver sowie die Milch nach und nach unterrühren. Zum Schluss den Eischnee unterheben.

In eine beschichtete Pfanne etwas Öl geben und erhitzen. Mit einer Schöpfkelle einige Teigportionen verteilen und bei mittlerer Temperatur backen. Sobald sich kleine Bläschen bilden, die Pancakes wenden. Wenn auch die zweite Seite goldbraun gebacken ist, sind die Pancakes fertig. Herausnehmen und warm halten. Den restlichen Teig auf die gleiche Weise zubereiten. Noch warm mit Puderzucker bestäuben.

QUARKSOUFFLÉ

Für 6 Portionen

100 g Sahnequark
3 Eier
1 unbehandelte Zitrone
50 g Zucker
Butter und Zucker für die Förmchen
Puderzucker zum Bestäuben

Den Backofen auf 180 °C Ober- und Unterhitze vorheizen, eine Fettpfanne oder ein Backblech auf der untersten Schiene einschieben.

Den Quark durch ein Sieb streichen, die Eier in 2 Schüsseln trennen, eine mit 3 Eiweiß, die zweite mit 2 Eigelben.

Von der Zitrone etwa 1 TL Schale mit einer Küchenreibe fein abreiben. Den Quark mit den 2 Eigelben, 40 g Zucker und der Zitronenschale in eine Schüssel geben, vermischen und mit einem Rührgerät schaumig schlagen. Die 3 Eiweiß mit dem restlichen Zucker zu festem Schnee schlagen und unter die Quarkmasse heben.

6 Soufflé-Förmchen mit Butter einfetten, dann mit etwas Zucker ausstreuen und die Masse einfüllen. Die Formen auf das Backblech stellen und etwa 2 cm hoch heißes Wasser auf das Blech gießen, dabei aufpassen, dass kein Wasser auf die Eimasse kommt.

Im Ofen 20–25 Minuten backen, vorher die Ofentür nicht öffnen, sonst fallen die Soufflés zusammen! Aus dem Ofen nehmen, mit etwas Puderzucker bestäuben und sofort servieren.

ZITRONENPUDDING

Für 6 Portionen	150 ml Milch
	6 EL Weizenmehl
1 unbehandelte Zitrone	125 g Zucker
4 Eier	½ TL Salz
150 ml Sahne	Butter für die Tassen

Den Backofen auf 180 °C Ober- und Unterhitze vorheizen.

Die Zitrone gut waschen, die Schale abreiben und den Saft auspressen. Die Eier trennen und die Eiweiße steif schlagen. Die Sahne mit der Milch vermischen.

In einer Schüssel Mehl, Zucker und Salz vermischen. Langsam Eigelbe, Sahnemilch, Zitronensaft und -schale zugeben und gut verrühren. Vorsichtig den Eischnee nach und nach unterheben.

Cappuccino-Tassen mit Butter einfetten und die Masse darin verteilen. Auf ein tiefes Backblech setzen und so viel heißes Wasser angießen, dass die Tassen halbhoch im Wasserbad stehen. Etwa 40 Minuten im Backofen stocken lassen, bis die Oberfläche goldbraun ist.

SOMMERLICHER OBSTSALAT

Für 4 Portionen

250 g Erdbeeren
200 g Himbeeren
250 g Ananasfruchtfleisch
200 g Bananen
200 g helle und dunkle Weintrauben
Vanille-Minz-Sirup, nach Geschmack

Das Obst entsprechend vorbereiten und in mundgerechte
Stücke schneiden. Alles miteinander vermischen und nach
Geschmack mit dem Sirup aromatisieren. Den Obstsalat
ca. 30 Minuten ziehen lassen.

ERDBEER-PFIRSICH-KOMPOTT

Für 4 Portionen

4 mittelgroße Pfirsiche	3 EL Pfirsichlikör
24 Erdbeeren	Saft von 4 Orangen
30 g Zucker	1 Zweig Thymian
	1 EL Speisestärke

Die Pfirsiche kreuzweise einschneiden, überbrühen, kalt abschrecken, häuten, entsteinen und in Spalten schneiden. Die
Erdbeeren waschen, das Grün entfernen, Erdbeeren halbieren
und beiseitestellen.

Den Zucker in einer beschichteten Pfanne karamellisieren
lassen, mit Pfirsichlikör und Orangensaft ablöschen. Den
Thymianzweig waschen, trocken tupfen und dazugeben. Die
Stärke mit 2 EL Wasser glatt rühren, in die Sauce geben und
kurz aufkochen lassen. Thymianzweig wieder entfernen. Die
Pfirsichspalten in eine Schale geben, die heiße Sauce darüber
gießen und vorsichtig vermischen. Die Erdbeeren erst 10 Minuten vor dem Verzehr unterheben, sonst werden sie matschig.

KAISERSCHMARRN MIT ZWETSCHGENKOMPOTT

Für 4 Portionen

Kaiserschmarrn
4 Eier
200 ml Milch
4 EL Pflanzenöl
1 Päckchen Vanillezucker
100 g Zucker
Salz
200 g Weizenmehl
½ Päckchen Backpulver
50 g Butter
50 g Rosinen
Puderzucker zum Bestäuben

Zwetschgenkompott
500 g frische Zwetschgen oder 1 Glas Zwetschgen
60 g Zucker
3 EL weiche Butter
50 ml Portwein
Saft von ½ Orange
Saft von 1 Zitrone
1 EL Pflaumenmus
1 Zimtstange

Für den Kaiserschmarrn Eier mit Milch, 1 EL Öl, Vanillezucker, Zucker und 1 Prise Salz verquirlen. Mehl und Backpulver mischen, zugeben und alles mit einem Handrührgerät mit Rührbesen verrühren. Das restliche Öl und 20 g Butter in einer großen Pfanne bei mittlerer Temperatur schmelzen, den Teig hineingeben, die Rosinen darüber streuen und 5 Minuten stocken lassen. Den Teig mit zwei Pfannenwendern teilen, in mundgerechte Stücke rupfen und einige Minuten weiterbraten, bis der Schmarrn goldbraun ist. Restliche Butter zugeben, mit Puderzucker bestäuben und nochmals 2–3 Minuten braten.

Für das Kompott die frischen Zwetschgen waschen und entsteinen. Zwetschgen aus dem Glas in einem Sieb abtropfen lassen. Zucker in einer Pfanne mit der Butter hell karamellisieren. Mit Portwein, Orangen- sowie Zitronensaft ablöschen und einkochen, bis fast keine Flüssigkeit mehr vorhanden ist. Dann Pflaumenmus, Zimtstange und Zwetschgen zugeben. Die frischen Zwetschgen ca. 10 Minuten bzw. die eingelegten ca. 5 Minuten sanft köcheln lassen. Zimtstange entfernen und mit dem Kaiserschmarrn servieren.

APFEL-CRUMBLE MIT CRANBERRIES

Für 4 Portionen

Crumble
100 g kalte Butter
150 g Weizenmehl
50 g gemahlene Mandeln
50 g brauner Rohrzucker
5 g Fleur de Sel
25 g feine Haferflocken

Apfelragout
600 g Äpfel
2 Päckchen Vanillezucker
100 g Puderzucker
100 g Cranberries
Puderzucker zum Bestäuben

Den Backofen auf 200 °C Ober- und Unterhitze vorheizen.

Die Butter in Würfel schneiden und mit Mehl, Mandeln, Zucker, Fleur de Sel und Haferflocken in eine Schüssel geben. Zwischen den Händen zu Streusel reiben und auf ein Backblech mit Backpapier verteilen.

Den Crumble ca. 10 Minuten goldgelb im Backofen auf der mittleren Schiene backen, herausnehmen, auskühlen lassen und für die weitere Verwendung beiseitestellen.

Äpfel waschen, schälen, Kerngehäuse entfernen und in mundgerechte Stücke schneiden. In einen Topf geben, mit Vanillezucker und Puderzucker vermengen und ca. 10 Minuten dünsten, vom Herd ziehen, Cranberries untermengen und auskühlen lassen.

Apfelragout auf 4 Gläser verteilen, den Crumble darauf verteilen und mit Puderzucker bestreuen.

GEDÜNSTETE ZIMT-ÄPFEL MIT WALNUSSSAUCE

Für 4 Portionen

100 g Walnusskerne
2 große säuerliche Äpfel (z. B. Boskoop)
Saft und Abrieb von ½ unbehandelten Zitrone
65 g Butter

5–6 EL Zucker
125 ml Sahne
Zucker
Zimtpulver
2 EL Weißwein

Die Walnusskerne im Mörser zerstoßen (oder mit dem Blitzhacker zerkleinern). Die Äpfel waschen, die Kerngehäuse ausstechen. Die Äpfel nach Belieben schälen, mit etwas Zitronensaft einreiben und beiseitestellen.

40 g Butter in einem Stieltopf erhitzen, den Zucker einstreuen und hellbraun karamellisieren, dabei mit einem Holzlöffel rühren. Den Topf vom Herd nehmen und 2 EL Wasser zugießen. Die Nüsse einrühren und bei schwacher Temperatur 5 Minuten köcheln lassen. Die Sahne zugießen und weiter köcheln lassen, bis die Sauce sämig ist.

Inzwischen die Äpfel in dünne Ringe schneiden. Die übrige Butter in einer großen Pfanne zerlassen, die Apfelringe einlegen, mit etwas Zucker und Zimtpulver bestreuen und leicht andünsten. Etwas Wein angießen und ein Stückchen Zitronenschale dazulegen. Zugedeckt bei niedriger Temperatur weich, aber nicht matschig dünsten. Auf Dessertteller verteilen und mit Walnusssauce servieren.

SCHOKOLIERTE FRÜCHTE

Für 5 Spieße

200 g weiße Schokolade
200 g Zartbitterschokolade
200 g Erdbeeren
150 g Trauben
1 Banane

Weiße und dunkle Schokolade getrennt im Wasserbad
schmelzen.

Erdbeeren und Trauben waschen und trocken tupfen.
Banane schälen und in grobe Stücke schneiden.

Obststücke auf Schaschlikspieße stecken, nach Belieben
in die Schokolade tauchen und trocknen lassen.

ERDBEERSALAT MIT VANILLE-QUARK UND MINZE

Für 2 Portionen

500 g Erdbeeren
1 Päckchen Bourbon-Vanillezucker
2 Stängel Minze
Mark von 1 Vanilleschote
250 g Quark
Zucker, nach Belieben

Die Erdbeeren waschen, putzen, je nach Größe halbieren
oder vierteln. Mit dem Bourbonvanillezucker vermischen
und etwas Saft ziehen lassen.

Minze waschen, trocken schütteln, Blätter abzupfen, fein
hacken und zusammen mit dem Vanillemark unter den
Quark rühren. Nach Geschmack noch mit Zucker süßen.

GEFÜLLTE MARZIPAN-BIRNEN

Für 4 Portionen
(Standzeit 4 Stunden)

3 EL Rosinen
3 EL Rum (40 % Vol.)
30 Amaretti (ital. Mandelkekse)
5 Birnen
100 g gewürfelter Marzipan
30 g gehackte Walnüsse
100 g Butter
50 ml Apfelsaft
1 Msp. Zimt

Rosinen hacken und 4 Stunden in Rum einlegen.

Den Backofen auf 180 °C Ober- und Unterhitze vorheizen.

Die Amaretti zerbröseln. Die Birnen waschen und trocken
tupfen. Von 4 Birnen das obere Drittel abschneiden, das Kerngehäuse mit einem Teelöffel entfernen und ein wenig Fruchtfleisch aushöhlen. Das Fruchtfleisch klein schneiden, mit Marzipan, Walnüssen, der Hälfte der eingeweichten Rosinen und der
Hälfte der Amarettibrösel mischen. Die Birnen damit füllen.

Die restliche Birne schälen, halbieren, das Kerngehäuse entfernen und die Birne in Würfel schneiden. Die Butter in einer
feuerfesten Form schmelzen lassen, Birnenwürfel, restliche
Rosinen, Apfelsaft und den Zimt einrühren und kurz aufkochen
lassen. Die Birnen auf das Kompott stellen, mit restlichen Ama-
rettibröseln bestreuen und im Backofen 20 Minuten garen.

ZABAIONE

Für 4 Portionen

2 Eigelb
1 EL Zucker
50 ml Apfelsaft
5 EL Birnenschnaps

Eigelbe, Zucker, Apfelsaft und Birnenschnaps in eine Schüssel
geben und mit einem elektrischen Handrührgerät über dem
Wasserbad schaumig schlagen.

APFELPFANNKUCHEN

Für 4 Stück
(Standzeit 2 Stunden)

Teig
120 g Butter
250 g Weizenmehl
3 Eier
2 Eigelb
100 g Zucker
500 ml Milch

20 ml Rum
Abrieb von je ½ unbehandelten Zitrone
und Orange

Füllung
4 mittelgroße Äpfel (z. B. Braeburn)
4 EL Zucker
3 EL Butter
40 ml Calvados
4 EL brauner Zucker

Für den Pfannkuchenteig die Butter in einer Pfanne schmelzen lassen, mit den restlichen Teigzutaten in ein hohes Gefäß füllen und mit einem Pürierstab gut aufschlagen. Den Teig 2 Stunden ruhen lassen.

Den Backofengrill auf 250 °C Ober- und Unterhitze vorheizen.

Für die Füllung die Äpfel schälen, halbieren, entkernen und in Spalten schneiden. Den weißen Zucker in einer Pfanne mit 1 EL Butter karamellisieren lassen, die Apfelspalten dazugeben und mit Calvados ablöschen. Das Ganze etwa 3 Minuten leicht köcheln lassen, die Äpfel sollten noch Biss haben. Herausnehmen und abkühlen lassen.

Teig für einen dünnen Pfannkuchen in eine Pfanne mit etwas geschmolzener Butter einfließen lassen, backen und wenden. Ein Viertel der Apfelspalten auf dem Pfannkuchen verteilen, dünn mit flüssigem Teig bedecken, die Pfanne in den Backofen stellen und 3 Minuten fertig backen. Nach 1 Minute mit 1 EL braunem Zucker bestreuen und karamellisieren lassen. Mit dem restlichen Teig noch dreimal auf die gleiche Weise verfahren.

ERDBEERKUCHEN

Für 1 Springform (Ø 26 cm)

Biskuitteig
Butter zum Einfetten
3 Eier
75 g Zucker
Salz
40 g Weizenmehl
35 g Speisestärke
30 g flüssige Butter

Vanillepudding
1 Päckchen Vanillepuddingpulver
40 g Zucker
500 ml kalte Milch

Belag
750 g frische Erdbeeren
1 Päckchen Tortenguss

Den Backofen auf 180 °C Ober- und Unterhitze vorheizen.

Die Form am Rand mit Butter einfetten und den Boden mit einem Kreis aus Backpapier auslegen.

Eier und Zucker mit 1 Prise Salz in einer Schüssel über dem Wasserbad mit einem Handrührgerät schaumig aufschlagen, anschließend kalt schlagen. Mehl mit Speisestärke mischen, dazusieben und mit einem Teigschaber unterrühren. Zum Schluss die flüssige Butter und 1 Prise Salz vorsichtig untermengen. Die Biskuitmasse in die Backform füllen, glatt streichen und im vorgeheizten Backofen auf dem Rost auf mittlerer Schiene ca. 25 Minuten backen.

Vanillepuddingpulver mit Zucker und 100 ml Milch anrühren, die restliche Milch in einem hohen Topf aufkochen, das Puddingpulver zugeben und zu einem Pudding kochen. In zwei kleine Schüsseln füllen und direkt auf der Oberfläche mit Frischhaltefolie abdecken, damit sich keine Haut bildet. Eine davon ist für den Kuchen, die andere kann mit Früchten zum Nachtisch gereicht werden.

Den Biskuit auf einem Kuchengitter auskühlen lassen. Die Erdbeeren putzen, waschen und auf Küchenpapier abtropfen lassen, die ganz großen Erdbeeren halbieren.

Den Biskuitboden auf eine Platte setzen und mit dem Vanillepudding bestreichen. Tortenguss nach Packungsangabe anrühren. Den Biskuit mit den Früchten belegen und mit Tortenguss abglänzen.

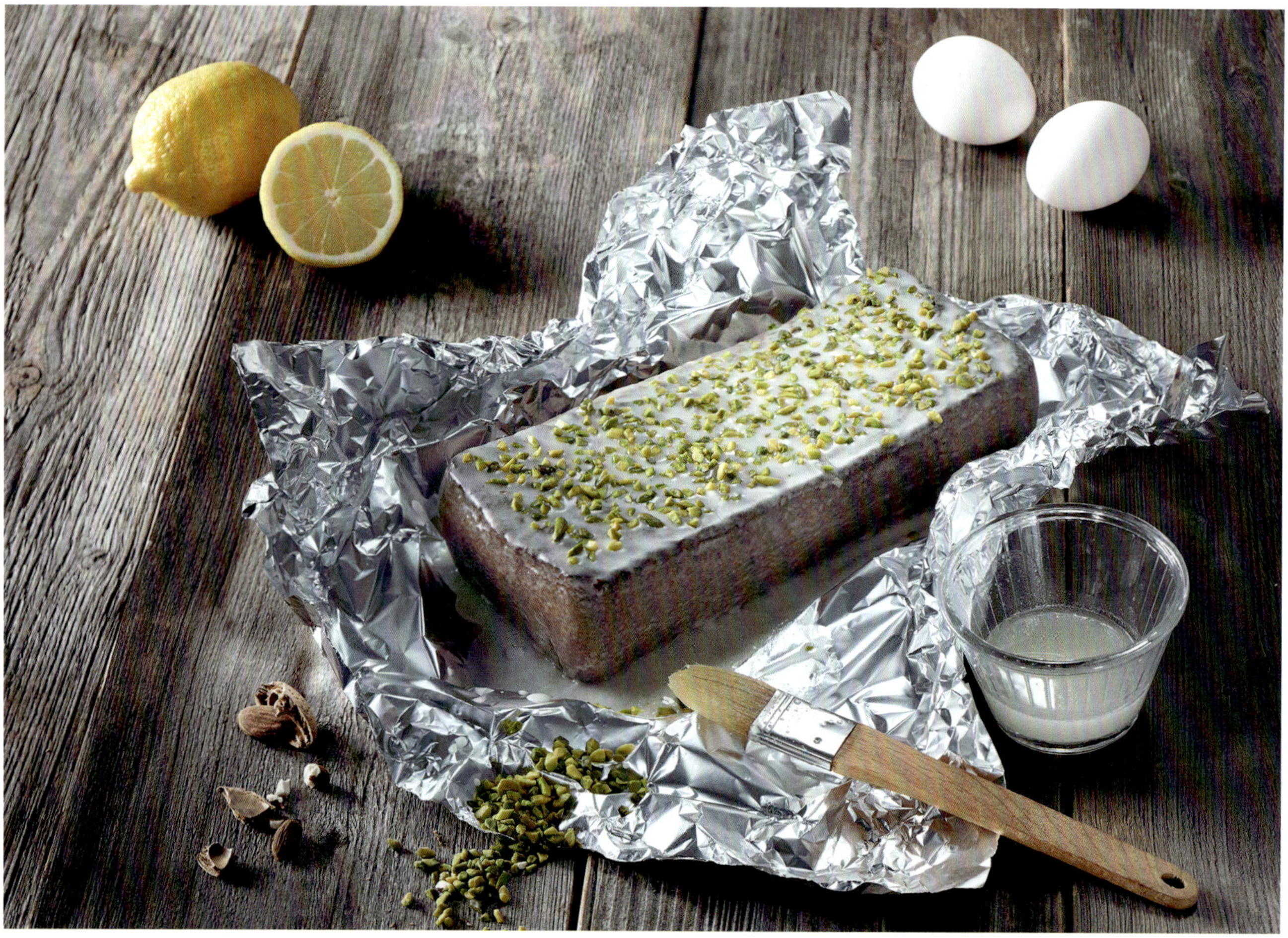

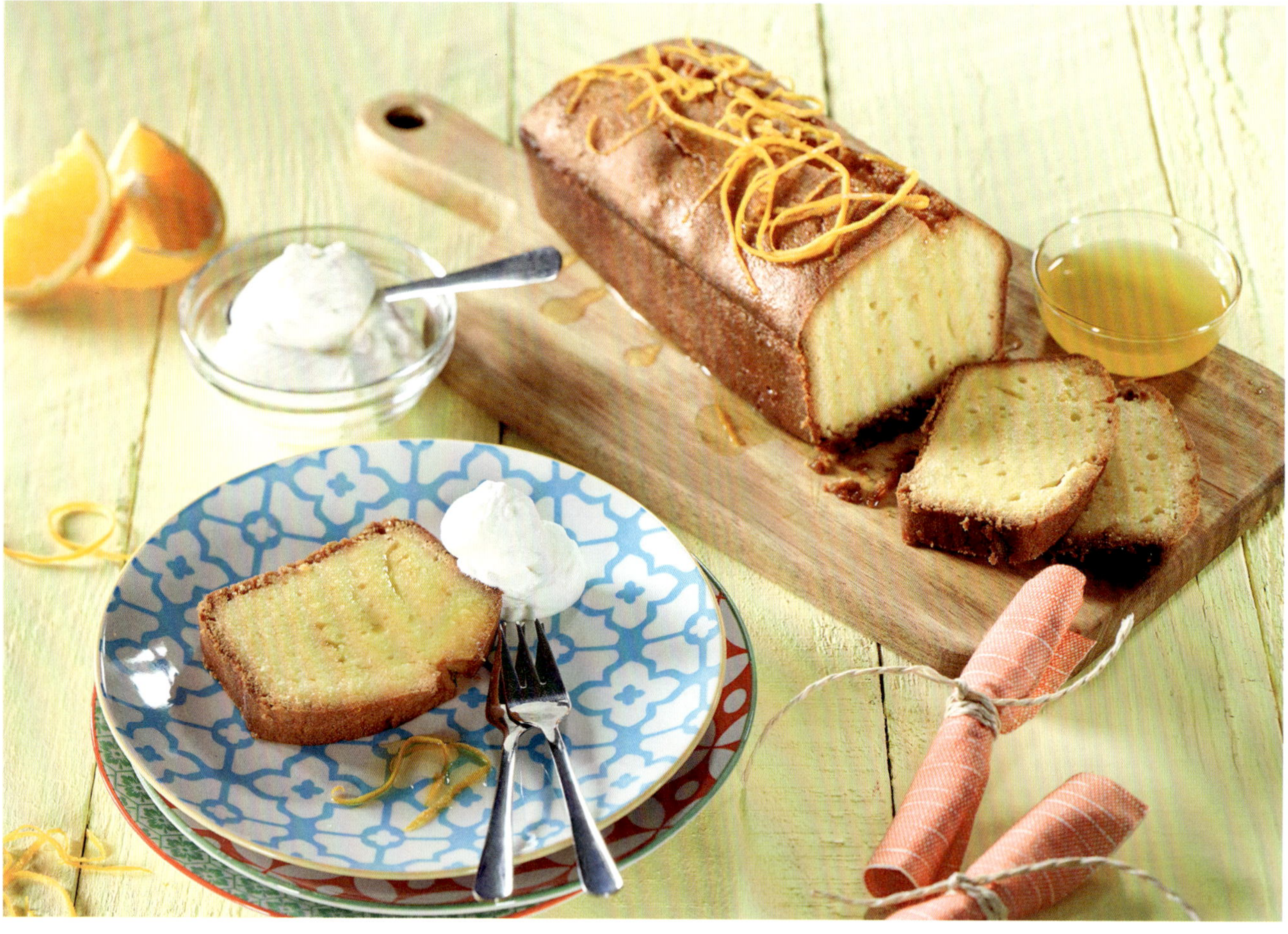

PISTAZIEN-MANDEL-KUCHEN

Für 1 Kastenform

2 unbehandelte Zitronen
Butter zum Einfetten
150 g gehackte Pistazien
250 g Zucker
250 g weiche Butter
4 Eier
1 Vanilleschote
100 g gemahlene Mandeln
40 g Weizenmehl
50 g Puderzucker

Den Backofen auf 180 °C Ober- und Unterhitze vorheizen.

Die Zitronen gründlich mit heißem Wasser abwaschen, die Schalen abreiben und eine Zitrone auspressen.

Eine Kastenform mit Butter einfetten. 120 g Pistazien im Mixer möglichst fein zermahlen. Zucker mit Butter schaumig aufschlagen und die Eier nacheinander zugeben. Die Vanilleschote mit einem scharfen Messer der Länge nach aufschlitzen und das Mark herauskratzen. Mandeln, Pistazien, Mehl, Vanillemark sowie die Hälfte der Zitronenschale untermischen und alles mit dem Handrührgerät gründlich verrühren.

Den Teig in die Kastenform füllen und im Backofen 70 Minuten backen. Der Kuchen ist fertig, wenn beim Einstechen mit einem Holzstäbchen kein Teig kleben bleibt.

Den Kuchen aus der Form stürzen und auskühlen lassen. Für die Glasur Zitronensaft und Puderzucker kurz aufkochen und glatt rühren. Restliche Zitronenschale unter den Guss mischen, über den Kuchen gießen und mit den restlichen Pistazien bestreuen.

ORANGENKUCHEN

Für 1 Kastenform

2 unbehandelte Orangen
1 Zitrone
110 g Butter
180 g Instant-Mehl
125 g Zucker
4 EL Milch
2 Eier
Butter zum Einfetten
75 g Puderzucker
200 ml Sahne
Orangenlikör, nach Belieben

Backofen auf 180 °C Ober- und Unterhitze vorheizen.

1 Orange gut abwaschen, Zesten abziehen und fein hacken, beide Orangen und die Zitrone auspressen. Butter, Mehl, Zucker, Milch, Eier und Orangenzesten mit dem Handrührgerät zu einem glatten Teig schlagen. Eine Kastenform sehr gut mit Butter einfetten, den Teig hineinfüllen und 1 Stunde backen.

Für den Sirup Orangen- und Zitronensaft in einem Topf erwärmen und Puderzucker darin auflösen.

Den fertigen Kuchen aus der Form nehmen, mit der Hälfte des Sirups begießen und auskühlen lassen. Den Kuchen aufschneiden und die einzelnen Scheiben mit dem restlichen Sirup beträufeln. Frische Sahne halbsteif aufschlagen, mit Orangenlikör mischen und mit dem Kuchen anrichten.

KAROTTENKUCHEN

Für 1 Springform (Ø 26 cm)

7 Eier
350 g Zucker
400 g Karotten
350 g fein gemahlene Mandeln
1 TL Backpulver
Salz
2 unbehandelte Zitronen
Butter und Weizenmehl für die Backform
Puderzucker zum Bestäuben

Den Backofen auf 200 °C Ober- und Unterhitze vorheizen.

Die Eier trennen und die Eigelbe mit 175 g Zucker mit dem Handrührgerät 10 Minuten schaumig schlagen.

Karotten putzen, schälen, fein raspeln und mit Mandeln, Backpulver und 1 Prise Salz mischen. Von beiden Zitronen die Schale abreiben und den Saft auspressen. Beides zu der Karotten-Mandel-Masse geben.

Die Eiweiße fast steif schlagen, den restlichen Zucker langsam einrieseln lassen und schlagen, bis der Eischnee schnittfest ist. Die aufgeschlagenen Eigelbe mit der Karottenmasse vorsichtig mischen. Dann zuerst ein Drittel des Eischnees unter die Teigmasse heben, danach vorsichtig den Rest.

In die bereits gefettete und mit Mehl bestäubte Springform füllen und 50–55 Minuten backen. Herausholen, abkühlen lassen und mit Puderzucker bestäuben.

BUTTERSTREUSELKUCHEN

Für 1 Backblech
(Standzeit 1 Stunde)

Hefeteig
500 g Weizenmehl
1 Würfel Hefe (42 g)
100 g Zucker
1 Prise Salz
2 Eier
250 ml lauwarme Milch
50 g weiche Butter
Weizenmehl
zum Bearbeiten

Streuselmasse
200 g weiche Butter
200 g Zucker
1 Päckchen Vanillezucker
1 TL Abrieb von 1 unbehandelten Zitrone
1 Prise Salz
400 g gesiebtes Weizenmehl

Schlagsahne
200 ml Sahne
1 Päckchen Vanillezucker

Ein Backblech mit Backpapier auslegen.

Für den Hefeteig das Mehl in eine große Schüssel sieben. In die Mitte eine Mulde drücken und die Hefe hineinbröckeln. Restliche Zutaten zufügen und alles mit einem Handrührgerät mit Knethaken zu einem glatten Teig verkneten. Zugedeckt an einem warmen Ort ca. 1 Stunde gehen lassen, bis sich das Teigvolumen sichtbar vergrößert hat.

Für die Streuselmasse sämtliche Zutaten mit den Händen oder einem Handrührgerät mit Knethaken miteinander verkneten, zerbröseln und kalt stellen.

Den Backofen auf 180 °C Ober- und Unterhitze vorheizen.

Nach Ende der Gehzeit den Teig auf einer leicht bemehlten Arbeitsfläche mit den Händen noch einmal gut durchkneten, dann auf Backblechgröße ausrollen und auf das Backblech legen. Den Teig mit einer Gabel einstechen. Die Streuselmasse gleichmäßig auf dem Teig verteilen. Den Kuchen im Backofen auf mittlerer Schiene ca. 30 Minuten backen, herausnehmen und auf einem Gitter auskühlen lassen.

Für die geschlagene Sahne die Sahne mit dem Vanillezucker mit einem Handrührgerät steif schlagen. Zusammen mit dem Streuselkuchen auf Tellern anrichten.

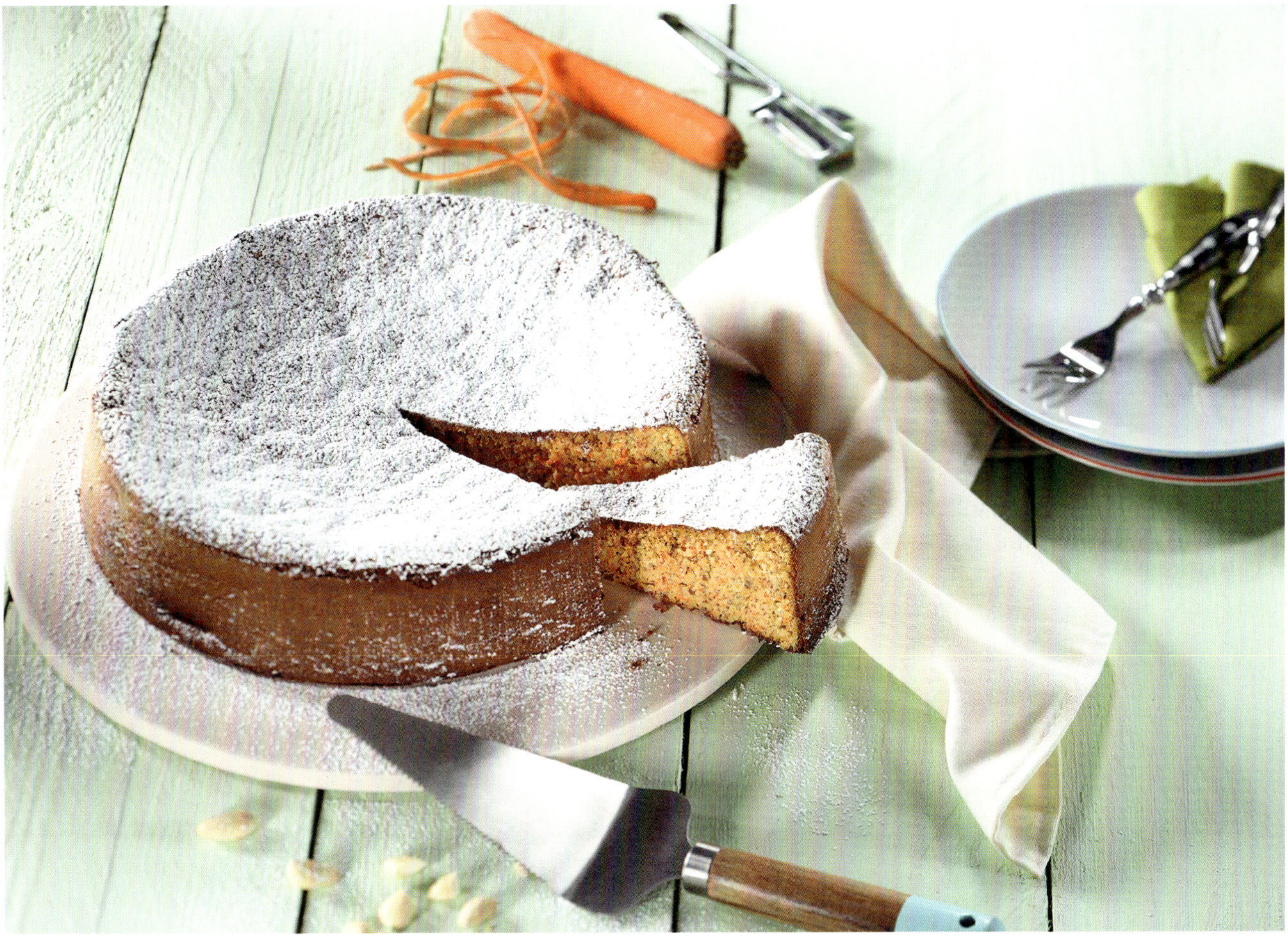

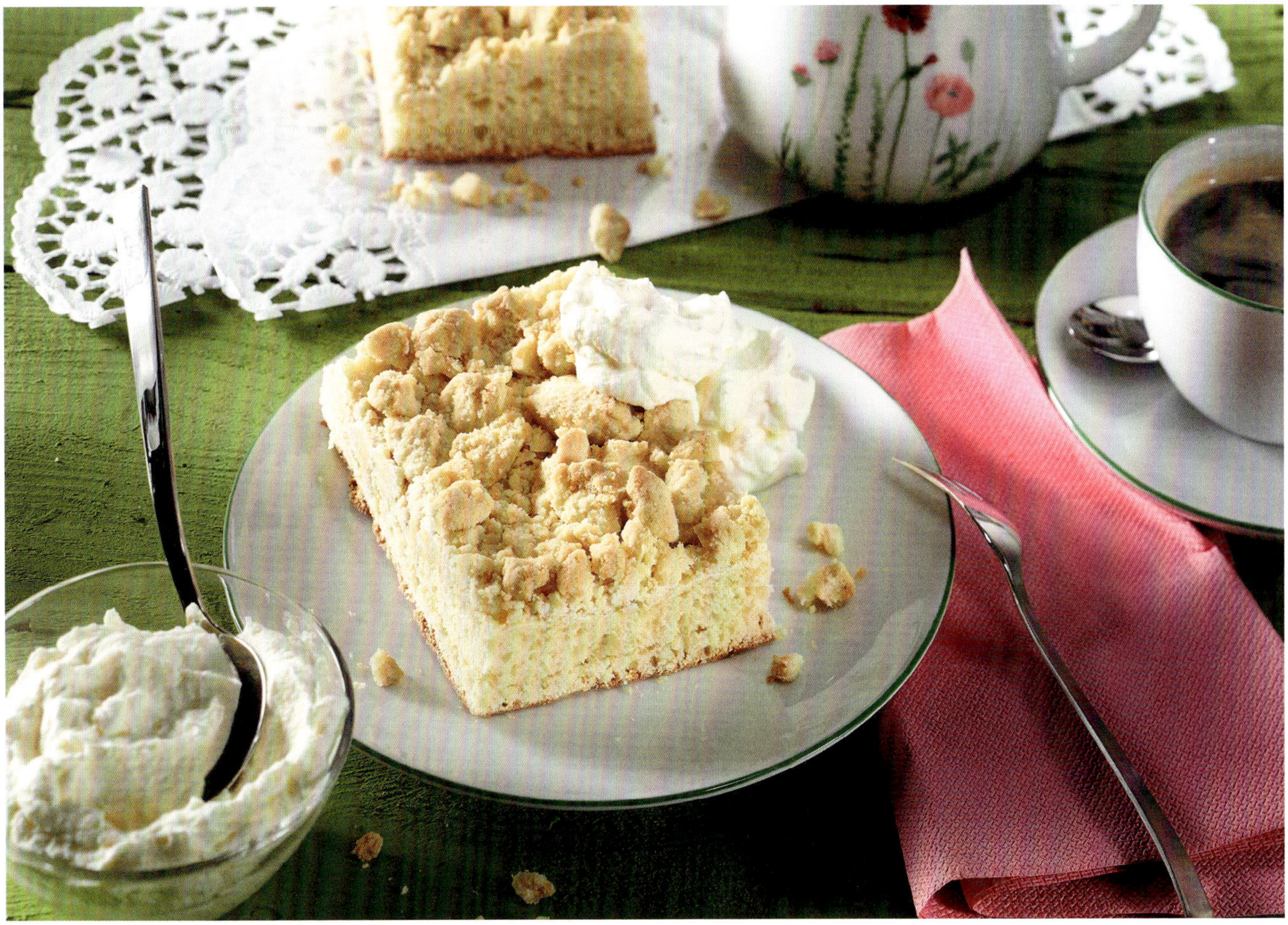

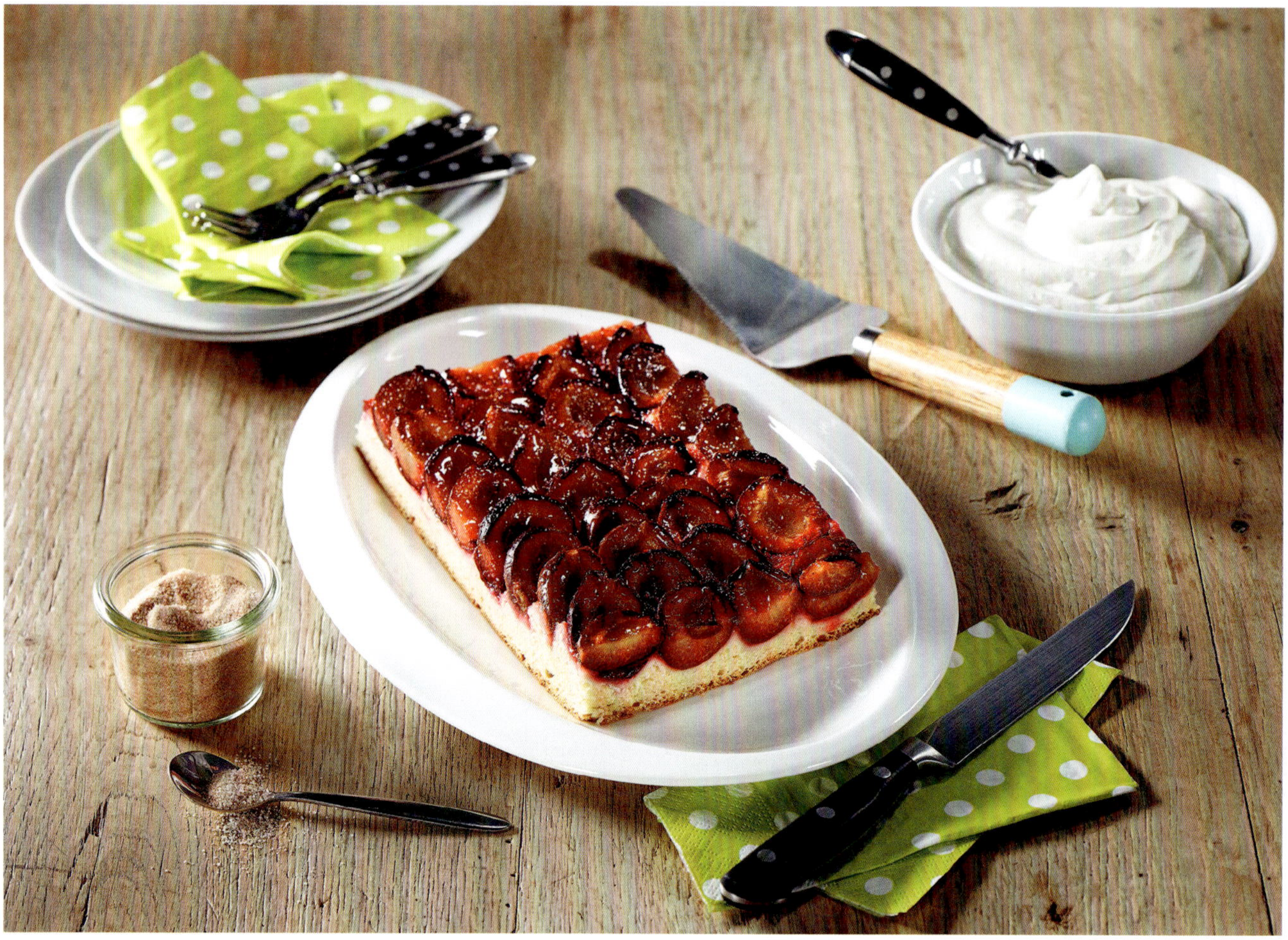

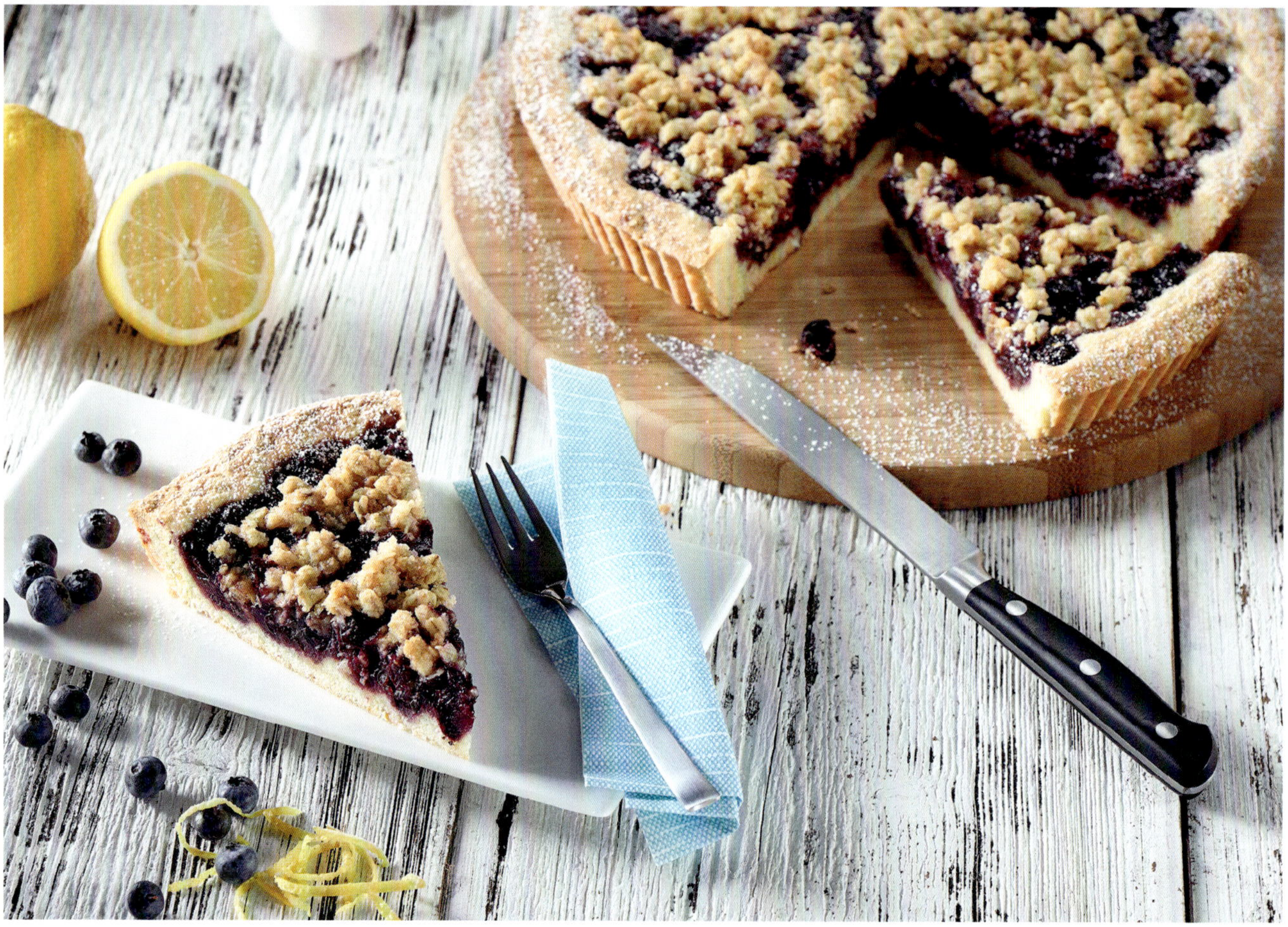

ZWETSCHGENKUCHEN

Für 1 Backblech
(Standzeit 1 Stunde)

Hefeteig
500 g Weizenmehl
1 Würfel Hefe (42 g)
250 ml lauwarme Milch
80 g Zucker
1 Prise Salz
2 Eier
100 g weiche Butter
2 TL Vanillezucker
1 TL Abrieb von 1 unbehandelten Zitrone
Butter zum Einfetten
Weizenmehl zum Bearbeiten
4 EL Semmelbrösel

Belag
2 kg Zwetschgen
½ TL Zimt
6 EL Zucker

Für den Hefeteig das Mehl in eine große Schüssel sieben. Eine Mulde hineindrücken und die Hefe hineinbröckeln. Die restlichen Zutaten hinzufügen und mit einem Handrührgerät mit Knethaken zu einem glatten Teig verkneten. Die Schüssel mit einem Tuch abdecken und ca. 1 Stunde an einem warmen Ort gehen lassen, bis sich das Teigvolumen sichtbar vergrößert hat.

Den Backofen auf 180 °C Ober- und Unterhitze vorheizen.

Ein Backblech mit Butter einfetten. Den Teig auf einer bemehlten Arbeitsfläche mit den Händen noch einmal gut durchkneten, dann auf dem Backblech gleichmäßig ausrollen. Mit einem Tuch abdecken und erneut 10 Minuten gehen lassen. Den Teig mit den Semmelbröseln bestreuen.

Für den Belag die Zwetschgen waschen, halbieren und den Stein herauslösen. Die halben Früchte mit der runden Seite nach unten dicht nebeneinander auf die Teigfläche setzen. Zimt und Zucker vermischen, über das Obst streuen und den Kuchen im Backofen auf der mittleren Schiene ca. 45 Minuten backen.

BLAUBEER-ZITRONEN-TARTE

Für 1 Tarteform (Ø 26 cm)
(Standzeit 1 Stunde)

Mürbeteig
150 g weiche Butter
130 g Zucker
Salz
Abrieb von ½ unbehandelten Zitrone
2 Eier
250 g Weizenmehl
Weizenmehl zum Bearbeiten
Butter für die Form

Füllung
250 g Blaubeeren
200 g Blaubeerkonfitüre
2 ½ EL Speisestärke
Saft von ½ Zitrone

Streusel
60 g Butter
60 g Haferflocken
80 g Zucker
1 Prise Kardamom

Für den Mürbeteig Butter, Zucker, 1 Prise Salz und Zitronenabrieb mit den Knethaken eines Handrührgeräts verrühren. Dann die Eier und das Mehl unterrühren und zu einem glatten Teig verkneten. Zu einer Kugel formen, in Frischhaltefolie wickeln und mindestens 60 Minuten im Kühlschrank kalt stellen.

Den Backofen auf 180 °C Ober- und Unterhitze vorheizen. Die Form mit Butter einfetten.

Den Teig auf einer leicht bemehlten Arbeitsfläche etwas größer als die Form rund ausrollen und so in die Form legen, dass auch der Rand damit bedeckt ist. Den Boden mit einer Gabel einstechen und ca. 10 Minuten im Backofen vorbacken.

Für die Füllung die Blaubeeren verlesen, waschen, gut abtropfen lassen und mit der Konfitüre mischen. Speisestärke in Zitronensaft anrühren und unter die Beerenmischung heben, dann auf dem Kuchenboden verteilen.

Für die Streusel die Butter in einem Topf schmelzen. Haferflocken und Zucker zugeben und gut verrühren. Mit Kardamom würzen und etwas abkühlen lassen.

Die Streusel auf dem Kuchen verteilen und im Backofen auf dem Rost auf mittlerer Schiene ca. 25 Minuten backen.

ROTWEINKUCHEN

Für 1 Springform
oder Gugelhupfform (Ø 20 cm)

Butter und Weizenmehl für die Form
100 g weiche Butter
125 g Puderzucker
75 g Nougat
2 Eier
20 g Kakaopulver
110 g Weizenmehl
10 g Backpulver
20 g Schokoladentröpfchen
50 g gemahlene Haselnüsse
100 ml Rotwein
100 g Schokoladenglasur

Den Backofen auf 180 °C Ober- und Unterhitze vorheizen.

Die Form mit Butter einfetten und mit Mehl bestäuben, überschüssiges Mehl dabei abklopfen.

Butter, Puderzucker und Nougat mit einem Handrührgerät oder in einer Küchenmaschine schaumig schlagen. Die Eier nach und nach unterrühren. Kakao, Mehl und Backpulver dazu sieben, Schokoladentröpfchen sowie Haselnüsse untermischen und alles im Wechsel mit dem Rotwein unter die Buttermasse rühren.

Die Masse in die vorbereitete Form füllen und im Backofen auf dem Rost auf einer der unteren Schienen ca. 40 Minuten backen. Mit einem Spieß prüfen, ob der Kuchen gar ist.

Den Kuchen auf ein Kuchengitter stürzen, etwas stehen lassen, die Form abnehmen und den Kuchen vollständig auskühlen lassen. Nach dem Erkalten mit der geschmolzenen Schokoladenglasur überziehen und fest werden lassen.

ZITRONEN-BISKUITROLLE

Für 14 Stücke
(Standzeit 2 Stunden)

3 Eier
280 g Zucker
1 Prise Salz
75 g Weizenmehl
1 TL Backpulver
25 g Speisestärke
Zucker für das Geschirrtuch

4 Blatt Gelatine
3 unbehandelte Zitronen
500 g Mascarpone
1 Päckchen Vanillezucker
250 ml Sahne
Puderzucker zum Bestäuben

Den Backofen auf 200 °C Ober- und Unterhitze vorheizen.

Eier trennen. Eiweiße und 3 EL kaltes Wasser mit den Schneebesen des Handrührgerätes steif schlagen. 75 g Zucker und Salz dabei einrieseln lassen. Eigelbe unterrühren. Mehl, Backpulver und Stärke mischen, portionsweise auf die Eimasse sieben und vorsichtig unterheben. Masse auf ein mit Backpapier ausgelegtes Backblech geben, glatt streichen und im Ofen ca. 10 Minuten backen. Auf ein mit Zucker bestreutes Geschirrtuch stürzen. Backpapier vorsichtig abziehen. Mit dem Tuch von der kurzen Seite her sofort eng aufrollen. Auskühlen lassen.

Gelatine in kaltem Wasser einweichen. Zitronen gründlich mit heißem Wasser abwaschen, trocknen und die Schale fein abreiben. 1 Zitrone halbieren und den Saft auspressen. Mascarpone, die Hälfte der Zitronenschale, Zitronensaft, 150 g Zucker und Vanillezucker verrühren. Gelatine ausdrücken, auflösen und 2 EL Mascarpone unterrühren. Anschließend in die restliche Mascarpone rühren. Ca. 5 Minuten kalt stellen, bis die Masse zu gelieren beginnt. Die Sahne steif schlagen und unter die gelierende Mascarponemasse heben.

Biskuitplatte entrollen. Mascarponecreme gleichmäßig darauf verteilen, dabei zu allen Seiten einen ca. 2 cm breiten Rand frei lassen. Creme auf der Biskuitplatte nochmals ca. 5 Minuten anziehen lassen. Von der kurzen Seite aufrollen. Ca. 2 Stunden kalt stellen. Inzwischen restliche Zitronenschale mit dem restlichen Zucker mischen. Rolle mit Puderzucker bestäuben, Zitronenzucker darüberstreuen. Biskuitrolle in Stücke schneiden und anrichten.

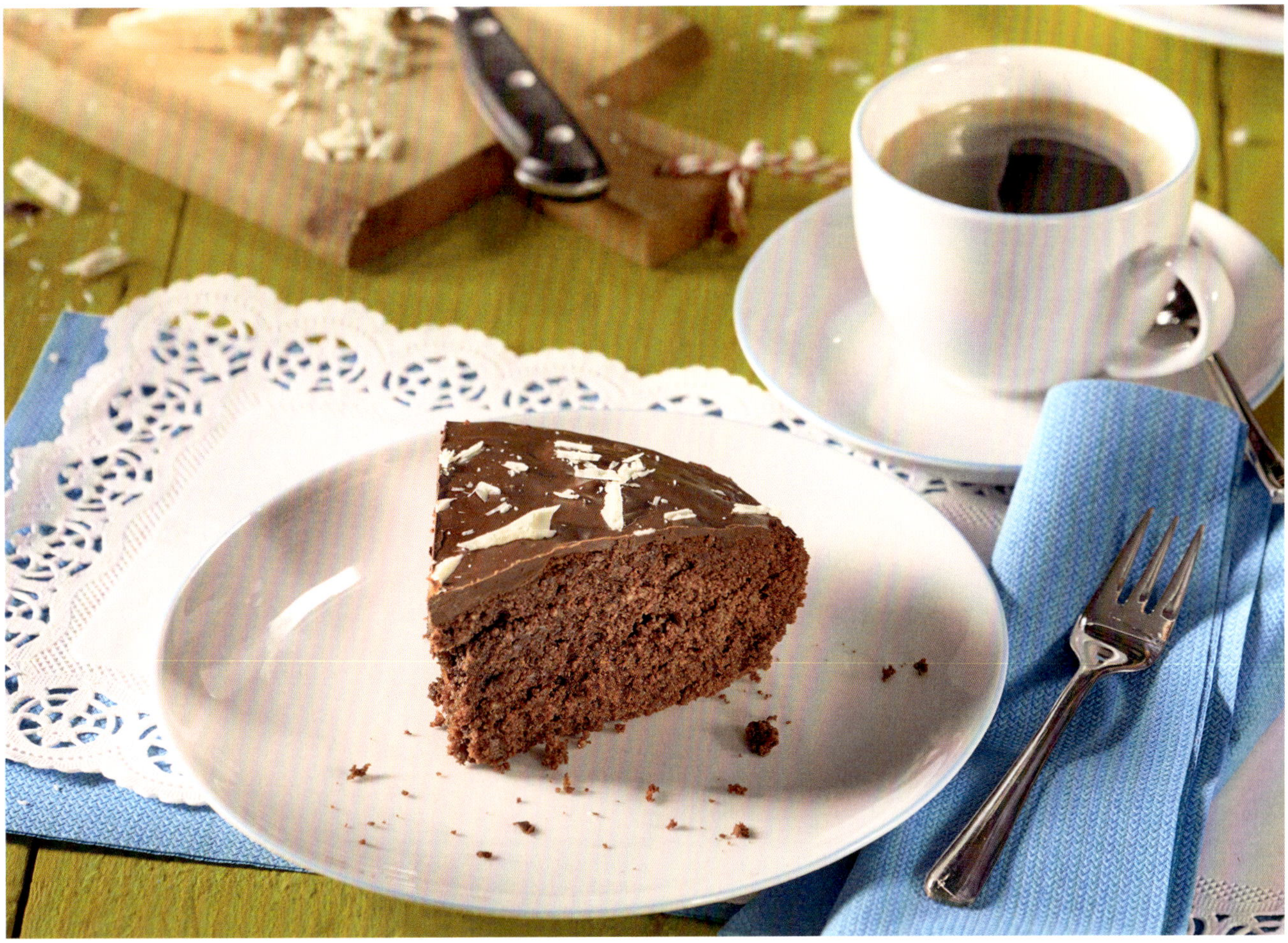

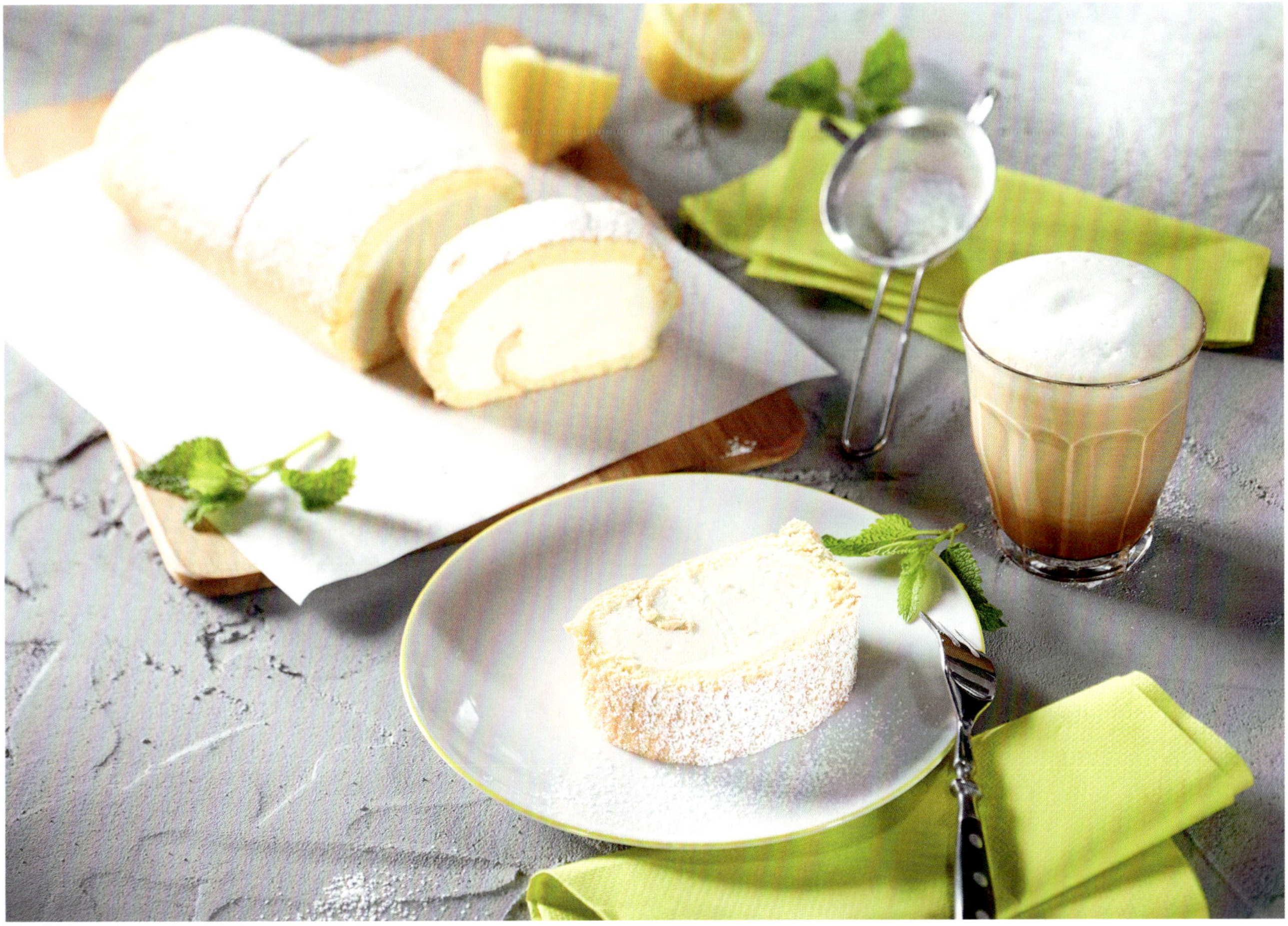

TIRAMISUSCHNITTE

Für 15 Portionen
(Standzeit 4 Stunden)

Mürbeteig

250 g Weizenmehl
5 g Backpulver
150 g weiche Butter
1 Ei
100 g Zucker
1 Prise Salz
Butter zum Einfetten
Aprikosenkonfitüre zum Bestreichen

Biskuitteig

6 Eier
150 g Zucker
160 g Weizenmehl
40 g flüssige Butter
Butter und Weizenmehl für die Form

Füllung

6 Blatt Gelatine
500 ml Sahne
175 g Zucker
500 g Mascarpone
Mark von ½ Vanilleschote
1 EL Zitronensaft
1 Prise Salz
4 Espresso
2 EL Mandellikör
Kakaopulver, nach Belieben

Für den Mürbeteig Mehl, Backpulver, Butter, Ei, Zucker und Salz zu einem glatten Teig kneten. In Frischhaltefolie wickeln und ca. 1 Stunde kalt legen.

Den Backofen auf 180 °C Ober- und Unterhitze vorheizen.

Den Boden einer quadratischen Backform mit Butter einfetten. Den Teig aus dem Kühlschrank nehmen und direkt auf dem Boden der Springform ausrollen. Mit einer Gabel mehrmals einstechen und im Backofen ca. 15 Minuten backen. Herausnehmen und auskühlen lassen. Dann mit Aprikosenkonfitüre bestreichen.

Für den Biskuitteig den Backofen auf 180 °C Ober- und Unterhitze vorheizen.

Die Eier und den Zucker mit einem Handrührgerät oder in einer Küchenmaschine in einer Schüssel cremig aufschlagen. Das Mehl vorsichtig unter die Creme heben und anschließend die flüssige Butter. Die Masse in eine gebutterte und gemehlte quadratische Backform füllen und im Backofen ca. 30 Minuten backen. Herausnehmen, auskühlen lassen und waagerecht halbieren, sodass zwei Böden entstehen.
Einen Biskuitboden auf den mit Aprikosenkonfitüre bestrichenen Boden legen und mit dem Springformrand umstellen.

Für die Cremefüllung die Gelatine ca. 10 Minuten in kaltem Wasser einweichen. Die Sahne mit 100 g Zucker aufschlagen. Die Gelatine ausdrücken und mit etwas Mascarpone zusammen in einem kleinen Topf auflösen. Die restliche Mascarpone mit dem restlichen Zucker, dem Mark aus der Vanilleschote, Zitronensaft und Salz zu einer glatten Creme verrühren. Die Gelatine rasch unterrühren. Ein Drittel der Sahne einrühren und den Rest mit einem Teigschaber unterheben. Die Hälfte der Mascarponecreme auf dem Biskuitboden verteilen, den zweiten Biskuitboden auflegen und mit dem Espresso und Mandellikör befeuchten. Die restliche Creme auf dem Biskuitboden verteilen, glatt streichen und mindestens 3 Stunden kalt stellen. Vor dem Servieren mit Kakaopulver bestreuen und in Stücke schneiden.

RUSSISCHER ZUPFKUCHEN

Für 1 Springform (Ø 26 cm)
(Standzeit 1 Stunde)

Mürbeteig
375 g Weizenmehl
40 g Kakaopulver
3 gestr. TL Backpulver
200 g Zucker
1 Päckchen Vanillezucker
1 Ei
200 g weiche Butter
Butter für die Form
Weizenmehl zum Bearbeiten

Füllung
500 g Magerquark
200 g Zucker
1 Päckchen Vanillezucker
3 Eier
1 Päckchen Vanille-
puddingpulver
250 g flüssige Butter

Für den Mürbeteig Mehl, Kakaopulver und Backpulver in eine Rührschüssel sieben. Die übrigen Zutaten für den Teig hinzufügen und mit einem Handrührgerät mit Knethaken zu einem glatten Teig verkneten. Mit den Händen zu einer Kugel formen, in Frischhaltefolie wickeln und ca. 1 Stunde in den Kühlschrank legen.

Backofen auf 180 °C Ober- und Unterhitze vorheizen.

Eine Springform mit Butter einfetten. Etwa die Hälfte des Teigs auf dem Springformboden ausrollen. Vom übrigen Teig knapp die Hälfte zu einer langen Rolle formen, als Rand auf den Teigboden legen und so an die Form drücken, dass ein etwa 2 cm hoher Rand entsteht. Den restlichen Teig bis zur Fertigstellung wieder kalt legen.

Für die Füllung sämtliche Zutaten mit einem Schneebesen zu einer einheitlichen Masse verrühren.
Die Quarkmasse in die Springform füllen und glatt streichen. Restlichen Teig auf einer leicht bemehlten Arbeitsfläche nicht zu dünn ausrollen, in kleine Stücke zupfen und auf der Füllung verteilen. Im vorgeheizten Backofen auf dem Rost auf mittlerer Schiene ca. 45–60 Minuten backen, danach in der Form auf einem Kuchenrost erkalten lassen.

SACHERSCHNITTEN

Für 12 Stücke

Schokoladenbiskuit
Butter für die Form
100 g Bitterkuvertüre
(60 % Kakaoanteil)
6 Eier
150 g Zucker
1 Prise Salz
1 Vanilleschote
150 g weiche Butter
100 g Weizenmehl
50 g Speisestärke
25 g Kakaopulver
10 g Backpulver

Füllung und Überzug
300 g kalte Aprikosenkonfitüre
1 Marzipandecke (ca. 300 g)
200 g Bitterkuvertüre
(60 % Kakaoanteil)

Backofen auf 180 °C Ober- und Unterhitze vorheizen.

Eine quadratische Springform mit Butter einfetten, den Springformboden mit Backpapier auslegen. Einen Backpapierstreifen passend für den Springformrand zuschneiden und diesen damit auslegen.

Zunächst die Kuvertüre in einer Schüssel in einem heißen Wasserbad schmelzen. Die Eier trennen. Eiweiß mit einem Handrührgerät mit 75 g Zucker und Salz steif schlagen. Das Mark aus der Vanilleschote herauskratzen, zusammen mit der Butter und dem restlichen Zucker mit einem Handrührgerät schaumig schlagen. Eigelbe nach und nach zugeben. Mehl, Speisestärke, Kakao- und Backpulver mischen und sieben.

Die flüssige Kuvertüre zur Buttermasse geben und gut verrühren. Dann mit einem Teigschaber zuerst den Eischnee und anschließend die Mehlmischung vorsichtig unterheben. In die Form füllen und im Backofen auf dem Rost auf mittlerer Schiene ca. 50 Minuten backen. Auf einem Kuchengitter auskühlen lassen, aus der Form lösen, Boden stürzen, Backpapier abziehen und vollständig auskühlen lassen.

Den Boden einmal durchschneiden, sodass zwei Tortenböden entstehen. Einen der Böden mit Aprikosenkonfitüre bestreichen und den zweiten obenauf legen. Die restliche Aprikosenkonfitüre in einem kleinen Topf erwärmen und die Torte damit bestreichen.

Mit der Marzipandecke vollständig abdecken, Ränder abschneiden und auf ein Kuchengitter setzen. Unter das Gitter einen Bogen Backpapier legen. Zum Überziehen die Kuvertüre fein hacken, zwei Drittel davon in einer Schüssel über einem heißen Wasserbad schmelzen. Kurz bevor die letzten Stückchen gelöst sind, vom Herd nehmen und die restliche Kuvertüre zugeben. So lange unterrühren, bis alle Stückchen gelöst sind.
Die Torte mit der Kuvertüre übergießen, mit einer Palette ein- bis zweimal darüber streichen und das Gitter etwas aufklopfen, so verteilt sich die Kuvertüre gleichmäßig. Anschließend fest werden lassen.

ERDBEER-SAHNE-TORTE IM GLAS

Für 6 Gläser

Biskuitteig
2 Eier
2 Eigelb
65 g Zucker
65 g Weizenmehl
100 g Zucker zum Bestreuen

Sahnefüllung
3 Blatt rote Gelatine
500 g Erdbeeren
100 g Puderzucker
2 EL Zitronensaft
250 ml Sahne
250 g Mascarpone

Dekoration
50 g Schokostreusel

Den Backofen auf 180 °C Ober- und Unterhitze vorheizen.

Eier trennen, 4 Eigelbe mit 40 g Zucker und 2 EL Wasser verrühren. 2 Eiweiße mit dem restlichen Zucker aufschlagen und behutsam unter die Eigelbmasse heben. Das Mehl dazusieben und ebenfalls unterheben.

Die Biskuitmasse auf ein mit Backpapier ausgelegtes Backblech verstreichen und im Backofen auf mittlerer Schiene ca. 10–12 Minuten backen.

Nach dem Backen die obere Seite mit Zucker bestreuen und mit einem zweiten Backpapierbogen bedecken. Ein Kuchengitter auflegen, den Biskuit auf das Gitter wenden und auskühlen lassen.

Gelatine in kaltem Wasser einweichen. Erdbeeren waschen und 6 schöne Erdbeeren für die Dekoration beiseitelegen. 150 g Erdbeeren für das Erdbeerragout putzen, in kleine Würfel schneiden und beiseitestellen. Die restlichen Erdbeeren putzen, klein schneiden und mit einem Mixer pürieren. Das Fruchtpüree durch ein Sieb in eine größere Schüssel streichen, mit Puderzucker verrühren und mit Zitronensaft abschmecken.

Die Sahne aufschlagen. Die ausgedrückte Gelatine mit etwas Erdbeerpüree erhitzen und darin auflösen. Mit dem restlichen Erdbeerpüree und der Mascarpone verrühren. Zum Schluss die geschlagene Sahne mit einem Teigschaber behutsam unterheben.

Den Biskuit rund ausstechen. Die Erdbeercreme, das Erdbeerragout und die Biskuitscheiben abwechselnd in Gläser füllen. Die Gläser mit Schokostreuseln und Erdbeeren dekorieren.

TORTE TO GO SCHOKOLADE

Für 6 Portionen
(Standzeit 1 Stunde)

1 Schokoladenbiskuit (siehe S. 371)
200 g Zartbitterschokolade
200 ml Sahne
2 Päckchen Vanillezucker
125 g Magerquark
6 TL Schokoladenraspel

Vom Schokoladenbiskuit 12 Scheiben ausstechen. Der Durchmesser sollte etwas kleiner als die Gläser sein.

Die Zartbitterschokolade in einer Schüssel über einem Wasserbad schmelzen und leicht abkühlen lassen. Die Sahne mit dem Vanillezucker aufschlagen. Anschließend die abgekühlte Schokolade in 3 Schritten unter die Sahne heben, bis eine Schokoladencreme entsteht. Zum Schluss den Quark unterrühren.

Abwechselnd je 1 Schicht Schokoladencreme und einen Biskuitbodenkreis in die Gläser füllen, bis alles aufgebraucht ist.

Vor dem Servieren ca. 1 Stunde kalt stellen und dann mit den Schokoladenraspeln bestreuen.

NUSSECKEN

Für 30 Stück
(Standzeit 1 Stunde)

Mürbeteig
125 g weiche Butter
100 g Zucker
1 Päckchen Vanillezucker
1 Prise Salz
2 Eier
300 g Weizenmehl
1 TL Backpulver

Nussmasse
200 g Butter
200 g Zucker
1 Päckchen Vanillezucker
80 ml Milch
200 g gemahlene Haselnüsse
200 g gehackte Mandeln
1 Ei

Fertigstellung
Weizenmehl zum Bearbeiten
3 EL Aprikosenkonfitüre
Kuvertüre, nach Belieben

Für den Mürbeteig Butter, Zucker, Vanillezucker, Salz, Eier, Mehl und Backpulver in eine Schüssel geben und mit einem Handrührgerät mit Knethaken zu einem glatten Teig verkneten. Zu einer Kugel formen, in Frischhaltefolie wickeln und mindestens 1 Stunde kalt legen.

Für die Nussmasse Butter, Zucker, Vanillezucker, Milch, Haselnüsse, Mandeln und Ei in eine Schüssel geben und mit einem Handrührgerät zu einer glatten Masse verrühren.

Backofen auf 160 °C Ober- und Unterhitze vorheizen.

Ein Backblech mit Backpapier auslegen. Den gekühlten Teig auf einer leicht bemehlten Arbeitsfläche in der Größe des Backblechs ausrollen, hineinlegen und gleichmäßig mit Aprikosenkonfitüre bestreichen. Darauf die Nussmasse streichen und im Backofen auf mittlerer Schiene ca. 25–30 Minuten backen.

Aus dem Ofen nehmen, noch im heißen Zustand in Dreiecke schneiden und abkühlen lassen. Nach Belieben mit Kuvertüre verzieren.

GEDECKTER APFELKUCHEN

Für 1 Blech
(Standzeit 1 Stunde)

Mürbeteig
300 g zimmerwarme Butter
200 g Zucker
1 Päckchen Vanillezucker
½ TL Abrieb von 1 unbehandelten Zitrone
2 Eier
4 EL Milch
600 g Weizenmehl
½ Päckchen Backpulver
Butter für die Form
Weizenmehl zum Bestäuben

Belag
6 Äpfel (z. B. Boskoop)
Saft von 1 Zitrone
100 g Rosinen
100 g Zucker
1 TL Zimtpulver

Aus den angegebenen Zutaten für den Mürbeteig mit einem Handrührgerät oder einer Küchenmaschine einen glatten Teig kneten. Zu einer Kugel formen, in Folie wickeln und mindestens 1 Stunde kalt legen.

Den Backofen auf 180 °C Ober- und Unterhitze vorheizen.

Das Backblech und den Backrahmen bzw. die Fettpfanne mit Butter einfetten und mit Mehl bestäuben, überschüssiges Mehl dabei abklopfen.

Äpfel schälen, Kerngehäuse entfernen, in kleine Würfel schneiden und mit Zitronensaft beträufeln, damit sie nicht braun werden. Mit Rosinen, Zucker und Zimt vermischen und 30 Minuten ziehen lassen.

Zwei Drittel vom Teig auf einer leicht bemehlten Arbeitsfläche in Blechgröße mit einer Teigrolle ausrollen, auf das vorbereite Blech geben und glatt drücken. Je nach verwendeter Form mit dem Backrahmen umstellen. Den restlichen Teig nochmals kurz kalt legen. Die Apfelwürfel bis zum Rand auf dem Teig verteilen.

Den restlichen Teig ebenfalls auf der leicht bemehlten Arbeitsfläche mit einer Teigrolle ausrollen, auf die Äpfel legen und leicht andrücken. Den Kuchen mit einer Gabel einstechen. Im Backofen auf mittlerer Schiene ca. 45 Minuten backen. Anschließend auf einem Kuchengitter auskühlen lassen.

Wer möchte, kann anschließend noch einen Zuckerguss aus Puderzucker und Zitronensaft auf dem Kuchen verteilen.

ZIMTSCHNECKEN

Für 12 Schnecken
(Standzeit 1 Stunde)

Teig
350 g Weizenmehl
150 g Vollkornmehl
1 Päckchen Trockenhefe
50 g weiche Butter
25 g Rohrzucker
½ TL Salz
1 Ei
200 ml lauwarme Milch
Weizenmehl zum Bearbeiten

Füllung
60 g weiche Butter
50 g Rohrzucker
2 TL Zimtpulver
50 g Rosinen, nach Geschmack

Fertigstellung
2 EL Puderzucker zum Bestäuben

Weizen- und Vollkornmehl in die Rührschüssel einer Küchenmaschine geben und mit der Trockenhefe vermischen. Butter, Zucker, Salz, Ei und Milch zugeben. Alles ca. 10 Minuten kneten, bis der Teig sich von der Schüssel löst. Den Teig abgedeckt an einem warmen Ort ca. 1 Stunde gehen lassen, bis er sich sichtbar vergrößert hat.

Den Backofen auf 180 °C Ober- und Unterhitze vorheizen. Ein Backblech mit Backpapier belegen.

Den Teig auf einer bemehlten Arbeitsfläche zu einem großen Rechteck (ca. 25 × 35 cm) ausrollen. Mit weicher Butter bestreichen und mit Zucker, Zimt und nach Geschmack mit Rosinen bestreuen. Den Teig aufrollen und in 12 Scheiben schneiden. Die Scheiben mit der Schnittfläche nach unten auf das Blech verteilen.

Die Zimtschnecken im Backofen auf mittlerer Schiene ca. 10–15 Minuten backen. Herausnehmen, noch warm mit Puderzucker bestäuben und auskühlen lassen.

BERLINER

Für 15 Berliner
(Standzeit 1,5 Stunden)

Hefeteig

175 ml Milch
1 Würfel Hefe (42 g)
100 g Butter
100 g Zucker
1 Päckchen Vanillezucker
1 Prise Salz
2 Eier
500 g Weizenmehl
Weizenmehl zum Bearbeiten
Pflanzenöl zum Frittieren
Zucker zum Wenden

Füllung

250 g Konfitüre (z. B. Erdbeere, Aprikose, Pflaume)

Für den Hefeteig die Milch erwärmen und die Hefe darin auflösen. Butter, Zucker, Vanillezucker, Salz, Eier, Mehl und Hefemilch in einer Küchenmaschine mit Knethaken ca. 10 Minuten zu einem glatten Teig verkneten, bis er sich von der Schüssel löst. Dann den Teig mit einem feuchten Küchenhandtuch abgedeckt an einem warmen Ort ca. 1 Stunde gehen lassen, bis er sich sichtbar vergrößert hat.

Den Teig auf einer leicht bemehlten Arbeitsfläche nochmals kurz durchkneten. Dann in 15 gleich große Portionen teilen und zu Kugeln formen. Auf ein mit Backpapier belegtes Backblech verteilen und abgedeckt an einem warmen Ort nochmals ca. 30 Minuten gehen lassen.

Ausreichend Öl in einem Topf, einer hohen Pfanne oder Fritteuse auf 175 °C erhitzen. Jeweils maximal 3 Kugeln auf einmal vorsichtig ins heiße Fett geben und von beiden Seiten ca. 6–8 Minuten goldbraun backen. Zwischendurch wenden. Mit einer Schaumkelle herausheben und auf Küchenpapier gut abtropfen lassen. Die noch heißen Berliner von beiden Seiten in Zucker wenden.

Für die Füllung die Konfitüre in einen Spritzbeutel mit spitzer Lochtülle geben und in die gebackenen Berliner spritzen.

REZEPTREGISTER

Impressum

Danksagung

Für die Unterstützung bei diesem Buch möchten wir uns recht herzlich bei real bedanken.
Ihr Markthallenkonzept ist für uns gleichermaßen Inspiration wie Quelle für Produkte in
exzellenter Frische und Qualität. Sämtliche Zutaten für die Rezepte aus „Koch doch" sind
sowohl in den Wochenmärkten von real als auch online unter www.real.de erhältlich.

Genehmigte Lizenzausgabe für Weltbild GmbH & Co. KG, Werner-von-Siemens-Str. 1, 86159 Augsburg
© 2018 Tre Torri Verlag GmbH, Wiesbaden
www.tretorri.de

1. Auflage 2020

Idee, Konzeption und Umsetzung
Tre Torri Verlag GmbH, Wiesbaden
Umschlaggestaltung: Maria Seidel, atelier-seidel.de

Fotografie
Food: Christof Herd, Frankfurt
Herbert Fischer, Frankfurt

Reproduktion: Horst Lorenz & Hubert Lechner GbR, Inning a. A.

Printed in Slovakia
Gedruckt wurde auf 130 g/qm Bilderdruckpapier FSC®-zertifiziertem Papier

ISBN 978-3-8289-2938-8

2020 Die letzte Jahreszahl gibt die aktuelle Lizenzausgabe an.

Einkaufen im Internet: *www.weltbild.de*